工学结合·基于工作过程导向的项目化创新系列教材
国家示范性高等职业教育土建类"十三五"规划教材

公路桥梁隧道养护技术

QIAOLIANG SUIDAO
YANGHU JISHU

GONGLU

主　编　孙　虎　杜祝遥
副主编　侯小强　王晓强　孙　舒
主　审　孟国庆

华中科技大学出版社
http://www.hustp.com

内容提要

本书共设六个学习情境,包括绪论、公路路基养护与维修、公路路面养护与维修、桥涵养护与维修、隧道养护与维修、公路沿线设施养护与维修等内容,基本理论介绍由浅入深,将理论知识贯穿到实际应用中,实用性强。

为了方便教学,本书还配有电子课件等教学资源包,任课教师和学生可以登录"我们爱读书"网(www.ibook4us.com)免费注册并下载,或者发邮件至 husttujian@163.com 免费索取。

图书在版编目(CIP)数据

公路桥梁隧道养护技术/孙虎,杜祝遥主编. —武汉:华中科技大学出版社,2017.9
国家示范性高等职业教育土建类"十三五"规划教材
ISBN 978-7-5680-3351-0

Ⅰ.①公… Ⅱ.①孙… ②杜… Ⅲ.①公路养护-高等职业教育-教材 ②公路桥-养护-高等职业教育-教材 ③公路隧道-公路养护-高等职业教育-教材 Ⅳ.①U418 ②U448.145.7 ③U459.2

中国版本图书馆 CIP 数据核字(2017)第 219371 号

公路桥梁隧道养护技术　　　　　　　　　　　　　　　　孙　虎　杜祝遥　主编
Gonglu Qiaoliang Suidao Yanghu Jishu

策划编辑:康　序	
责任编辑:康　序	
责任监印:朱　玢	
出版发行:华中科技大学出版社(中国·武汉)	电话:(027)81321913
武汉市东湖新技术开发区华工科技园	邮编:430223
录　　排:武汉正风天下文化发展有限公司	
印　　刷:武汉市籍缘印刷厂	
开　　本:787 mm×1 092 mm　1/16	
印　　张:15.5	
字　　数:391 千字	
版　　次:2017 年 9 月第 1 版第 1 次印刷	
定　　价:38.00 元	

本书若有印装质量问题,请向出版社营销中心调换
全国免费服务热线:400-6679-118　竭诚为您服务
版权所有　侵权必究

前言

自改革开放以来,我国国民经济建设飞跃发展,公路建设尤其是高等级公路和桥梁、隧道建设成果一日千里。规划建设8.5万千米高速公路已成为我国21世纪交通土建行业建设目标。基于此,培养一批具有高素质专业人才势在必行,也正是高校教育发展的必然趋势。

"公路桥梁隧道养护技术"是道路桥梁工程技术专业及相关专业的一门重要的专业课。本书共设六个学习情境,包括绪论、公路路基养护与维修、公路路面养护与维修、桥涵养护与维修、隧道养护与维修、公路沿线设施养护与维修等内容,系统介绍了公路桥梁隧道养护技术的知识,通过学习本书,学生能全面了解公路、桥梁、隧道养护知识,掌握公路、桥梁、隧道养护技术的基础知识和应用技术。

我们根据高职高专人才培养的目标,为满足高等职业教育培养技术应用型人才的要求,探寻本学科专业技能模块化教学的方法,力争编写出同时具有学术水平超前、技能突出、贴近生产实际等优点的专业课教材。本书具有内容精炼、突出应用、加强技能培养等特点。本书在基本理论方面尽量简要化,由浅入深,对传统教材内容体系做出适当调整,把理论知识贯穿到实际应用中,同时能够反映出本学科的学术水平;在专业知识方面加强针对性、实用性,同时利用大量工程现场图片引导学生进入专业领域。

本书由陕西国防工业职业技术学院孙虎、杜祝遥担任主编,由甘肃建筑职业技术学院侯小强、鄂州职业大学王晓强、泰州职业技术学院孙舒担任副主编,由中煤科工集团南京设计研究院孟国庆担任主审。靳龙、李强、李志英、马天琛、李牧晨、毛裙超、陈蒙蒙、邓雅娟参与了本书的编写。

为了方便教学,本书还配有电子课件等教学资源包,任课教师和学生可以登录"我们爱读书"网(www.ibook4us.com)免费注册并下载,或者发邮件至husttujian@163.com免费索取。

本书在编写过程中,参考了大量的图书资料,在此对相关作者表示衷心的感谢。

由于编者水平有限,书中难免有不足之处,恳请广大读者指正。

编 者

2017年7月

目录

学习情境 1　绪论 ……………………………………………………………………（1）

　　任务 1　公路工程发展概况与养护现状、趋势 ……………………………………（2）
　　任务 2　公路养护工作的内容及工程分类 …………………………………………（5）
　　任务 3　桥涵养护工作的内容及工程分类 …………………………………………（8）
　　任务 4　隧道养护工作的内容及工程分类 …………………………………………（10）
　　任务 5　公路工程养护技术措施和质量考核 ………………………………………（12）
　　习题 …………………………………………………………………………………（13）

学习情境 2　公路路基养护与维修 ……………………………………………………（15）

　　任务 1　路基养护的内容及基本要求 ………………………………………………（16）
　　任务 2　路基工程的日常养护与维修 ………………………………………………（17）
　　任务 3　路基防护与支挡工程的养护 ………………………………………………（21）
　　习题 …………………………………………………………………………………（26）

学习情境 3　公路路面养护与维修 ……………………………………………………（28）

　　任务 1　公路路面养护概述 …………………………………………………………（29）
　　任务 2　路面损坏的状况调查、评价与日常养护 …………………………………（35）
　　任务 3　沥青路面常见病害与维修技术 ……………………………………………（50）
　　任务 4　沥青路面修复技术 …………………………………………………………（58）
　　任务 5　水泥混凝土路面常见破损与处理技术 ……………………………………（65）
　　任务 6　水泥混凝土路面修复技术 …………………………………………………（75）
　　习题 …………………………………………………………………………………（90）

学习情境 4　桥涵养护与维修 …………………………………………………………（91）

　　任务 1　桥涵概述 ……………………………………………………………………（92）
　　任务 2　桥梁检测与技术状况评定 …………………………………………………（97）
　　任务 3　桥面系及支座养护技术 ……………………………………………………（119）
　　任务 4　桥梁上部结构养护技术 ……………………………………………………（138）
　　任务 5　桥梁下部结构养护技术 ……………………………………………………（199）

  任务 6 涵洞养护、维修加固 …………………………………………………… (206)
  习题 ………………………………………………………………………………… (210)

学习情境 5 隧道养护与维修 ……………………………………………………… (213)
  任务 1 隧道养护概述 …………………………………………………………… (214)
  任务 2 隧道养护技术 …………………………………………………………… (220)
  任务 3 隧道常见病害与处治 …………………………………………………… (223)
  习题 ………………………………………………………………………………… (228)

学习情境 6 公路沿线设施养护与维修 …………………………………………… (231)
  任务 1 概述 ………………………………………………………………………… (232)
  任务 2 公路安全设施的维护与保养 …………………………………………… (232)
  习题 ………………………………………………………………………………… (238)

参考文献 ………………………………………………………………………………… (239)

学习情境 1

绪 论

学习目标

(1) 了解公路工程的发展概况;
(2) 了解公路养护工作的内容及工程分类;
(3) 了解桥涵养护工作的内容及工程分类;
(4) 了解隧道养护工作的内容及工程分类;
(5) 掌握工程养护技术措施与质量考核标准。

任务 1 公路工程发展概况与养护现状、趋势

一、公路发展概况

公元前 21 世纪,我国出现了可行驶牛车、马车的道路。秦朝时期,强调"车同轨,书同文"。公元前 2 世纪,我国通往中亚细亚和欧洲的丝绸之路开始发展起来。唐代是我国古代道路发展的鼎盛时期,初步形成了以城市为中心的四通八达的道路网。清代道路网系统分为三等,即"官马大路""大路""小路"。"官马大路"分东北路、东路、西路和中路四大干线,共长 2 000 多千米。

抗日战争时期,由于战争的影响和破坏,公路发展缓慢。截至 1946 年 12 月,全国公路总里程只有 130 307 km。中华人民共和国成立前夕,全国通车里程只有 75 000 km。

图 1-1 所示为近现代公路图,近现代公路发展具体年代节点:

(1) 1988 年,我国第一条高速公路——沪嘉高速公路建成。上海至嘉定高速公路是我国第一条按高速公路工程技术标准设计、施工的高等级公路工程,全长 18.5 km。全路设计行车速度 120 km/h,双向四车道,中央分隔带宽 3 m,全封闭,全立交,沿线建有大型互通式立交桥 3 座,设有完整的交通标志、标线和交通监控系统。沪嘉高速公路的建成,对其他地区高速公路的建设起到推动、示范作用。

(2) 1989 年 7 月,第一次全国高等级公路建设现场会(专题研究高等级公路建设)在沈阳召开,提出了今后建设高等级公路的 10 条政策措施。

(3) 1990 年 9 月,沈大高速公路通车。沈阳至大连高速公路全长 375 km,连接沈阳、辽阳、鞍山、营口、大连五个城市,是当时公路建设项目中由我国自行设计、自行施工,规模最大、标准最高的高速公路工程。

(4) 1993 年 6 月交通部在山东召开了全国公路建设工作会议,明确了建设"两纵两横三个重要路段"的国道主干线任务。从 1993 年至 1997 年的 5 年中,全国高速公路建设速度加快,共建成高速公路 4 119 km,京津塘、济青、京石、首都机场、太旧、郑开等一大批高速公路相继建成通车。

(5) 1993 年京津塘高速公路通车。这是我国第一条经国务院批准利用世界银行贷款建设的跨省市的高速公路工程,全长 142 km,设计行车速度为 120 km/h,设置监控、通信、收费、照明等设施。通过这条路的修建,我国制定了第一个高速公路工程技术标准。

(6) 1993 年年底济青高速公路通车。济青高速公路西起济南,东至青岛,全长 318 km,双向四车道,设计行车速度为 110 km/h。

(7) 1995 年 12 月成渝高速公路通车,全长 340 km。

(8) 1997 年下半年,我国做出了实施积极财政政策、加快基础设施建设、扩大内需的决策。1998 年一年,全国公路建设完成投资 2 168 亿元,建成高速公路 1 663 km。

(a) 中国第一条高速公路　　　　　　　(b) 中国第一条沙漠公路

(c) 沈大高速公路　　　　　　　　　　(d) 京津塘高速公路

(e) 济青高速公路（新）　　　　　　　(f) 中国第一条音乐公路

图 1-1　近现代公路图

(9) 1998 年，全国高速公路总里程达到 8 733 千米。
(10) 1999 年，全国高速公路总里程突破 10 000 千米。
(11) 2000 年底，全国高速公路总里程达到 16 000 千米。

二、公路养护现状

目前，我国公路进入了全面养护时代，随着我国公路养护体制从"管养一体"向"管养分离"的改革不断深化，随着我国公路养护体制改革的不断深入，社会化养护已成为必然发展趋势，养护费用的投入也会快速增长。2011 年交通运输部印发的《"十二五"公路养护管理发展纲要》指出，全国公路的技术状况和网络结构明显改善，路网的整体服务水平和安全保障水平明显提高，加速公路养护市场发展。但是，在养护工作中仍然存在着许多问题，面临巨大的挑战。

1. 重维护轻保养

众所周知,公路维护侧重于对被破坏的部分进行修复,保养侧重于从建成通车开始的全过程养护。目前公路管理站由于受传统养护思想影响,加之技术力量落后,只注重了对破损路面的维护,而忽视了对公路的常规性保养,造成了人力、物力和财力等资源的浪费。

2. 新材料的研究与应用规模化程度不高

该现象一方面体现在各地盲目引进新材料,往往连材料的内在机理都没有弄清楚或运用中的关键技术都没有掌握就开始使用,结果以失败告终;另一方面体现在对新材料的研究力度不够,国内主要集中由大专院校、科研所等研究机构进行研究,仅限于研究传统问题,并且处于实验阶段,没有形成规模效应。

3. 国内新设备的研制没有形成产业

国内在研制过程中过多地注重建设时期的设备研究、制造,而真正以养护为出发点、适应养护市场的新设备研制不多,新设备的研制没有形成产业。

4. 资源节约和环境友好、绿色养护意识不强

国内建立资源节约型、环境友好型社会的意识还不是很强。就高速公路来说,体现在建设时期大量占用土地等。在管理时期是否形成绿化带,材料再生利用是否最大化等一系列问题,都值得深入研究。

5. 养护运行机制落后

对养护管理强制性要求缺乏足够的认识,养护管理缺乏有效的法律约束,主要表现为对养护责任事故追究不力,对养护资金投入不足,对科技进步重视不够,尚未建立现代企业制度。

6. 重建设轻养护

在工作中,由于建设周期短、见效快,能在短时间内改变现有路况,同时产生经济效益,而养护管理是项需要长期坚持的工作,目的是最大限度地延长公路的使用寿命,不具备明显的生产效益,因此资金周转困难的单位不愿意投入大量的财力、物力对所管养道路进行有效的管理和养护。这导致对公路的管理和养护工作缺乏足够的重视。

7. 经费投入不足

目前各个县市大多数公路养护经费依然依靠上级拨付,不管养护程序如何、质量好坏,经费都是那么多,无法调动职工的积极性。加之材料费上涨,职工工资及人员增加等,造成养护经费严重不足,造成养路和养人的矛盾较为突出。

三、公路养护的发展趋势

1. 路面诊断智能化

路面诊断智能化包含两方面内容。一是,路面检测自动化。与之相适应的许多路面检测设备应运而生,如路面综合检测车、横向摩擦力系数检测车、弯沉仪、激光平整度仪等。可利用这些检测设备自动采集路面数据。大部分路面检测设备技术是成熟的,但是路面综合检测车目前在国内仍处于研究、探索、试用阶段。二是,路面管理专家系统对路面检测数据进行储存和分析,通过数据处理评定路面使用性能,并提出养护对策。

2. 预防性养护的常态化

从国内目前的养护情况看,基本上都是事后性养护,即出现病害后才去处理问题。真正实行预防性养护需要一个过程,并且取决于智能化数字处理的准确性。

3. 养护设备的一体化

随着高速公路的不断发展,社会对高速公路的要求提高,要求高速公路具备快速、安全、高效的道路运输条件。采取传统的修补坑槽、裂缝等方法养护道路,耗时长、效果差,影响道路安全畅通,道路养护的发展趋势必然是养护施工设备的一体化。如美国、德国、日本等国家生产了现场热再生养护列车,集加热、铣刨、摊铺等功能于一体,大大提高了养护效率,缩短了占道时间。

4. 养护材料的节能环保化

沥青路面材料再生利用可以缓解资源压力,有利于保护环境和降低养护成本,受到各国的普遍重视。欧美发达国家经过多年的系统研究,开发了五种再生方式以及一系列成套设备,已经形成了一套比较完整的再生技术,达到了规范化和标准化的成熟程度,部分国家出台了相应的政策法规,规定废旧沥青路面材料必须进行再生利用。

5. 养护施工社会化

在世界范围内,发达国家高速公路管理部门与养护施工单位基本分离,其社会化程度高低取决于养护管理水平、技术能力的高低。我国养护管理也逐渐在向这个方向转变。

任务 2 公路养护工作的内容及工程分类

公路养护就是指对公路的保养与维护,保养侧重于从建成通车开始的全过程养护,维护侧重于对被破坏的部分进行修复。公路建成通车后,因承受车轮的磨损和冲击,受到暴雨、洪水、风沙、冰雪、日晒等自然力的侵蚀,以及人为的破坏和存在修建时遗留的某些缺陷等,公路使用质量会逐渐降低。因此,公路建成通车后必须采取养护、维修措施,并不断地更新、改善公路的技术指标。公路养护必须及时修复损坏部分,否则将导致修复工程的投资加大,缩短公路的使用寿命,并给车辆造成损失。公路维修还必须注意进行紧急服务和抢修,保持公路畅通无阻。在中国及其他发展中国家,公路养护还要对原有技术标准过低的路段进行局部改善、更新构造物、添建沿线设施,以提高公路的通行能力和服务水平。

一、公路养护的目的与任务

1. 公路养护的目的

公路养护的目的就是运用先进的技术和科学的管理方法,合理地分配和使用养护资金,通过养护、维修使公路在设计使用年限内经常保持完好状态,并有计划地改善公路的技术指标,以提高公路的服务质量,最大限度地发挥公路的运输经济效益。

2. 公路养护的基本任务

公路养护的基本任务主要有以下五个方面。

(1) 贯彻"预防为主,防治结合"的方针,加强预防性养护,提高公路的抗灾害能力,保持公路及其沿线设施良好的技术状况。

(2) 加强公路及其沿线设施的基本状况调查,及时发现和消除隐患。

(3) 保持公路及其沿线设施的良好技术状况,及时修复损坏部分,保障公路行车安全、畅通、舒适。

(4) 坚持和贯彻"科技兴交,科学养路"的方针,大力推广和运用先进的养护技术、机械装备和科学的管理方法。吸收和采用新技术、新工艺,利用新材料、新设备,采取科学的技术措施,不断提高公路养护工程质量,有效延长公路的使用寿命,降低路桥设施的全寿命周期成本,提高养护资金的使用效益。

(5) 加强公路技术改造,以适应公路交通事业的不断发展。

公路养护应重视节约资源和保护环境,保护农田、路旁景观和各种文物古迹,推广和运用道路、桥梁、隧道等管理系统,建立数据库,并注意生产安全、注意养护生产作业安全及减少对通行车辆的影响。

二、公路养护的分类

公路养护按其工程性质、技术复杂程度和规模大小,分为小修保养工程、中修工程、大修工程、改建工程四类。

(1) 小修保养工程:对公路及其沿线设施经常进行维护保养和修补其轻微损坏部分的作业。它通常由养护道班(在公路一定路段范围内,为进行公路的日常保养和维护而建立的作业小组)在一年小修保养定额经费内,按月(旬)安排计划每日进行工作。

(2) 中修工程:对公路及其沿线设施的一般性损坏部分进行定期的修理、加固,以恢复公路原有技术状况的工程。它通常由基层养路机构按年(季)安排计划并组织实施。

(3) 大修工程:对公路及其沿线设施的较大损坏进行周期性的综合修理,以全面恢复到原技术标准的工程。它通常在基层养路机构或在其上级机构的帮助下,根据批准的年度计划的工程预算来组织实施。

(4) 改建工程:对公路及其沿线设施因不适应现有交通量增长和荷载需要而进行全线或逐段提高技术等级指标,显著提高其通行能力的较大工程项目。它通常由地区养路机构或省级养路机构根据批准的计划和设计预算来组织实施或招标完成。

路基、路面养护工程的具体作业内容如表 1-1 所示。

表 1-1 路基、路面养护工程的具体作业内容

工程项目	小修保养工程	中修工程	大修工程	改建工程
路基	保养： ① 整理路肩、边坡，修剪路肩、分隔带草木，清除杂草，保持路容整洁； ② 疏通边沟，保持排水系统畅通； ③ 清除挡土墙、护坡滋生的有碍设施功能发挥的杂草，修理伸缩缝，疏通泄水孔，及清除松动石块。 小修： ① 小段开挖边沟、截水沟或分期铺砌边沟； ② 清除零星塌方，填补路基缺口，轻微沉陷、翻装的处理； ③ 处理桥头接线或桥头跳车、涵顶跳车； ④ 修理挡土墙、护坡、护坡道、泄水槽、护栏和防冰雪设施等局部损坏； ⑤ 局部加固路肩	① 局部加宽、加高路基，或改善个别急弯、陡坡、视距； ② 全面修理、接长或个别添建挡土墙、护坡、护坡道、泄水槽、护栏及铺砌边沟； ③ 清除较大塌方，处理大面积翻装、沉陷； ④ 整段开挖边沟、截水沟或铺砌边沟； ⑤ 过水路面的处理； ⑥ 平交道路口的改善； ⑦ 整段加固路肩	① 在原路技术等级内整段改善线形； ② 拆除、重建或增建较大挡土墙、护坡等； ③ 大塌方的清除及善后处理	整段加宽路基、改善公路线形、提高技术等级
路面	保养： ① 清除路面泥土、杂物，保持路面整洁； ② 排除路面积水、积雪、积冰、积沙，铺防滑料、喷灭尘剂或压实积雪以维持交通； ③ 刮平砂土路面，修理车辙； ④ 碎砾石路面匀、扫面砂，添加面砂，洒水润湿，刮平波浪，修补磨耗层； ⑤ 处理沥青路面的泛油、拥包、裂缝、松散等病害； ⑥ 水泥混凝土路面日常清缝、灌缝及堵塞裂缝； ⑦ 路缘石的修理和刷白。 小修： ① 局部处理砂石路的翻浆变形，添加稳定料； ② 碎碑石路面修补坑槽、沉降，整段修理磨耗层或铺砂； ③ 处理桥头跳车、涵顶跳车； ④ 沥青路面修补坑槽、沉陷，处理波浪、局部龟裂、啃边等病害； ⑤ 水泥混凝土路面板块的局部修理	① 砂土路面处理翻浆、调整横坡； ② 碎砾石路面局部路段加厚、加宽、调整路拱，加铺磨耗层，处理严重病害； ③ 沥青路面整段封层、罩面； ④ 沥青路面严重病害处理； ⑤ 水泥混凝土路面严重病害处理； ⑥ 水泥混凝土路面接缝材料整段更换； ⑦ 整段安装、更换路缘石； ⑧ 桥头搭板或过渡路面的整修	① 整段用稳定材料改善土路； ② 整段加宽、加厚或翻修、重铺碎砾石路面； ③ 翻修或补强、重铺路面，简易铺装路面； ④ 补强、重铺或加宽铺装路面，简易铺装路面	① 整线、整段提高公路技术等级，铺筑铺装路面、简易铺装路面； ② 新铺碎砾石路面； ③ 水泥混凝土路面病害处理后，补强或换补为沥青混凝土路面

任务 3　桥涵养护工作的内容及工程分类

一、桥涵养护和维修工作的内容

(1) 技术状况检查。
(2) 建立和健全完整的桥涵技术档案。
(3) 桥涵构造物的安全防护。
(4) 桥涵构造物的经常保养、维修与加固。

二、桥涵养护、维修的目的和要求

桥涵建成后，为了适应公路交通运输事业的发展，确保正常运营，必须加强经常性的检查及养护、维修工作。桥涵养护、维修的目的和要求如下。

1. 确保桥涵构造物的安全、完整、适用与耐久

桥涵构造物经常经受风、雨、水流（包括洪水）等的侵袭，受温度、湿度变化的影响，甚至遭到地震的破坏，遭到车辆通过时的冲击及轮胎的磨耗，跨越通航河道的桥涵还往往受到船只的碰撞。运营使用过程中，桥涵难免发生病害和损伤，一旦发生病害和损伤，就要及时进行维修，小坏小修、随坏随修，防止病害扩大，确保构造物的安全与完整。如果产生病害后不及时维修，则病害会逐渐扩大，导致桥涵建筑物提前破坏，甚至可能导致事故发生。

2. 掌握桥涵结构状况，完善技术资料

为了对桥涵进行养护、维修管理，必须掌握有关桥涵设计文件、施工记录、质量检验、竣工验收以及运营状况记录、检查记录、维修加固记录等技术资料，但有的桥涵由于建造年限较长等，技术资料不全。因此在桥涵的养护、维修过程中，必须采取各种调查和测试手段，建立和完善必要的档案资料。技术资料为桥涵运营使用及加固、维修工作创造了有利条件，可为合理安排现场检查和确定加固、维修方案提供可靠依据。

3. 提高原有桥涵的通行能力和承载能力

随着公路交通的发展、汽车保有量的增加与国民经济水平的提高，公路客货运输量不断增长，对桥涵的通行能力和承载能力的要求也越来越高。为满足这一要求，对原有桥涵可以进行拓宽、加固以提高其通行能力和承载能力。

三、桥涵养护工程的分类

桥涵的养护按其工程性质、规模大小、技术难易程度划分为小修保养工程、中修工程、大修工程和改建工程四类。各类养护工程分别包括下列内容。

1．小修保养工程

（1）保养作业内容包括：
① 清除污泥、积雪、杂物，保持桥面、隧道内及洞口清洁。
② 疏通涵管，疏通桥下河槽。
③ 养护伸缩缝，疏通泄水孔，为栏杆涂上保护油漆。
④ 桥涵的日常保养。
（2）小修作业内容包括：
① 局部修理，更换栏杆和修理泄水孔、伸缩缝、支座和桥面的局部轻微损坏。
② 修补桥墩、桥台及河床铺底和防护坝工的微小损坏。
③ 修理涵洞和进出口的铺砌。

2．中修工程

（1）修理或更换木桥较大的损坏构件及防腐。
（2）修理或更换中小桥支座、伸缩缝及个别构件。
（3）大中型钢桥的全面防锈和各构件的检修。
（4）永久性桥墩、桥台侧墙的修理和小桥桥面的加宽。
（5）重建、增建、接长涵洞。
（6）桥梁河床铺底或调治构造物的修复和加固。

3．大修工程

（1）不提高技术等级的大中型桥梁的加宽、加固、加高。
（2）增建、改建小型桥梁和技术性简单的中桥。
（3）增建、改建较大的河床铺底和永久性调治构造物。
（4）吊桥、斜拉桥的修理与个别拉索的调整、更换。
（5）大桥桥面铺装的更换。
（6）大桥支座伸缩缝的修理、更换。

4．改建工程

（1）提高公路技术等级的加固、加宽，加高大、中桥梁。
（2）增建、改建小型立体交叉桥和 10 km 以内整段改善的大、中桥梁。

四、桥涵维修、加固的步骤

对桥涵进行维修、加固,一般可采用如下步骤:
(1) 检查桥涵现状及损坏情况。
(2) 调查桥涵的有关技术资料和现有交通状况。
(3) 提出维修、加固的方案并进行分析和比较。
(4) 确定方案并进行维修、加固施工。

任务 4 隧道养护工作的内容及工程分类

一、隧道检查及养护工作的内容

公路隧道交付使用后,养护管理部门首先要熟悉其设计、施工资料,掌握隧道的全面技术状况,制订小修保养工程、中修工程、大修工程、改建工程计划。在使用过程中进行经常检查、定期检查和特殊检查工作,及时发现和处理问题,确保隧道安全、畅通。

1. 隧道检查

1) 经常检查

以目测为主,每月一次,由隧道养护工区(站)负责。当发现隧道出现问题或病害时,应及时予以准确记录,以便制订年、季、月度养护计划。参加人员有工程技术干部、养护股长、所在道班班长。

2) 定期检查

用仪器和量具进行测量,每年一次。短、中隧道由县级公路管理机构主任工程师组织检查;长、特长隧道由地(市)级公路管理机构主任工程师组织检查。定期检查是对经常检查过程中所设立的隧道病害观测点进行检查,及时掌握病害的发展、变化情况,提出修理意见和制订修理计划。定期检查一般在汛期到来前(后)和春融期进行。

3) 特殊检查

在发生交通事故、起火爆炸、自然灾害及结构严重损坏后,应及时进行特殊检查。特殊检查的分工原则与定期检查的相同。

2. 隧道养护工作内容

(1) 检查衬砌的变形和裂缝状况,洞内渗漏水状况,及时进行有针对性的处治。
(2) 检查路面、人行道并修理损坏部分。

(3) 检查各种标志、标线及用反光材料涂刷部位,如有污染,则及时清扫、刷新;如有缺损,则及时修理、添补。

(4) 检查隧道附属设施,维护通风、照明、通信、监控、消防、消声等设施,确保其经常处于完好状态。

(5) 检查隧道内外排水系统,修理排水系统损坏部分,定期疏通排水系统,保持排水系统畅通。

(6) 及时清除隧道内外的塌(散)落物、隧道口边仰坡上的危石、积雪、积水和挂冰。

(7) 经常保持洞内各部的清洁,以确保照明和引导视线的效果。

(8) 维护洞口减光设施,保护树木花草的完好性。

(9) 定期检测洞内有害气体含量、路面亮度、烟雾浓度及噪声值。

二、隧道养护工程的分类

隧道养护工程按工程性质、规模大小、技术性繁简划分为小修保养工程、中修工程、大修工程和改建工程四类。

1. 小修保养工程

小修工作内容包括:局部维修通道,疏通、修理排水沟,清除隧道洞口碎落岩石,修理圬工接缝,处理渗漏水等。

保养工作内容包括:保持隧道内及洞口清洁等。

2. 中修工程

(1) 隧道工程局部防护、加固。
(2) 通道的修理与加固。
(3) 排水设施的更换。
(4) 各类排水泵站的修理。

3. 大修工程

(1) 通道改建。
(2) 隧道的通风、照明、排水设施的大修或更新。
(3) 隧道的较大防护、加固工程。

4. 改建工程

新建短隧道工程。

任务 5 公路工程养护技术措施和质量考核

公路养护就是指运用先进的技术和科学的管理方法，合理地分配和使用养护资金，通过养护、维修使公路在设计使用年限内尽量保持完好状态，并有计划地改善公路的技术指标，以提高公路的服务质量，最大限度地发挥公路的运输经济效益。

一、公路养护的技术政策和技术措施

1. 技术政策

（1）公路养护工作必须贯彻"预防为主，防治结合"的方针。根据积累的技术经济资料及当地的具体情况，通过科学分析，预先做好防范工作，消除导致公路损毁的因素，增强公路设施的耐久性和抗灾能力，特别要做好雨季的防护工作，以减小水毁损失。

（2）因地制宜，就地取材，尽量选用当地天然材料和工业废渣；充分利用原有工程材料和原有工程设施，以降低养护成本。

（3）推广应用先进的养护技术和科学的管理方法，改善养护手段，提高养护技术水平。

（4）重视综合治理，保护生态平衡、路旁景观和文物古迹，防止环境污染，注意少占农田。

（5）加强桥梁的检查、维修、加固和改善，逐步消灭危桥。

（6）加强以路面养护为中心的全面养护工作。

（7）大力推广和发展公路养护机械化。

2. 技术措施

（1）认真开展路况调查，分析公路技术状况，针对病害产生的原因和后果，采取有效、先进、经济的技术措施。

（2）加强养护工程的前期工作、各种材料试验及施工质量检验和监理工作，确保工程质量。

（3）推广路面、桥梁管理系统，逐步建立公路数据库，实行病害监控，实现决策科学化，使有限的资金产生较大的经济效益。

（4）实施公路的科学养护与规范化管理，改变现有公路面貌，提高公路的整体服务水平。

（5）认真做好公路交通情况调查工作，积极开发、采用自动化观测和计算机处理技术，为公路规划、建设、养护、管理、科研等各方面提供全面、准确、连续、可靠的交通信息资料。

（6）改革养护组织形式，管好、用好现有的养护机具、设备，积极引进、改造、研制养护机械，逐步实现养护机械装备标准化、系列化，以保障养护工程质量，提高养护生产效率，降低劳动强度，改善劳动环境。

（7）加强对交通工程设施（包括标志、标线、通信设施、监控设施等）、收费设施、服务管理设施等的设置、维护、更新工作,保障公路应有的服务水平。

二、公路养护的质量考核

公路养护的质量考核,应严格按照现行《公路技术状况评定标准》(JTG H20—2007)规定执行。公路技术状况用公路技术状况指数 MQI 和相应分项指标表示,MQI 和相应分项指标的范围为 0~100,分为优、良、中、次、差五个等级,公路技术状况等级按表 1-2 规定的标准确定。公路技术状况包含路面、路基、桥隧构造物和沿线设施四部分评价内容,其中路面包括沥青路面、水泥混凝土路面和砂石路面。

表 1-2　公路技术状况评定标准

评价等级	优	良	中	次	差
MQI 及相应分项指标（设用 n 表示）	$90 \leqslant n \leqslant 100$	$80 \leqslant n < 90$	$70 \leqslant n < 80$	$60 \leqslant n < 0$	$0 \leqslant n < 60$

一、填空题

1. 根据公路技术状况评定标准,公路技术状况分为 ＿＿＿＿、＿＿＿＿、＿＿＿＿、＿＿＿＿、＿＿＿＿五个等级。
2. 公路技术状况包含 ＿＿＿＿、＿＿＿＿、＿＿＿＿ 和 ＿＿＿＿ 四部分评价内容。
3. 桥梁的基本组成有 ＿＿＿＿＿＿＿＿＿＿＿＿＿＿＿＿＿＿＿＿＿＿＿＿＿＿＿＿＿＿＿＿。
4. 桥梁的基本附属设施有 ＿＿＿＿＿＿＿＿＿＿＿＿＿＿＿＿＿＿＿＿＿＿＿＿＿＿＿＿。

二、选择题

1. 公路养护是保证汽车(　　)行驶的不可缺少的经常性工作。
   A. 安全、稳定、畅通　　　　　　　　B. 安全、舒适、畅通
   C. 安全、高速、顺利　　　　　　　　D. 高速、安全、畅通
2. 对公路及其沿线设施的一般性损坏部分进行定期的修理、加固,以恢复公路原有的技术状况的工程属于(　　)。
   A. 小修保养工程　　B. 中修工程　　C. 大修工程　　D. 改建工程
3. 对公路及其沿线设施因不适应现有交通量增长和荷载需要而进行全线或逐段提高技术等级指标,显著提高其通行能力的较大工程项目属于(　　)。
   A. 小修保养工程　　B. 中修工程　　C. 大修工程　　D. 改建工程
4. 公路养护应贯彻(　　)的方针。
   A. 预防为主,防治结合
   B. 以人为本,用户至上

C. 建设是发展、养护管理也是发展,而且是可持续发展
D. 行业管理转向为公众服务

5. 公路技术状况用公路技术状况指数(　　)和相应分项指标表示。
A. PQI　　　　　　B. PCI　　　　　　C. MQI　　　　　　D. TCI

6. 公路技术状况分为(　　)个等级。
A. 4　　　　　　　B. 5　　　　　　　C. 6　　　　　　　D. 7

7. 公路技术状况评价等级中"良"的 MQI 及相应分项指标(设用 n 表示)为(　　)。
A. $0 \leqslant n < 60$　　B. $60 \leqslant n < 70$　　C. $80 \leqslant n < 90$　　D. $90 \leqslant n < 100$

8. 桥梁按单孔跨径分类,属于中桥的跨径是(　　)。
A. 20 m　　　　　B. 40 m　　　　　C. 100 m　　　　D. 150 m

9. 计算跨径是指(　　)。
A. 桥墩中线至桥台背前缘之间的距离　　B. 桥墩中线之间的距离
C. 相邻两个墩台支座中心之间的距离　　D. 相邻两个桥墩(或桥台)之间的净距

10. 桥梁橡胶伸缩装置分为(　　)。
A. 纯橡胶式、板式、组合式　　　　　　B. 纯橡胶式、组合式、模数式
C. 纯橡胶式、板式、组合式、模数式　　D. 板式、模数式、纯橡胶式

三、简答题

1. 公路养护必须坚持哪两个方针?必须重视哪两个事项?
2. 公路养护分为哪几类?并解释。

四、名词解释

1. 桥跨结构　　　2. 桥梁建筑高度　　3. 净跨径
4. 计算跨径　　　5. 标准跨径　　　　6. 支座
7. 可变作用

学习情境 2

公路路基养护与维修

学习目标

(1) 能够正确认识路基养护的内容与要求;
(2) 掌握路基防护与支挡工程的养护方法;
(3) 掌握路基工程的日常养护与维修方法。

任务 1 路基养护的内容及基本要求

路基工程的基本技术指标有路基高度、路基宽度、路基边坡及排水系统等,路基养护工作也是紧紧围绕这几方面进行的。

一、路基养护的内容

为保证路基坚实和稳定,保证排水性能良好,使各部分尺寸和坡度符合规定,及时消除不稳定的因素,并尽可能地提高路基的技术状况,必须对路基进行及时、经常的养护、维修与改善。路基养护工作的主要内容包括以下几个方面。

(1)维修、加固路肩及边坡。

(2)疏通、改善、铺砌排水系统。对边沟、截水沟、排水沟及暗沟(管)等排水设施,应及时排除堵塞,疏导水流,保持畅通,并结合地形、地质、纵坡、流速等情况,综合考虑铺砌、加固程度。

(3)维护、修理各种防护构造物及透水路堤,管理、保护好公路两旁用地。公路沿线的防护构造物包括护坡、护面墙、石笼、植物、草皮、工坝及各种类型的挡土墙等,要保证这些构造物完整无损,发挥其对路基的防护与加固作用。

(4)清除塌方、积雪,处理塌陷,检查险情,预防水毁。

(5)观察、预防、处理滑坡、翻浆、泥石流、崩塌、塌方及其他路基病害,通过检查及时发现各种路基的险情并向上级报告,加强水毁的预防与治理。

(6)有计划地局部加宽、加高路基及改善急弯、陡坡和视距,以逐步提高其技术标准和服务水平。

二、路基养护的基本要求

路基养护需通过日常和定期的检查,发现问题,分析原因,采取养护、维修措施。

(1)通过日常巡查,发现病害并及时处治,使路基保持良好、稳定的技术状况。

(2)路肩无病害,边坡稳定。

(3)排水设施无淤塞、无损坏,排水顺畅。

(4)挡土墙等附属设施良好。

(5)加强不良地质中期边坡崩塌、滑坡、泥石流等灾(病)害的巡查、防治、抢修工作。

路基养护的基本要求如表 2-1 所示。

表 2-1　路基养护的基本要求

项　目	基本要求	附　注
路肩	① 横坡适度,边缘顺直; ② 表面平整、清洁、无杂物; ③ 保持无车辙、坑槽、隆起、沉陷、缺口	—
边坡	① 边坡稳定; ② 平顺无冲沟; ③ 坡度合乎规定	—
排水系统	① 保持无杂草、无嫩泥; ② 纵坡适度,排水顺畅; ③ 进出口良好	包括边沟、截水沟、排水沟及暗沟等
防护构造物	① 保持构造物完整无损; ② 砌体伸缩缝填料良好; ③ 泄水孔无堵塞	包括挡土墙、护坡及防冲刷设施、防雪设施、防沙设施等
路基病害	① 对翻浆路段应及时处理,并尽快修复; ② 对塌方、滑坡、泥石流、沉陷等,做好防护抢修,尽量缩短阻车时间	—

任务 2　路基工程的日常养护与维修

路基工程的日常养护主要包括下列内容:维修、加固路肩和边坡,清除路肩杂草等,保持路容整洁;改善排水设施,保持排水系统通畅;维修、处理各种防护构造物;清除塌方、积雪,处理塌陷,检查险情,预防水毁;观察、预防和处理翻浆、滑坡、泥石流等病害;有计划、有针对性地加宽、加高局部路基,改善急弯、陡坡和视距不良地段,使之逐步达到所要求的技术标准;对护栏、路缘石进行处理,以确保其使用效果。

一、路肩的养护

路肩位于行车道外缘至路基边缘地带,由外侧路缘带、硬路肩和保护土路肩组成。路肩的功能有以下五个:一是,保护路面;二是,停置临时发生故障、事故的车辆;三是,提供侧向余宽、显示行车道外侧边缘、引导视线、增加行车的安全性和舒适性;四是,增加挖方弯道地段的视距;五是,为设置交通安全设施(标志、防护栅等)或埋设地下管线及养护作业提供场地。

1. 养护要求

(1) 路肩应保持清洁、无杂物。

(2) 路肩的横坡应平整、顺适,其横坡高度与路面横坡的高度一致。

(3) 路肩的宽度应符合《公路工程技术标准》(JTG B01—2014)的规定。

(4) 路肩上严禁堆放任何杂物,改善工程及修补路肩坑槽所需的砂石材料如需堆放在路肩上,应选择在较宽的路段顺一边堆放,但在桥头引道、弯道内侧及陡坡等处不得堆放。料堆内边离路面边缘应至少保持30 cm,每隔10～20 m必须留出不小于1 m的空隙,以利排水。

2. 日常养护、维修

路肩养护如图2-1所示。

1) 路肩清扫

路肩清扫包括机械清扫和人工清扫,进行路面清扫、保洁时,必须同时对硬路肩进行清扫和人工保洁;雨后路肩如有积水,则应及时排除。

(a) 路肩清扫

(b) 护栏清理

(c) 处理路肩与路面边缘产生的裂缝

(d) 处理硬路肩沉陷

图 2-1 路肩养护

2) 护栏、路肩边缘的杂草的清理

应经常清理护栏边、路肩边缘的杂草,主要清理路面与硬路肩接缝、硬路肩与土路肩接缝、硬路肩与桥台搭板接缝之间的杂草。杂草清理后应及时用M7.5砂浆或沥青灌缝料予以填筑、灌注,防止雨水渗入。

3）处理路肩与路面边缘产生的裂缝

清理裂缝,保持裂缝干净无杂质,用 M7.5 砂浆或沥青灌封料灌注裂缝,防止雨水渗入。

4）硬路肩病害的维修

硬路肩如出现沉陷、缺口、车辙、坑槽等病害,应尽快组织维修。高速公路路肩应根据设计要求铺沥青混凝土或水泥混凝土面层,并铺筑路肩边缘带,此时,路肩的养护工作将转变成同类型路面的养护工作。

5）路肩水的处理

路肩松软,多因受水的影响,所以路肩的养护与维修工作的重点就是减少或消除水对路肩的危害。路面范围的地表水通过路肩排出,因此必须经常保持路肩的横坡平整、顺适。高速公路路肩横坡高度与路面横坡的相同。路肩过高妨碍路面排水时,应将其刨铣整平,达到规定要求。

二、边坡的养护

1. 养护要求

(1) 边坡坡面应保持平顺、坚实、无裂缝。

(2) 经常注意观察路堑高边坡,发现问题及时处理。

(3) 及时清理边坡滑塌部分,避免堵塞路面、边沟。

(4) 对边坡加固的各种设施应经常检查、维护,以保证其完整性。

(5) 严禁在边坡上及路堤坡脚、护坡道上挖土取料、种植农作物或修建其他建筑物。

(6) 土质边坡出现裂缝时,可用黏性土填塞捣实,以防表层水渗入路基体内。如出现潜流涌水,可开沟截断水源,将潜水引向路基外排出。

(7) 填土路堤边坡处时,应将原坡面挖成阶梯形,然后分层填筑夯实,并应与原坡面衔接平顺。

2. 日常养护、维修

图 2-2 所示为边坡养护。

1）边坡清理、修整

(1) 边坡清理工作包括清理边坡的可视垃圾、砍伐路堑边坡上的高大树木等。

(2) 边坡垃圾的清理工作应经常进行,清理的垃圾应集中收集并运往指定地点,禁止焚烧。

(3) 路堑边坡上的高大树木因受雨水冲刷、台风等影响会倾倒在路面上从而影响行车。应根据实际情况及时砍伐路堑边坡上的高大树木,砍伐时可只砍伐树干,保留树根。如因树木倾倒或砍伐在边坡形成空洞,则应及时培土、夯实并植草。

(4) 人工铲平高出路堑边坡的土体,并使其与周围的边坡坡度协调,铲平后撒草籽或铺草皮进行绿化。

2）边坡裂缝修补

(1) 路基上边坡、碎落台、坡顶、坡脚等出现宽度小于或等于 0.5 cm 的裂缝时,应及时用钢钎等细长工具用土进行填塞。

(2) 路基上边坡、碎落台、坡顶、坡脚等出现宽度超过 0.5 cm 的裂缝时,应及时进行处理,以防雨水渗入。处理时先沿裂缝挖宽、挖深,宽度以人工、机械方便操作为限,深度以看不见裂缝为止。如裂缝较深,则至少挖深 1.0 m,开挖的沟槽需坚实、平整。回填时需采用黏土,分层夯实,每层的松铺厚度不超过 25 cm,并在顶部做成鱼背形。

(a) 边坡清理、修整

(b) 边坡裂缝修补

图 2-2　边坡养护

三、排水设施的养护

1. 养护要求

(1) 各种排水设施应设置合理,保证功能完好。

(2) 汛前应对各种排水设施进行全面疏通,及时维修发现的病害。雨天必须上路巡查,及时排除堵塞,保持水流通畅,以防止水流集中而冲坏路基。下暴雨时,对新建公路应专门检查排水设施,检查出水口是否平顺、排水是否顺畅、有无冲刷、排水设施是否完整、功能是否满足要求等。

(3) 暴雨后应对排水设施重点检查,如有冲刷、损坏,则需及时修复、加固;如有堵塞则应立即清除。

(4) 拦水带的设置应合理,保证路面雨水及时排出;出水口设置不合理或排水不畅的拦水带,应及时进行改造。

2. 日常养护、维修

图 2-3 所示为排水设施的养护。

1) 地表排水设施养护

(1) 地表排水设施每年安排在雨季前全面清理一次,雨季后对堵塞、淤塞的地表排水设施进行一次清理。清理的淤泥、杂草应运至指定的地点堆放,如在水沟边缘堆放,应距离水沟边缘 1.0 m 以外,且不能影响排水及景观功能,并保证四周码放整齐、表面平整,每隔 1~2 m 留 50~100 cm 的间隙。清理的垃圾物品应集中后运往指定的地点堆放,严禁抛撒或现场焚烧,以免造成环境污染、影响行车安全或造成火灾。

(2) 清理地面排水设施时,应固定松动的石块等。

2) 地下排水设施养护

(1) 每年安排全面清理一次地下排水设施。

(2) 清理、疏通地下排水设施时,清除沟口的杂草,对堵塞的部位,应用水进行冲洗或剔除较小颗粒的砂石,补充大颗粒碎(砾)石,以保持空隙,便于排水。

3) 中央分隔带排水设施的清理、疏通

(1) 应经常检查,雨季前应进行清理,雨季应加强巡查,如发现损坏,应及时修补。

(2) 如排水不及时、中央分隔带排水设施位置设置不当,则应根据情况进行改善或另行修建。

4) 排水设施悬空处理

(1) 当冲刷、基础沉降等原因造成排水设施出现悬空的情况时,如不及时处理,则会造成排水设施损坏。

(2) 处理时应先将冲刷面清理成规则断面,以便于机械或人工施工;如果悬空高度较高,则应分段进行清理和回填,必要时应临时支撑、加固。

(3) 清理完成后,用黏土回填,分层夯实,沟底不能垂直夯实的部分,从侧面分层夯实。夯实时,避免振动过大或直接对排水设施造成冲击。回填完成后,应使流水坡面与水沟连接平顺,排水顺畅,并及时补种草木以防止水土流失。

5) 拦水带的日常养护

(1) 拦水带的出水口应经常保持平顺,出水口的泥沙、杂草应及时清理。拦水带的裂缝、变形、损坏应及时进行维修。拦水带出水口与急流槽相接处如出现裂缝,应及时用水泥砂浆封堵。

(2) 如出水口附近不平顺,雨后经常积水,则应对出水口进行维修。如因路肩问题造成积水或出水口设置不当,则应对路肩进行维修。如重新布置出水口,则应设置急流槽。

(a) 中央分隔带排水设施养护　　(b) 拦水带的日常养护

图 2-3　排水设施的养护

任务 3　路基防护与支挡工程的养护

一、坡面防护工程养护

坡面防护工程养护如图 2-4 所示。

(a) 植物防护　　　　　　　　　　(b) 坡面处治

(c) 整体式护面墙　　　　　　　　(d) 孔窗式护面墙

图 2-4　坡面防护工程养护

1. 植物防护

植物防护的方法有种草、铺草皮和植树。采用植物覆盖层对坡面进行防护,操作简单,效果较好。采用这种方法可以减缓地面水流速度,调节表层水温状况,且植物根系深入土层在一定程度上对表层土起到固结作用。植物防护适用于适宜植物生长的土质边坡。

1）种草

土质路堤、路堑有利于草类生长的边坡,或河面较宽、主流固定、流速低、路线与水流向接近平行、路堤边坡段受季节性浸水或冲刷轻微、土质适于草类生长的,均可种草。

坡面上的土质不宜种草时,可铺一层 5～10 cm 厚的种植土,然后再种草。经常浸水或长期浸水的路堤边坡,不宜采用种草防护的方法。边坡上的防护种草已扎根时,可以经受暂时性的缓慢流水(0.4～0.6 m/s 的流速)的作用。应根据当地的土壤和气候条件,选用易于生长、根系发达、叶茎低矮或有匍匐茎的多年生的草籽。最好将几种草籽混合播种,以利用植物优胜劣汰的特性促使草生长。

2）铺草皮

坡度不大于 1∶1.5,且浸水时水流速度在 0.6 m/s 以下时,用平铺草皮防护;坡度大于 1∶1.5,且浸水时水流速度在 1.5 m/s 以下时,可用叠铺草皮防护。铺草皮前,应将边坡表层土挖松、整平,在不适于草类生长的土质边坡上,应铺一层 5～10 cm 厚的种植土,然后再铺设草皮。铺草皮工作宜在春季、秋季或雨季进行,不宜在冬季进行。如在气候干燥季节铺草皮,则应在草皮铺好后及时浇水至草皮扎根为止。当边坡上有地下水流出时,应注意使铺设的草皮不阻塞地下水的出口,以免影响边坡的稳定性。

3）植树

在路基斜坡上和沿河堤之外河漫滩上植树,能加固路基和河岸,并使水流速度降低,防止和减少水流对路基或河岸的冲刷。林带既可以防风、防沙和防雪,还可以美化路容、调节气候。

植树的形式可以是带状或条形的,也可以是连续的(将树植满整个防护区域)。树种宜选择适合当地土质和气候并生长迅速、根系发达、枝叶茂盛、成活率高的乔木类或不怕水淹的灌木类。植树宜在春季、秋季或雨季进行,如在干燥季节植树,要经常给树浇水,直至树长活为止,并应检查植树成活的情况,如有缺株,需及时补种。

2. 坡面处治

易风化的软质岩石或破碎岩石路堑边坡常受自然条件的影响而剥落,采用植树防护比较困难,可选用抹面、喷浆、勾缝、灌浆和嵌补等方法进行处治,以保证路基稳定。坡面养护如图2-4所示。

1)抹面

抹面防护适用于易风化而表面较完整、尚未剥落的岩石边坡,将混合材料涂抹在坡面上,防止表层岩石风化的进一步发展。但必须注意,抹面仅起到防护作用,不能承受荷载,故边坡必须是稳定的。抹面前,应对被处治坡面进行清理,并将坡面上的坑洼用小石块嵌补填平,然后洒水使坡面湿润,使灰浆与坡面结合良好。抹面应均匀,待灰浆稍干即进行夯拍,直至表面出浆为止,并应洒水养护。

2)喷浆

喷浆防护是将灰浆均匀地喷射在岩层表面,使之形成保护层,是防治坡面风化破坏的一种措施,适用于易风化而仍较完整的岩石路堑边坡。这种方法施工简便、效果较好,但水泥用量较大。喷浆时通常采用的方法为重心喷浆法,即将浆桶置于高处,接近桶底处开一小洞接胶皮管,灰浆借助重力作用喷出,所用的机具、设备较简单。施工要点:①喷浆前应对坡面进行清理,并用水冲洗干净;②灰浆可为纯水泥浆或水泥砂浆,也可为水泥石灰砂浆;③喷浆厚度视坡面岩石风化程度而定,一般为2 cm左右,需较厚者可以分层喷射,喷浆后应洒水养护。

3)勾缝

勾缝防护适用于较坚硬、不易风化、节理和裂缝多而细的岩石路堑边坡,用以防止雨水沿裂缝浸入岩层内部造成病害。

4)灌浆

灌浆防护适用于较坚硬、裂缝较大且较深的岩石路堑边坡,借砂浆的黏结力把裂开的岩石黏结为一体,维护边坡稳定。

5)嵌补

嵌补防护可用浆砌片石或用水泥混凝土嵌补,适用于补平岩石坡面中有较深的局部凹坑,以防坡面继续破损碎落,维护边坡稳定。

6)锚固

锚固防护适用于岩石边坡的层理或构造面倾向于路基并有可能顺层面下滑的情况。这种方法是在垂直于岩石坡面钻洞,将钢筋直穿至稳定基岩内,然后向洞内灌入水泥砂浆,使钢筋串联岩层,以阻止岩层下滑。

3. 护面墙

护面墙适用于边坡较陡(边坡坡度在1∶0.3~1∶1)的情况,常在软质岩层节理和裂缝较多、易于风化的路堑边坡上设置。护面墙一般不承受墙后土体的侧压力,所防护的岩面边坡应无滑动或滑塌现象,路堑应符合边坡稳定的要求。

1) 坡面清理

在铺砌前应对坡面进行清理,清除松动的石块。

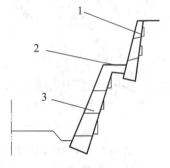

图 2-5 护面墙平台与错台示意图
1—错台;2—平台;3—泄水孔

2) 基础

护面墙的基础应置于坚固地基之上,并埋入冰冻线以下 0.25 m 处。如果地基承载力不足,则应加固,或采用拱形结构跨过。

3) 墙身

为增加护面墙的稳定性,根据坡面岩石的状况,每 6～10 m 高设宽度不小于 1 m 的平台;墙背每 4～6 m 高设置一宽度为 0.5～1.0 m 的错台。护面墙平台与错台示意图如图 2-5 所示。

护面墙的厚度随边坡轮廓而变化,底厚度要稍大于顶宽,并应设伸缩缝与泄水孔。顶部需用厚土夯实或砂浆抹平,以防水浸入。

二、冲刷防护工程养护

沿河路堤和桥头引道,直接受到水流的冲刷,为维护路基坚固、稳定,必须采取措施予以防护。冲刷防护有两种类型:一种是直接防护,以加固岸坡为主要措施;另一种是间接防护,以改变水流方向、降低流速为主要措施。直接防护除植物防护、坡面处治外,还可采用砌石、抛石、砌浸水挡土墙等防护方法。间接防护可建设各种导流与调治构造物,如丁坝、顺坝及拦河坝等,也可以将河沟改道,引导水流排至路基之外。

1. 石砌护坡

石砌护坡用于因水流冲刷的河岸和路基,可分为干砌和浆砌两种。

(1) 石砌护坡用以保护边坡免受地表水的侵害及河水的冲刷,可用于土质边坡,边坡坡度一般为 1:1.5～1:2,水流速度在 1.5 m/s 以下,石砌护坡所防护的边坡本身应该是稳定的。

(2) 浆砌片石护坡适用于水流流速较高(在 1.5 m/s 以上),波浪作用较强,以及可能有流水、流水冲击作用时的防护加固工程。

(3) 钢筋混凝土预制挂板护坡适用于严重冲刷地段。预制板尺寸为边长 0.5～1.0 m 的正方形或长方形,厚 0.2～0.4 m。安放后,用钢筋套勾将板与板相互勾连,以增强整体性。

2. 抛石防护

抛石防护主要用于防护水下部分的边坡和坡脚,避免或减少水流对护坡的冲刷,也可用于防止河床冲刷。

3. 石笼防护

石笼防护用于防护河岸或路堤边坡,同时也可作为加陡边坡、减小路基占地宽度以及加固河床、减少冲刷的措施。当缺少大块石料时,用较小石块(5~20 cm)填塞于铁丝笼或竹木笼内,一般适用于流速为 4~5 m/s 的水流中。有漂石冲击的河流不宜采用石笼防护,因铁丝易被磨坏。

三、挡土墙的养护

挡土墙是指用来支撑天然边坡或人工填土边坡,以保持土体稳定的建筑物。在公路工程中,它广泛应用于支撑路堤或路堑边坡、隧道洞口、桥梁及河流岸壁等。挡土墙的日常养护除经常检查其有无损坏外,每年应在春秋两季各进行一次定期检查,北方冰冻严重地区尤应注意,主要检查挡土墙在冰冻融化后墙身及基础的变化情况,以及冰冻前所采取的防护措施效果。

另外,在反常气候、地震或重型车辆通过等特殊情况发生后应及时进行检查,发现裂缝、断裂、倾斜、鼓肚、滑动、下沉或表面风化、泄水孔堵塞、墙后积水、周围地基错台、空隙等情况,应查明原因,并观察其发展情况,采取相应的修理、加固等措施。对检查、修理和加固情况,应做好工作记录,设立技术档案备查。挡土墙产生裂缝、发生断裂并且已停止发展时,可将缝隙凿毛,清除碎渣和杂物,然后用水泥砂浆堵塞。水泥混凝土或钢筋混凝土挡土墙的裂缝也可用环氧树脂黏合。挡土墙发生倾斜、鼓肚、滑动或下沉,可选用下列加固措施。

1. 锚固法

锚固法适用于水泥混凝土或钢筋混凝土挡土墙,采用高强度钢筋做锚杆,穿入预先钻好的孔内,用水泥砂浆灌满锚杆插入岩体部位,固定锚杆,待砂浆达到一定强度后,对锚杆进行张拉操作,然后用锚头固紧。锚固法加固挡土墙如图 2-6 所示。

2. 套墙加固法

套墙加固法是指在原墙外侧加宽基础,加厚墙身。套墙示意图如图 2-7 所示。施工时,应挖出一部分墙后填土,减小土压力,同时应注意新旧基础和墙身的结合。方法是凿毛旧基础和旧墙身,必要时设置钢筋锚栓或石榫,以增强联结。墙后回填土必须分层填筑并夯实。

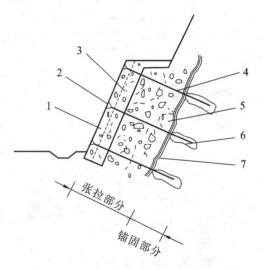

图 2-6 锚固法加固挡土墙

1—现浇混凝土;2—锚头;3—原墙体;4—预应力钢筋;5—墙后;6—灌入水泥砂浆;7—锚固岩基的推算线

3. 增建支撑墙加固法

增建支撑墙加固法,是指在原挡土墙外侧,每隔一定间距,增建支撑墙。支撑墙的基础埋置深度、尺寸和间距应通过计算确定,如图 2-8 所示。

挡土墙的泄水孔应保持畅通。如有堵塞,则应及时疏通,无法疏通时,应另行选择适当位置增设泄水孔,或在墙后沿挡土墙增加墙后排水设施。一般可增设盲沟将水引出路基之外,以防止墙后积水,引起土压力增加或冻胀。挡土墙表面出现风化剥落时,应将风化表层凿除,喷涂水泥砂浆保护层。当风化剥落严重时,应将风化部分拆除并重砌。

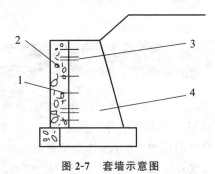

图 2-7　套墙示意图

1—钢筋锚栓;2—套墙;3—联系石榫;4—原挡土墙

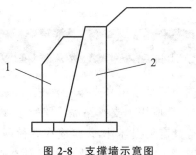

图 2-8　支撑墙示意图

1—支撑墙;2—原挡土墙

应经常注意:锚杆式及加筋挡土墙是否变形、倾斜,肋柱及挡板是否损坏、断裂。如有损坏,则应及时修理、加固或更换。对暴露的锚头、螺母、垫圈应定期涂刷防锈漆,同时应经常检查锚头螺母是否松动、脱落,如有松动则应及时紧固,如脱落则应及时补充。

浸水挡土墙除平时经常检查其有无损坏外,应在洪水前后详细检查。汛前检查的目的是确定其作用、效果是否良好以及结构是否完整、稳定,能否承受洪水的袭击,以便采取防护、加固措施;汛后检查的目的是观察其有无损坏,如有损坏,则应及时修理和加固。浸水挡土墙受洪水冲刷,出现基础被掏空但未危及挡土墙本身时,可采取抛石加固或用块(片)石将掏空部分塞实并灌浆的措施。

一、填空题

1. 路基工程的基本技术指标包括_____、_____、_____、_____。
2. 路肩养护的基本要求是_____、_____、_____。
3. 拦水带的出水口应_____,出水口的泥沙、杂草应_____。

二、单项选择题

1. 边坡坡面应保持(　　)。
   A. 平顺　　　　　B. 坚实　　　　　C. 无裂缝　　　　　D. 以上选项全是
2. 一般情况下,路基日常检查至少(　　)进行一次。
   A. 每周　　　　　B. 每月　　　　　C. 每季　　　　　D. 每年
3. 路基上边坡、碎落台、坡顶、坡脚等出现宽度小于(　　)的裂缝时,应及时用土填塞,应采用钢钎等细长工具分次填塞。
   A. 0.2 mm　　　　B. 0.2 cm　　　　C. 0.5 mm　　　　D. 0.5 cm

三、多项选择题

1. 下列属于路肩功能的有(　　)。
   A. 保护路面　　　　　　　　　　　B. 停置临时发生故障车辆
   C. 增加挖方弯道地段的视距　　　　D. 车辆分流

2. 为保证公路的正常使用性能,必须对路基进行(　　)的养护。
A. 周期性　　　　　　B. 预防性　　　　　　C. 科学性　　　　　　D. 利益最大化
3. 排水系统养护的基本要求有(　　)。
A. 保持无杂草、无淤泥　　　　　　　　　B. 纵坡适度,水流畅通
C. 进出口良好　　　　　　　　　　　　　D. 以上都不是

四、简答题

1. 简述路基养护的工作内容。
2. 简述路基养护的基本要求。
3. 简述路肩日常养护、维修的内容。
4. 简述排水设施的养护要求及日常养护内容。

学习情境 3

公路路面养护与维修

学习目标

(1) 了解公路路面的日常养护方法;
(2) 掌握公路路面常见病害及其维修技术;
(3) 掌握路面损坏的状况调查、评价与日常养护;
(4) 掌握公路路面修复技术。

任务 1 公路路面养护概述

一、沥青路面的概述

沥青路面是指在矿质材料中掺入路用沥青材料铺筑的各种类型的路面。沥青结合料提高了铺路用粒料抵抗行车和自然因素对路面损害的能力,使路面平整、少尘、不透水、经久耐用。因此,沥青路面是道路建设中一种被广泛采用的高级路面。沥青路面的沥青类结构层本身属于柔性路面范畴,但其基层除柔性材料外,也可采用水泥混凝土或水硬性材料。

沥青路面是将沥青混凝土加以摊铺、碾压而形成的各种类型的路面。沥青混凝土是用具有一定黏度和适当用量的沥青材料与一定级配的矿物集料,经过充分拌和形成的混合物。沥青混凝土作为沥青路面材料,在使用过程中要承受行驶车辆荷载的反复作用,以及自然因素的长期影响,所以沥青混凝土在具备一定的承载能力的同时,还必须具备良好的抵抗自然因素作用的耐久性。也就是说,沥青混凝土要能表现出足够的高温环境下的稳定性、低温状况下的抗裂性、良好的水稳定性(也称为抗水性能)、持久的抗老化性和利于安全的抗滑性等特点,以保证沥青路面良好的服务功能。

适合修筑路面的沥青材料主要有石油沥青、煤沥青及天然沥青。有些国家或地区也采用或掺用天然沥青拌制。沥青混凝土按所用集料品种,可分为碎石的、砾石的、砂质的、矿渣的等数类,以碎石的最为普遍。沥青的性质和标号要求,随沥青路面种类、地区的气候和路段的交通情况不同而异;热拌或热法浇洒以及在炎热地区和重交通道路上宜选用较稠的沥青;冷拌或冷法浇洒以及在寒冷地区和轻交通道路上宜选用较稀的沥青。沥青混凝土按混合料最大颗粒尺寸,可分为粗粒(35~40 mm 以下)、中粒(20~25 mm 以下)、细粒(10~15 mm 以下)、砂粒(5~7 mm 以下)等数类。沥青混凝土按混合料的密实程度,可分为密级配、半开级配和开级配等数类,开级配混合料也称沥青碎石。

1. 沥青路面养护的基本要求

(1)沥青路面必须强化预防性、经常性和周期性养护,加强路况日常巡视,随时掌握路面的使用状况,根据路面的实际情况制订日常小修保养和经常性、周期性养护工程计划。对较大范围路面维修和超龄路面的维修,应及时安排中修工程、大修工程和改建工程。

(2)沥青路面的养护必须依靠科技进步,加强养护技术管理,采用先进的检测仪器设备采集路况资料,应用路面管理系统,正确评价路况,提出科学的养护对策;必须积极推广应用新技术、新材料、新工艺,发展现代化沥青路面的养护技术;必须以机械化养护为主,保证养护工程质量。

(3)沥青路面的养护必须加强计划及施工管理,根据计划做好进度安排、人员组织、物资设备供应,确保养护工作按计划实施;同时,必须加强沥青路面的养护经济核算和成本分析,提高经济效益。

(4) 沥青路面的养护必须贯彻安全生产的方针,制订技术安全措施,加强安全教育,严格执行安全操作规程,确保安全生产、文明施工、交通畅通,保护生态环境。

2. 沥青路面养护工作内容

1) 养护工作内容

沥青路面的养护可分为日常巡视与检查工作、小修保养工程、中修工程、大修工程、改建工程和专项养护工程等,各类养护工作的内容如下。

(1) 日常巡视与检查工作。为及时掌握路面的技术状况,必须对路面进行经常性的检查与巡视。日常巡视与检查内容如下:

① 路面上是否有明显的坑槽、裂缝、拥包、沉陷、松散、泛油、波浪、麻面、冻胀、翻浆等病害,以及其严重程度和发展趋势。

② 路面上是否有可能损坏路面或妨碍交通的堆积物等。

(2) 小修保养工程。小修保养是指对沥青路面进行预防性养护和轻微损坏部分进行维修。小修保养又可分为日常保养和小修。

① 日常保养的内容包括:a. 清扫路面杂物等,保持路面整洁;b. 排除路面积水、积雪、积冰、积沙,铺防滑料、喷灭尘剂等,以维持交通安全畅通;c. 拦水带(路缘石)的刷白、修理;d. 清理边沟、维修护坡道、培土等;e. 春融期间油路灌缝。

② 小修的内容包括:修补路面的泛油、拥包、轻微裂缝、坑槽、沉陷,处理波浪、局部网裂、松散、麻面、啃边等病害。

(3) 中修工程。中修是指对沥青路面的一般性磨损和局部损坏进行修理、加固或局部改善,中修工程的内容包括:①整段(500 m以上)铺装、更换路缘石;②沥青路面整段(500 m以上)罩面或封面(稀浆封层);③沥青路面严重病害处理。

(4) 大修工程。大修工程是指对沥青路面较大范围内的损坏部分进行综合性的修理,以全面恢复原设计标准或原技术等级。大修工程的内容包括路面的翻修、补强等。

(5) 改建工程。改建工程是指因原有沥青路面不适应现有交通要求而进行的翻修、补强、局部改线等较大的工程项目,主要包括以下内容。

① 翻修——沥青路面出现大面积病害,严重破损时,应采用机械设备刨铣或挖除后,重新铺筑沥青面层。

② 补强——沥青路面强度不足时,应在原有路面上进行补强,以提高路面技术状况,改善路面的使用性能。

③ 局部改线——对不符合交通要求,不符合路线标准的路段,通过局部改线,提高公路等级,使其符合技术标准要求。

(6) 专项养护工程。专项养护工程是指沥青路面因遭受自然灾害,而需要申请专款修复受损害路段的工程项目。

2) 养护工程要求

沥青路面养护及大修工程、中修工程和改建工程、专项养护工程的实施要求如下:

(1) 应及时对路面进行经常性的保养和维修,防止路面松散、裂缝、拥包等各种病害的产生和发展。

(2) 通过对路面的养护及小修保养,保持路面的平整度和抗滑能力,从而确保路面具有安全、舒适的行驶性能。

(3) 应通过对路面的大修、中修和改建,保持和提高路面的平整度、抗滑能力和路面的强度,从而确保路面的使用性能和耐久性能。

(4) 应避免因路面损坏和养护操作污染沿线环境。

3) 周期性养护

通过调查路况,分析路面技术状况的变化,确保合理的路面使用周期,安排周期性养护工作计划。周期性养护工作必须与工程实施和超龄路面改造相结合,确保路面养护的良性循环。

4) 冬季除雪与路面排水

(1) 为确保行车安全,路面积雪应予以清除,冬季扫雪工作应符合以下规定。

① 高速公路、一级公路和二级公路应及时清除路面直至路肩的积雪,同时可适当在行车范围内撒融雪材料。

② 三级公路、四级公路应及时清除路面积雪,路肩积雪在解冻前一次清除。交通量小于100辆/天的路线(段),如除雪有困难,可将积雪压实、整平以维持通车,在陡坡、急弯、平交道口等处撒防滑砂石材料。

(2) 沥青路面养护应重视路面排水,及时修补沥青路面的坑槽和裂缝,防止地表水渗入基层;对已渗入基层的积水,应设纵向、横向盲沟排水;地下水位较高的,在排水沟下面设置腹式盲沟。应加强路面排水设施的养护,保持其良好的排水功能。路面应保持横坡适度,以利排水。

3. 沥青路面养护质量标准

1) 沥青路面养护质量标准

(1) 沥青路面平整度、抗滑性能及路面状况的养护质量标准应符合表3-1的规定。

表3-1 平整度、抗滑性能及路面状况的养护质量标准

序号	项目		高速公路、一级公路	其他等级公路
1	平整度/mm	平整度仪(σ)	≤3.5	≤4.5(≤5.5 或≤7.0)
		三米直尺(h)	≤7	≤10(≤12 或≤15)
2	抗滑性能	构造深度/mm	≥0.4	≥0.3
		横向力系数(SFC)	≥40	≥30
		摆式仪摆值(BPN)	—	≥32
3	路面状况指数(PCI)		≥70	≥55

注:① 对于其他等级公路的σ,沥青碎石、贯入式应取低值4.5,沥青表面处治取中值5.5,碎砾石及其他粒料类路面取高值7.0;

② 对于其他等级公路的h,沥青碎石、贯入式应取低值10,沥青表面处治取中值12,碎砾石及其他粒料类路面取高值15;

③ 二级公路沥青混凝土路面可参照高速公路、一级公路的质量标准。

(2) 沥青路面强度的养护质量标准应符合表 3-2 的规定。

表 3-2　沥青路面强度的养护质量标准

评价指数	高速公路、一级公路	其他等级公路
路面强度系数(SSI)	≥0.8	≥0.6

沥青路面车辙养护质量标准应符合表 3-3 的规定。

表 3-3　沥青路面车辙养护质量标准

评价指数	高速公路、一级公路	其他等级公路
路面车辙深度/mm	51	—

注：其他等级公路对车辙深度无要求。

(3) 沥青路面应保持横坡适度，以利排水，各种路面类型的路拱坡度宜符合表 3-4 的规定。

表 3-4　沥青路面路拱坡度

路 面 类 型	路拱坡度/(%)	路 面 类 型	路拱坡度/(%)
高速公路、一级公路	1.0~2.0	其他等级公路	—

注：对于高速公路、一级公路路拱坡度可视情况比此表所列值低 0.5%，其他等级公路的路拱坡度可视公路等级的情况比《公路工程技术标准》(JTG B01—2014)中相应的设计值低 0.5%。

2) 大修、中修、改建、专项养护工程的质量标准

(1) 对沥青路面采取大修补强、中修罩面、改建及实施专项养护工程时，应参照《公路工程质量检验评定标准　第一册　土建工程》(JTG F80/1—2004)规定执行。

(2) 沥青路面平整度、抗滑性能、路面状况、强度、车辙及路拱坡度，若达不到表 3-1 至表 3-4 所规定标准时，应采取适当的措施对其进行处治、修复，以达到规定的要求。

4. 沥青路面养护材料要求

1) 基本要求

沥青路面养护材料主要有道路石油沥青、乳化石油沥青、液体石油沥青、改性沥青等沥青材料，以及各种规格的粗细集料、填料等砂石材料。这些材料必须具有足够的强度、耐久性和稳定性，以承受车辆的荷载和抵抗自然环境的影响。各种养护材料都应进行必要的试验，不得使用不符合要求的材料。

2) 技术要求

沥青路面养护材料应符合《公路沥青路面设计规范》(JTG D50—2006)、《公路沥青路面施工技术规范》(JTG F40—2004)的要求。使用这些材料时应遵照《公路工程沥青及沥青混合料试验规程》(JTG E20—2011)、《公路工程岩石试验规程》(JTG E41—2005)、《公路工程集料试验规程》(JTG E42—2005)的规定执行。

5. 沥青路面养护机械设备的配备

1) 机械设备的配备

沥青路面的养护应根据实际要求配备各种机械设备。机械设备的品种及规格,可根据各地实际情况确定。

2) 机械设备的选用

沥青路面改建工程所需机械设备可参照《公路沥青路面施工技术规范》(JTG F40—2004)的有关规定配备。路面状况调查设备可参照表3-5配备。

表 3-5 路面状况调查设备

调查内容	调查设备	备注
路面破损状况	直尺等直观调查设备	可配备路况摄影车
路面结构强度	贝克曼梁弯沉仪及弯沉车	可配备自动弯沉仪或落锤式弯沉仪
路面平整度	路面平整度仪或三米直尺	可配备路面激光平整度仪
路面抗滑能力	摆式摩擦系数测定仪	可配备横向力系数测试仪
路面车辙深度	路面车辙测定仪	—

3) 机械设备的保养

做好机械设备的保养、维修工作,确保机械设备的安全性,提高机械设备的完好率和使用率。

二、水泥混凝土路面的概述

水泥混凝土路面也称刚性路面,采用的材料、施工方法、施工工艺,以及其结构形式等均不同于柔性路面。水泥混凝土路面由于具有强度高、稳定性好、刚度大、耐久性好、扩散荷载能力强等特点,目前已成为我国高级路面发展的重要形式。但在使用过程中,由于经常受重交通荷载、环境条件等外部因素的作用,水泥混凝土路面容易产生开裂、断板、沉陷、错台等病害,从而影响公路运输的效益和行车安全,因此必须采取积极措施,加强对水泥混凝土路面养护等方面的管理。水泥混凝土路面受设计、施工、养护与使用条件的限制较大,施工不当必然会给后期使用埋下隐患,养护不及时或过于苛刻的使用条件均会导致水泥混凝土路面出现各种问题。水泥混凝土路面的早期病害主要有裂缝、唧泥、错台等。

从20世纪80年代起,我国水泥混凝土道路得到迅速发展。但是,近几年水泥混凝土路面的使用状况不佳,使用寿命大大短于设计预期寿命,尤其是一些以货运为主的重交通干道,早期损坏严重。也就是说,目前一些水泥混凝土路面没有体现出使用寿命长、养护费用低的优点。路面使用寿命的长短,除取决于建设质量的好坏外,在很大程度上也取决于养护工作的好坏。水泥混凝土路面作为高级路面,虽然具有使用寿命长、养护工作量小、耐久性好的特点,但在交通荷载和自然环境的综合作用下,水泥混凝土路面会出现各种损坏现象,而且路面一旦出现破损,其破损就会迅速发展,且修补水泥混凝土路面比修补其他路面困难。因此,必须在对水泥混凝土路面进行经常性认真检查的基础上,及时发现存在的问题和缺陷,采取有效的技术措施,做好预防性、经常性养护,保证路面处于完好状态,充分发挥水泥混凝土路面使用寿命长的特点和优势。当路面使用性能下降到最低可接受水平时,就必须采取有针对性的养护措施恢复其使用性能,否则将影响车辆的行驶速度、安全性、舒适性及道路的运输费用。

1. 水泥混凝土路面养护的目的

(1) 通过日常保养,及时发现并修复损坏部分,使路面及其附属设施的各部分均保持完善、整洁、美观。

(2) 保持路况良好,使路面具有良好的使用性能,路面各项性能指标均符合要求,以保障行车安全、舒适、畅通。

(3) 及时采取合理的工程技术措施,通过周期性养护,确保路面的质量,延长路面的使用寿命。

2. 水泥混凝土路面养护的工作内容

水泥混凝土路面养护是通过对路面各部分的日常检查、雨季前后检查、恶劣气候和灾害情况下的应急检查及定期检查,发现路面存在的病害及可能引起路面出现病害的因素,采取正确、有效的预防、抢修、维修及加固措施,保证路面处于良好的技术状态和使用状态。水泥混凝土路面养护的工作内容包括以下几个方面:

(1) 经常清扫行车道和硬路肩上的杂物等,清扫中间带、变速车道、爬坡车道、应急停车带的泥土等。

(2) 路面各种接缝材料缺损时应及时填补,溢出时应及时清除,并防止泥土、砂石及其他杂物进入接缝内,影响混凝土路面的正常伸缩。

(3) 经常检查路基、路面排水设施,防止积水,以保护路面不受地面水和地下水的损害。

(4) 及时清洗和恢复路面各种标线、标记等以保持完整无缺、清晰醒目。保持辅助和加强标线作用的突起路标无损坏、松动或缺失,并保持其反射性能。

(5) 及时浇灌、修剪路肩外和中央分隔带内种植的植物,以保持路容美观、整齐,及时防治植物病虫害,及时在空缺位置补植植物,更新老化的绿化植物,及时处理影响视距和路面稳定的绿化栽植。

(6) 对路面、路肩和路缘石等的局部损坏应查清原因,采用合适的材料并采取相应的措施进行修复,以保持路面具有各级公路所要求的使用状态和服务水平。

(7) 对路面的较大损坏,根据路面检查评定结果确定养护对策,进行维修和整治;局部路段路面损坏严重的应予以翻修,以达到设计标准;整个路段平整度、抗滑能力不足的,可采取罩面处理,并铺筑加铺层,以恢复其表面功能;整个路段路面接缝填缝料失效的,应全面更换。

(8) 对承载能力不足和不适应交通发展要求的路面,可根据不同情况进行加铺、加宽,以提高其承载能力和通行能力。

3. 水泥混凝土路面养护的一般要求

(1) 水泥混凝土路面的特点是,在养护良好的条件下,其使用年限比其他路面的长,但一旦出现破损,其破损就会迅速发展。因此,必须加强预防性、经常性养护,养护工作必须贯彻"预防为主,防治结合"的方针。根据路面实际情况和具体条件,采取预防性、经常性的保养和相应修补,对较大范围的路面修理,应安排大修、中修或专项维修,使路面处于良好的技术状态。

(2) 应保持对路面的经常性巡视和观察,及早发现缺陷,查清原因,不失时机地采取适当的措施,以保持路面状况完好。

(3) 水泥混凝土路面在使用过程中,必须对其使用质量进行定期的调查、评价,有计划地进行修理和改善,以保持其良好的服务状况。

(4) 水泥混凝土路面养护应以机械养护为主,并积极采用新技术、新材料、新工艺,提高养护质量。

(5) 水泥混凝土路面养护必须贯彻安全生产的方针,其安全技术、劳动保护等必须符合有关规定,做到安全生产、文明施工,并保护生态环境。

4. 水泥混凝土路面的养护质量标准

水泥混凝土路面的养护质量标准应符合表3-6的规定。

表3-6 水泥混凝土路面的养护质量标准

项	目	高速公路、一级公路	其他等级公路
平整度	平整度仪(σ)/mm	2.5	3.5
	三米直尺(h)/mm	5	8
	国际平整度指数(IRI)/(m/km)	4.2	5.8
抗滑能力	构造深度(TD)/mm	0.4	0.3
	抗滑值(SRV)/摆值(BPN)	45	35
	横向力系数(SFC)	0.38	0.30
	相邻板高差/mm	3	5
	接缝填缝料凹凸/mm	3	5
	路面状况指数(PCI)	≥70	≥55

任务 2 路面损坏的状况调查、评价与日常养护

一、路面的破损类型

沥青路面破损可分为裂缝类、松散类、变形类及其他类,具体类型如表3-7所示。

表 3-7 沥青路面破损类型

破损类型		分级	外观描述	分级指标
裂缝类	龟裂	轻	初期龟裂,缝细,无散落,裂区无变形	块度:20~50 cm
		中	裂块明显,缝较宽,无或轻度散落或轻度变形	块度:小于20 cm
		重	裂块破碎,缝宽,散落严重,变形明显,急待修理	块度:小于20 cm
	不规则裂缝	轻	缝细,无散落或轻微散落,裂块大	块度:大于100 cm
		重	缝宽,散落,裂块小	块度:50~100 cm
	纵裂	轻	缝壁无散落或轻微散落,无支缝或支缝少	缝宽:小于5 mm
		重	缝壁散落严重,支缝多	缝宽:大于5 mm
	横裂	轻	缝壁无散落或轻微散落,无支缝或支缝少	缝宽:小于5 mm
		重	缝壁散落严重,支缝多	缝宽:大于5 mm
松散类	坑槽	轻	坑浅,面积小(<1 m²)	坑深:小于25 mm
		重	坑深,面积大(>1 m²)	坑深:大于25 mm
	麻面	—	路面因细小嵌缝料散失而出现的粗麻表面	—
	脱皮	—	路面面层呈层状脱落	—
	啃边	—	路面边缘破碎脱落,宽度10 cm以上	—
	松散	轻	细集料散失,路面磨损,路表粗麻	—
		重	粗集料散失,多量微坑,表面剥落	—
变形类	沉陷	轻	深度浅,行车无明显不适感	深度:小于25 mm
		重	深度深,行车明显颠簸	深度:大于25 mm
	车辙	轻	变形较浅	深度:小于25 mm
		重	变形较深	深度:大于25 mm
	搓板	—	路面产生纵向连续起伏,似搓板状,波峰与波谷高差大于1.5 cm	—
	波浪拥包	轻	波峰与波谷高差小	高差:小于25 mm
		重	波峰与波谷高差大	高差:大于25 mm
其他类	泛油	—	路表出现沥青膜,发亮,镜面,有轮印	—
	磨光	—	路面原有粗构造衰退或丧失,路表光滑	—
	冻胀	—	路基下部分向上聚集,开始冻成冰,引起路面结构膨胀,造成路面拱起和开裂	—
	翻浆	—	因路基湿、软,路面出现弹簧、破裂、冒浆的现象	—
	修补损坏	—	因破损或病害而采取修复措施进行处治,路表已修补的部分与未修补部分明显不同	—

二、调查内容与方法

1. 路面调查的目的

路面调查是指运用各种仪器设备,按照规定调查频率对路面各项指标进行检测等。其目的是了解路面状况、建立路面管理系统、积累数据以对路面状况进行评价,为确定养护和处治方案、加强养护、提高科学管理水平提供依据。

2. 路面调查内容与频率

路面调查内容主要包括路面破损状况、路面结构强度、路面平整度、路面抗滑能力四项。根据需要还可增加对桥头、通道两侧以及涵洞的不均匀沉降状况进行观测。路面调查可采用全面调查或抽样调查的方式。路面调查频率应遵照表3-8的规定。

表3-8 路面调查频率

公路等级	评价指标			
	破损	平整度	强度	抗滑
高速公路和一、二级公路	每年1次		1~3年1次	
三、四级公路	每年重点调查		必要时调查	

3. 破损调查

路面破损的调查指标为综合破损率(DR)。高速公路和一级公路路面破损数据调查,宜采用先进、快速的调查方法。其他等级公路路面破损数据调查,可采用人工调查的方法。

4. 强度调查

路面强度的调查指标为路面弯沉值。高速公路和一级公路路面弯沉值的调查,宜采用自动弯沉仪或落锤式弯沉仪进行,但应建立调查结果与贝克曼梁弯沉仪测定结果的对应关系。其他等级公路路面弯沉值的调查,可采用贝克曼梁弯沉仪进行。

5. 平整度调查

路面平整度的调查指标为国际平整度指数(IRI)。路网的全面调查,宜采用车载式检测设备快速检测;小范围的抽样调查可采用连续式平整度仪或三米直尺检测。通过采用各种方法获得的测定结果应与国际平整度指数建立对应关系。

6. 抗滑能力调查

路面抗滑能力的调查指标为横向力系数(SFC)和摆值(BPN)。调查设备可采用横向力系数测定车和摆式仪,高速公路和一级公路宜采用横向力系数测定车调查路面抗滑能力。

7. 交通量观测

当调查与评价路段有交通量观测数据时,应直接采用;当交通量观测数据不能满足要求时,可按要求进行补测。

三、数据的采集与管理

1. 现有路面数据的采集

现有路面数据的采集工作一般应由地(市)级公路管理机构负责组织,由县级公路部门组成测试小组,也可委托给专门的检测机构。参与数据采集的人员必须严肃认真,有较丰富的养护路面的实践经验,并熟悉路面病害类型,能确保数据真实、可靠。

2. 路面破损数据的采集与管理

1) 调查方法

仔细查看路面的损坏状况,正确区分病害类型和严重程度,测量其损坏面积,按病害类型及严重程度,记入路面损坏情况调查表。不规则形状的损坏面积,先按当量面积计算,然后根据破损程度乘上系数确定。评价段次按 100 m 设定。每张表记录一个路段的实测数据。各种单条裂缝,其损坏面积按裂缝长度乘以 0.2 m 计算;车辙的损坏面积按车辙的长度乘以 0.4 m 计算;车辙、拥包、波浪、坑槽、沉陷等类损坏,可用三米直尺测其最大垂直变形,以确定其严重程度。

2) 数据校核

地(市)公路部门应组织复核小组对调查结果进行抽查,抽查数量占实际调查路段的 5%～10%,偏差范围在±10%以内为合格,不合格时应重新进行调查。

四、养护对策

沥青路面养护对策应根据公路等级、交通量、分项路况评价结果确定。分项路况评价指标包括路面破损状况、行驶质量、路面强度和抗滑性能等。路面综合评价指标仅用于对路面质量的总体评价。

各地公路养护管理部门应使用路面管理系统,根据路面分项评价结果和养护资金的情况,分配安排本地区公路网的资金,确定公路养护的优先次序。

公路养护管理部门可根据公路等级、交通量、分项路况的评价结果,结合养护资金情况,采取如下养护对策:

(1) 在满足强度要求的前提下(路面的结构强度系数为中等以上时):若高速公路及一级公路的路面状况指数评价为优、良或者二级及二级以下公路的路面状况指数评价为优、良、中,则以日常养护为主,并对局部破损进行小修;若高速公路及一级公路的路面状况指数评价为中及中以下,或者二级及二级以下公路的路面状况指数评价为次及次以下,则应采取中修、罩面等措施。

(2) 在不满足强度要求的前提下(路面的结构强度系数为中等以下时),应采取大修、补强等措施以提高其承载能力。

（3）若高速公路及一级公路的行驶质量指数评价为优、良，或者二级及二级以下的公路的行驶质量指数评价为优、良、中，则以日常养护为主；若高速公路及一级公路的行驶质量指数评价为中及中以下，或者二级及二级以下公路的行驶质量指数评价为次及次以下，则应采取罩面等措施改善路面的平整度。

（4）高速公路及一级公路的抗滑能力不足（SFC＜40）的路段，或者二级及二级以下公路抗滑能力不足（SFC＜30 或 BPN＜32）的路段，应采取罩面等措施提高路面的抗滑能力。

（5）当路面无法满足现有交通量或载重的需要时，应提高现有路面的等级，或采取加宽等改建措施来提高道路的通行能力和服务质量。大修、中修及改建工程的结构类型和厚度，可根据公路等级、交通量、当地经济条件和已有经验来确定，具体要求应符合规定。

五、路面状况调查

为了解路面状况，选择相应的养护措施，制定养护政策，规划养护工程项目，编制养护计划，进行路面改建设计时，应进行路面状况调查和评定。

路面状况调查和评定涉及七方面的内容，即路面破损状况、结构承载能力、行驶质量、抗滑能力、交通状况（车辆组成和轴载）、路基和路面排水状况及路面修建和养护历史。按调查需求、路面状况选择不同的调查内容和调查深度或细度，采用不同的评定指标和标准。

图 3-1 所示为部分路面状况调查方法及测定工具。

(a) 目测路面破损

(b) 承载能力测定

(c) 平整度调查

(d) 摆式摩擦系数测定仪

图 3-1　部分路面状况调查方法及测定工具

1. 路面破损状况调查

路面破损状况以病害类型、轻重程度和出现的范围或密度三项属性表征。

调查工作采用目测和仪具量测方法,每年或每两年进行一次,视破损状况发展速度而定。为确定需采取养护措施的路段(地点),或为路面改建设计提供依据而进行的调查,应沿整个调查路段逐板块进行;而为评定路面现状对使用要求的适应程度,以制定养护政策,分配养护资金,规划养护工程项目,编制养护计划进行的调查,可采用抽样调查方法,抽样规模为10%左右(每千米选取100 m,或者每一子路段选取10%的子路段长度)。

2. 结构承载能力调查

考虑路面破损严重或者路面需承受比原设计标准轴载数大得多的车辆荷载而进行设计时,应进行现有路面的结构承载能力调查和测定。

调查和测定采用无破损试验与破损试验相结合的方式进行。无破损试验主要采用承载板、静态弯沉仪(长杆)或落锤弯沉仪等仪器,测定试验荷载作用下的路面挠度曲线,评定接缝传荷能力,判断板底脱空情况。破损试验指钻取各结构层的试样,量取其厚度,并在室内进行强度和模量的测定。

3. 行驶质量调查

行驶质量调查可采用反应类仪器或断面类仪器进行路面平整度测定。不同类型仪器的测定结果,应按预先经过试验建立的关系曲线,统一换算成国际平整度指数。

平整度测定沿调查路段的各个车道逐千米进行。在路面使用初期,进行一次全线平整度测定,而后视交通量大小每隔2~4年测定1次,或者按情况需要对平整度差的路段进行测定。

4. 抗滑能力调查

抗滑能力调查包括摩阻系数和路面表面构造深度测定两项。摩阻系数可通过采用摆式仪测定路面抗滑值,或采用偏转轮拖车测定侧向力系数(SF),或采用锁轮拖车测定滑移指数(SN)得到。

在道路使用初期,对各路段进行1次全面测定。按路段内各车道路面的构造情况,分为若干段,分别选择具有代表性的测定地点。每隔2~4年测定1次,或根据需要对抗滑性能差或影响行车安全的重要路段进行测定。

六、公路路面日常养护

1. 沥青路面日常养护

1) 前期养护规定

(1) 热拌沥青混合料路面的初期养护。

① 摊铺、压实后的热拌沥青混合料路面,待摊铺层自然冷却,混合料表面温度低于50 ℃后

方可开放交通。

② 纵向、横向的施工接缝是沥青路面的薄弱环节,应加强初期养护,随时用三米直尺查找暴露出来的轻微不平,并进行处理。

(2) 沥青贯入式路面的初期养护。

① 路面竣工后,开放交通时,行驶车辆限速在 15 km/h 以下,根据表面成型情况,行驶车辆速度可逐步提高至 20 km/h。

② 设专人指挥交通或设置临时路标,按先两边、后中间控制车辆易辙行驶,做到全面压实。

③ 应随时将行车驱散的嵌缝料回扫、扫匀、压实,以形成平整、密实的上封层。当路面泛油时,要及时补撒与施工最后一层矿料相同的嵌缝料,同时控制车速行车碾压。

(3) 沥青表面处治路面的初期养护。

① 层铺法施工的沥青表面处治路面的初期养护与沥青贯入式路面的初期养护要求基本相同。

② 拌和法施工的沥青表面处治路面的初期养护与热拌沥青混合料路面的初期养护要求基本相同。

(4) 乳化沥青路面的初期养护。

乳化沥青路面的初期稳定性差,压实后的路面应做好初期养护,设专人管理,按实际破乳情况,封闭交通 2~6 h;未破乳的路段,严禁一切车辆、人、畜通过;开放交通初期,行驶车辆速度应不超过 20 km/h,并不得制动和调头。路面有损坏时,应及时修补。

2) 沥青路面日常养护规定

(1) 加强路况巡查,及时发现病害,研究、分析病害产生的原因,并有针对性地、及时地对病害进行处理。

(2) 路面清扫应按如下规定进行。

① 巡查过程中,发现路面上有杂物,需及时清扫,保持路面清洁。

② 沥青路面的日常清扫,应根据实际情况,采用机械清扫或人工清扫的方法。

③ 沥青路面的清扫作业频率应根据路面污染程度、交通量的大小及其组成、气候和环境条件等因素而定,长、大隧道内和桥梁上沥青路面的清扫频率应适当提高。

④ 为防止清扫路面时产生扬尘而污染环境、危及行车安全,机械清扫时宜配备洒水装置,并根据路面的扬尘程度确定洒水量。

(3) 严禁履带车和铁轮车在沥青路面上直接行驶,如这类车辆必须通过沥青路面,则应采取相应措施。

(4) 雨后路面的积水要及时排除。

(5) 排水设施的养护。在春融期,特别是汛前,应对排水设施进行全面检查,并疏通排水系统。雨天必须安排人员上路巡查,及时排除堵塞,防止水流直接冲刷路基、路面及路肩。暴雨过后应重点检查,如有损坏则应及时修补。

(6) 除雪、防滑。

① 当降雪影响正常通行时,应组织人员并利用机械清除路面积雪,对重要道路要争取地方政府组织沿线人员并调拨设备除雪。

② 在冬季降雪或下雨后,路面结冰,应在桥面、陡坡、急弯、桥头引道撒铺一层防滑料。在环

保允许情况下,也可撒布融雪材料(氯化钙、氧化钠等)。

(7) 路肩养护。

① 路肩应保持适当的横坡,横坡应平整、顺适,硬路肩横坡坡度可与路面横坡坡度相同或略大,植草路肩横坡坡度应比路面横坡坡度大1‰~2‰。当路肩的横坡过大或过小时,应及时整修。

② 堆料台应设置在路肩以外,堆放材料时应间隔适当距离,材料应排列规整。

③ 路肩应经常保持平整、坚实,对出现的坑槽、车辙、缺口应及时修补。

④ 应及时排除积水及清理淤泥、土石及杂物,清理的淤泥、土石及杂物不得堆放在边沟内或边坡上。

⑤ 宜结合工程,用块石、水泥混凝土预制块铺砌路肩外侧边缘带。应加强养护边缘带,由于路表水冲刷及车辆碾压造成的松动、破损,应及时修复。

⑥ 可在路肩上种植(或保留)草皮以避免路肩水土流失,并经常对草皮进行修整,草高不宜超过15 cm,并以不影响路面排水为原则。

(8) 边坡的养护。

① 边坡的坡面应保持平顺、坚实、无冲沟,其坡度应符合设计规定。应经常检查路堑,特别是深路堑边坡的稳定性。如发现有危岩、浮石等,则应及时清除,以避免其塌落危及行车、行人安全和堵塞边沟。当土路堑边坡出现冲沟时,应及时用黏土填塞并捣实;当出现潜流涌水时,可开集水沟,将水引向路基以外。

② 填土路堤边坡因雨水冲刷,出现冲沟和缺口时,应及时用黏结性良好的土修补并拍实。修理较大的冲沟和缺口时,应将原边坡开挖成台阶形,然后分层填筑并夯实,且填补部分应与原坡面衔接平顺,另增加植被来防护边坡。

③ 边坡、碎落台、护坡道、沿河路堤等受水流冲刷及浸淹,出现缺口、冲沟、沉陷、塌落等,应根据水流、地质、边坡坡度等情况,选用种草、铺草皮、栽灌木丛、投放石笼、干砌或浆砌片石护坡等防治措施。

3) 季节性预防养护

沥青路面对气温比较敏感,应根据各地温度变化等规律,按照"预防为主,防治结合"的原则,结合本地区成功经验,针对如下所列不同季节病害根源,因地制宜,采取有效的技术措施,做好预防性养护工作。

(1) 春季。春季路基内的水分开始转移。春季是沥青路面各种病害集中暴露的季节。路面养护应抓住时机,及时防治路面病害。

① 随着解冻,路基含水量较大的路段路基强度减弱,面层在车辆碾压作用下容易出现裂缝病害;含水量已达饱和且强度及稳定性差的路段,在车辆碾压作用下容易出现翻浆现象。

② 施工质量差的路面,在气温回升时容易变软,矿料经碾压产生松动,油层不稳定,容易产生拥包、波浪等。

③ 秋末冬初低温施工路段,随着温度上升,容易出现泛油现象。

④ 春融季节路面出现网裂现象后,如不及时处理,则网裂容易发展为坑槽。

(2) 夏季。夏季气候炎热,地面水分蒸发快。夏季是沥青路面各种病害全面发展的季节。路面养护要充分利用夏季气温高、操作方便的条件,及时消灭病害。

① 新铺的沥青路面在高温作用下容易出现泛油现象。

② 基层含水量较大或质量差的路段,路面在车辆碾压作用下容易发软、产生车辙。

③ 沥青用量过多,矿料过细或沥青黏度小的沥青路面容易出现拥包、波浪、发软等病害。

(3) 秋季。秋季气温逐渐降低,且雨水较多,应及时处理病害,为冬季沥青路面的正常使用打下基础。

① 秋季雨水较多,容易积水的路段,当路面有裂缝或基层不密实时,易出现坑槽。

② 强度不够的路肩受雨水侵蚀或积水影响,在车辆碾压作用下,易出现啃边现象。

③ 基层含水量较大、强度不够,或地基被水泡而发软的路段,路面稳定性受到影响,在车辆碾压作用下易出现网裂现象。

(4) 冬季。冬季气候寒冷,路基、路面冻结,沥青路面比较稳定,但是也要注意沥青路面的养护。

① 路面在低温下发生不同方向的收缩,容易产生横向、纵向裂缝。

② 积雪地区应做好除雪、防滑工作。

2. 高速公路沥青路面日常养护

1) 一般规定

(1) 高速公路沥青路面应进行经常性和预防性的日常养护,以保证路面经常处于良好的技术状态。

(2) 高速公路沥青路面日常养护工作应符合下列要求。

① 建立完善的巡视检查制度和技术检测系统,建立完善的信息网络。及时、准确地掌握路面状况及相关信息,科学、客观地评定路面使用品质,有依据、有计划、有针对性地安排养护项目。

② 树立高度的交通服务意识和安全意识,在路面养护作业中,应满足正常行车的需要,尽量避免完全封闭交通。

③ 严格按照有关技术规范和标准进行养护作业,宜采取机械化养护作业方式,优质、高效地处理各类路面病害,确保运行质量。

④ 不断地探索和应用新材料、新设备、新技术、新工艺,提高养护作业的时效性、机动性、安全性和可靠性。

(3) 对高速公路沥青路面出现的各类病害,必须及时、快速地处理。当发现直接危及正常交通和行车安全的病害时,应立即修复,或采取临时过渡措施,再按有关要求进行修复。

(4) 路面的日常养护,应根据实际需要配置适用的机具设备,适当储备材料,并建立可靠的养护材料供应网络,以确保路面养护作业正常进行。

(5) 在高速公路上进行路面养护作业的人员,必须事前接受专门的安全教育和养护作业规程的培训。

2) 巡查和检测

(1) 高速公路沥青路面的日常养护,应建立巡视检查制度并严格执行,及时发现问题,养护部门应及时维修路面及其附属设施的损坏部分,及时清理可能影响交通的路障,以便尽快恢复路面正常使用状态。

① 巡视检查分为日常巡查、定期巡查、特殊巡查和专项巡查,各类巡查的内容、频率、方法、装备按有关规定确定。

② 巡查作业中,巡查人员应强化自身保护意识,按规定穿戴安全标志服。巡查车辆的速度一般控制在 40～50 km/h,并按规定开启警示灯,遇到需要停车检查的情况,应停在紧急停车带上。巡查车如必须停在行车道上,则应开启危险报警闪光灯,巡查人员应采取必要的安全措施,在巡查车的前方迅速完成检查或测量作业。

③ 巡查作业中,应由专人负责记录巡查情况,巡查结束后应尽快整理、汇总巡查记录,并通知有关部门采取相应的养护措施。

(2) 路面的日常养护中,应注意采集、利用气象信息和交通信息等相关信息。

① 应每天记录当地的天气预报和实际天气情况。在多风、多雨、多雾、多雪、多冰冻季节,应随时注意天气的变化,必要时应与当地气象台(站)保持联系,随时获取最新气象信息,以便及时采取相应措施。

② 应按规定进行交通量调查。

(3) 应对高速公路沥青路面进行路面破损、强度、平整度和抗滑性能检测,以及必要的专项技术检测。

(4) 各项巡视检查、专项调查和技术检测的结果,均应及时地进行整理和初步分析,并输入公路路面管理系统,由该系统每年对路面的技术状况和使用品质进行一次综合评价,评价结果可作为制订下一年年度养护工作计划的依据。当在各类巡查或专项检测中发现路面某一方面的技术状况和使用品质明显下降时,应及时通过公路路面管理系统做出阶段性评价,以便及时采取相应的养护对策。

(5) 对修建于软土地基的高速公路沥青路面应定期进行路面高程测量。当桥头引道出现下列不均匀沉降情况时,应及时予以修复。

① 与桥台的连接部位沿桥台靠背产生错台,且高差达 2 cm 以上。

② 台后接近桥台部位的纵向坡度差超过 0.5%。

3) 清扫和排水

(1) 对尘土、落叶、杂物等造成的路面污染,应进行日常清扫,保持高速公路良好的运行环境。

① 日常清扫应以机械作业为主,机械清扫沿路面右侧或左侧进行,并应尽量避免在中间行车道进行清扫作业及变换车道进行清扫作业。对清扫机械无法扫及的路面死角,应人工辅助清扫。

② 日常清扫的作业频率应根据路面污染程度确定,一般为每日进行一次全程清扫,并应尽量避免在车流量高峰时段作业。

③ 清扫机械必须配备洒水装置,机械清扫作业时,应根据路面的扬尘程度确定适当的洒水量。

④ 路面清扫后的垃圾不得随意倾倒,应运至指定地点或垃圾场妥善处理。

⑤ 桥面、隧道内沥青路面及收费广场的日常清扫作业按以上要求进行,但隧道内沥青路面及收费广场的清扫频率应适当提高。

(2) 除定期的日常清扫作业外,还应根据路面污染的特殊情况,及时进行不定期的特殊清扫保洁作业。

① 当发现路面有妨碍正常交通的杂物时,应立即清除。

② 当意外事件、事故等因素造成路面污染时,应及时处理。

③ 当沥青路面被油类物质或化学物品污染时,应先撒砂、撒木屑等,或用化学中和剂处理,然后进行清扫,必要时再用水冲洗干净。

(3) 高速公路沥青路面应保持排水畅通,路面无积水。

① 应经常清理对中央分隔带集水井、横向排水管、路侧拦水缘石及泄水槽、桥面泄水孔等路面排水系统,应及时修复损坏的排水设施。

② 应经常检查沥青路面的排水情况,检查时间一般以在雨间或雨后 1~2 h 为宜。发现路面有明显的积水,应分析原因,分别采取下列不同措施:对于虽未破损,但造成雨后明显积水的行车道路面局部沉陷部位,应及时清扫并予以整平;对于设置有路侧拦水带及泄水槽的路段,因拦水带开口及泄水槽的位置不妥而造成路面积水时,应及时调整拦水带开口及泄水槽的位置;对于因横坡不适而造成积水的路段,应采取临时措施,尽量减少行车道部位的积水,并在罩面及翻修工程中彻底调整,以解决积水问题。

③ 在雨季到来之前,应对路面排水系统及路堤边沟、涵管、泵站、集水井、沉淀池等所有排水设施进行全面检查,疏通堵塞部位,修复损坏部位,处理水毁隐患,清除路肩和边坡高草,确保雨季排水畅通。应加强雨季排水能力,及时处理路面水毁部位,减轻水害损失。

4) 排障和清理

(1) 为及时处理并尽量减轻因不可抗拒因素和突发事件所造成的损害,高速公路管理机构应建立完善的应急抢险机制,昼夜值班,随时掌握、分析各类有关信息,做好各种应急抢险准备工作,一旦发生险情,快速做出反应,指挥应急抢险工作。应急抢险机制及其功能框图如图 3-2 所示。

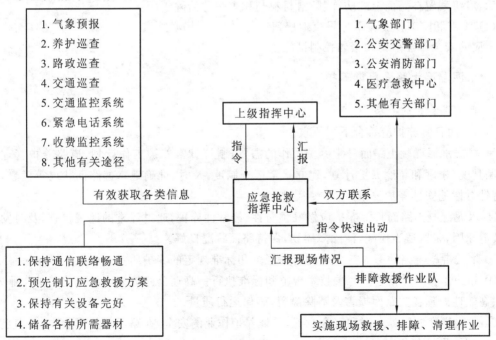

图 3-2 应急抢险机制及其功能框图

(2) 应根据实际需要配置必要的排障、抢险、救援设备和可靠的通信指挥设施,对排障、抢险、救援人员应进行专门的业务培训,使其掌握排障、抢险、救援作业程序。一旦出现妨碍正常交通、危及行车安全的路面险情和障碍物,应急抢险指挥中心应立即组织人员,按程序进行排障、抢险、救援工作,迅速排除路障和路面险情,恢复正常交通。必要时可请求当地政府和当地驻军支援。

(3) 排障作业结束后,应按有关规定,尽快清理现场,应尽快修复损坏的路面及附属设施。

5) 除雪和防冻

(1) 除雪和防冻是严寒地区冬季路面养护的重点内容,应根据当地历年气象记录资料、气象预测资料、路面结构、沿线条件等,事先制订切合实际情况的除雪和防冻工作计划,制订适用于各种不同的气温、降雪量、积雪深度条件下的除雪和防冻作业规程,安排相应的除雪、防冻作业人员,配置相应机具设备,并按实际需要储备防冻、防滑材料。

在严寒降雪季节到来后,应随时监测气象变化情况,一旦降温、降雪,立即按计划进行相应的除雪和防冻作业,特别注意坡道、弯道、收费广场等重点区段,尽量减轻积雪和冰冻对行车安全的危害,缩短影响正常交通的时间。

(2) 路面除雪应以机械作业为主,以人工作业为辅。在降雪过程中,当路面积雪厚度超过1 cm时,即可开始除雪作业。一般以铲为主,除雪机械的作业方向宜与正常行车方向相同,行驶速度为30~50 km/h,且从路面左侧向右侧依次进行。当降雪量较大,难以在降雪过程中清除全部积雪时,应在雪停后及时清除路面全部积雪。

(3) 当路面上的压实雪、融化的雪水、未及时排除的雨水可能形成冰冻层时,应及时采取防冻、防滑措施。当气温低于0 ℃时,在平面曲线半径小于500 m的匝道范围内,应撒布盐(盐水,或盐砂混合料,或其他融雪剂)等防冻、防滑材料。撒布的时间和频率宜与除雪作业的相同。待雪停后,应将残留在路面上的防冻、防滑材料与积雪一并清除干净。

(4) 除雪和防冻作业应不分昼夜地快速进行,作业现场必须实行统一指挥,并落实与作业形式相适应的安全作业措施和交通控制措施。

3. 水泥混凝土路面日常养护

1) 日常性养护的要求

(1) 路面日常养护应符合下列要求。

① 根据水泥混凝土路面日常养护工作的需要,制订日常养护工作计划,道路养护管理部门应编制月度、季度和年度养护计划,建立日常巡查制度,及时、准确地掌握路面状况等信息,有计划、有针对性地安排养护项目。

② 水泥混凝土路面日常养护应做好预防性、经常性养护,通过经常的巡视检查,及时发现缺陷,查清原因,采取适当措施,清除障碍物,保持路面状况良好。

③ 水泥混凝土路面的养护应达到有关规范和标准规定的养护质量。

④ 养护作业应严格按照有关技术规范和标准执行。高速公路应采取机械化养护作业方式,优质、高效地处理各类路面损害及清除障碍,确保运行质量。

⑤ 树立高度的服务意识和安全意识,保证养护作业的安全,在路面养护作业中,应满足正常行车的需要,尽量避免完全封闭交通。

⑥ 不断应用新材料、新设备、新技术、新工艺,以提高养护作业的时效性、机动性、安全性和可靠性。

(2) 对于水泥混凝土路面出现的各类病害,必须及时、快速处理。当发现有危及行车安全的病害时,应立即修复,或采取临时过渡措施,并按有关规定安排修复。

(3) 路面的日常养护应根据实际需要配置适用的机具,适当储备材料,并建立可靠的养护材料供应网络,以确保路面养护作业正常进行。

(4) 在高速公路上进行路面养护作业的人员,必须接受专门的岗前安全教育和养护作业规程的培训。

(5) 在日常养护中,注意收集、利用气象信息和交通信息等相关信息。

① 应每天记录天气情况。在多风、多雨、多雾、多雪及多冰冻季节,应随时注意天气的变化。必要时应与当地的气象台(站)保持联系,随时获取最新气象信息,以便及时采取相应措施。

② 应按规定进行交通量调查。

(6) 同一横断面由水泥混凝土路面与其他类型路面组成时,应按相应的要求执行。

2) 水泥混凝土路面日常养护内容

(1) 应强调预防性和经常性的水泥混凝土路面日常养护,通过经常的巡视检查,及早发现缺陷,查清原因,采取适当措施,清除障碍物,保持路面状况良好。

(2) 清扫保洁。

① 水泥混凝土路面必须定期清扫污物等,与其他不同类型路面平面连接处及平交道口应勤加清扫,路面上出现的小石块等坚硬物应予以清除,中央分隔带内的杂物应定期清除,以保持路容整洁。

② 路面清扫频率应根据公路状况、交通量及其组成、环境条件等确定。路面清扫宜采用机械作业,机械清扫留下的死角,应人工清除干净。采用机械清扫时应根据作业路段、面积和作业要求拟订行驶路线。交通量小的二级或二级以下水泥混凝土路面可人工进行日常清扫,清扫前应准备好工具,作业人员应穿安全标志服,清扫时应面向来车,并避让车辆以保证行车安全。

③ 路面清扫时,应尽量减少清扫作业产生的灰尘,以免污染环境、危及行车安全。清扫作业宜避免在交通量高峰时段进行。

④ 路面清扫后的垃圾应运至指定地点进行处理,不得随意倾倒。

⑤ 当路面被油类物质或化学药品污染时,应清洗干净,必要时用中和剂或其他材料处理后再用水冲洗。

⑥ 交通标志标牌、示警桩、轮廓标以及防撞栏等交通安全设施应定期擦拭,交通标志及标线受到污染后应及时清扫(洗),保持整洁、醒目。

⑦ 应保持交通标志标牌、标线、示警桩、轮廓标的完整,发生局部脱落、破损时应采用原材料进行修复或更换。

(3) 接缝的养护。

接缝的养护质量直接影响水泥混凝土路面的使用周期和使用功能,接缝的失养可能导致水泥混凝土路面板块出现唧泥、脱空、冻胀、错台等病害,因此应对接缝进行适时的保养,保持接缝完好,表面平顺。

① 防止硬质杂物落入接缝内而妨碍混凝土板块伸长,从而造成接缝损坏。

② 保持接缝填料完好,防止雨水浸入接缝内软化路基,从而导致混凝土板块损坏。

③ 保持填缝料饱满、密实、黏结牢固,从而保证接缝完好、表面平整、不渗水。当气温上升造成水泥混凝土板伸长、填缝料被挤出并高出路面,高速公路、一级公路填缝料超出路面部分的高度大于 3 mm,其他等级公路 5 mm 时,应整平。当气温下降造成水泥混凝土板收缩、接缝扩大而出现空隙时,应在当地气温较低的情况下灌注同样的填缝料,以防止泥、砂挤进接缝或雨水渗入接缝。

(4) 填缝料的更换。

① 填缝料的更换是一项经常性的养护工作内容,填缝料局部脱落时应进行灌缝填补;填缝料缺失大于三分之一缝长或填缝料老化、接缝渗水严重时,应立即更换整条接缝的填缝料。

② 填缝料更换的周期主要取决于填缝料自身的寿命与施工质量以及路面条件。填缝料的更换周期一般为2～3年。

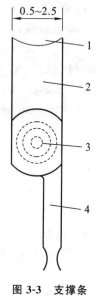

图 3-3 支撑条
1—膨胀空间;
2—填入接缝材料;
3—支撑条;4—导裂缝

③ 填缝料的更换应达到填缝料饱满、密实、黏结牢固的要求。清缝、灌缝宜使用专用机具。更换填缝料前,应将原填缝料及掉入缝槽内的砂石等清除干净,并保持缝槽干燥、清洁。填缝料灌注深度宜为3～4 cm。当缝过深时,缝的下部可填充多孔柔性垫底材料或泡沫塑料支撑条(见图3-3)。填缝料的灌注高度夏天宜与路面平齐,冬天宜稍低于路面2 mm。多余的或溅到路面上的填缝料应予以清除。填缝料更换宜选在春秋两季,或宜在当地年气温居中且较干燥的季节进行。

(5) 排水设施养护。

水泥混凝土路面、路肩、中央分隔带、边沟、边坡、截水沟、排水沟、挡土墙等组成路面排水系统。若水泥混凝土路面排水不畅,水渗入路面基层及路基后,会软化路面基层及路基,使混凝土板块损坏。此外,水泥混凝土路面积水形成水膜影响行车安全,故必须对其进行妥善的日常维护,保持系统的排水功能。当排水系统整体功能不能满足要求时,应通过改善或改建工程进行完善、提高。路面排水系统的要求如下。

① 对路面排水设施,应采取经常性的巡查并与重点检查相结合的检查措施,发现损坏应及时安排修复,发现堵塞必须立即疏通,路段积水应及时排出。

② 应坚持雨前、雨中、雨后上路检查制度。雨天应重点检查超高路段的中央分隔带纵向排水沟、横向排水管、雨水井、集水井等的排水状况,出现堵塞应立即疏通,出现积水应及时排出。

③ 排水构造物修复宜采用与原构造物相同的材料。

④ 保持路面横坡及路面平整度。当快车道是水泥混凝土路面、慢车道或非机动车道是沥青路面时,应保持沥青路面横坡大于水泥混凝土路面横坡。

⑤ 保持路肩横坡大于路面横坡,路肩横坡应顺适,并及时修复路肩缺口。

⑥ 路面板块裂缝应按要求进行缝隙封闭。

⑦ 路面接缝、路肩接缝及路缘石与路面接缝出现接缝变宽、渗水时,应进行填缝处理。

⑧ 定期修整路肩植物,清除路肩杂物,定期疏通路肩排水设施和中央分隔带排水设施,常年保持路面排水顺畅;及时清除路肩堆积物、杂草、污物;定期疏通路肩边沟、集水井、排水管、集水槽(由拦水带和路肩构成)、泄水口、急流槽等路肩排水设施;定期疏通中央分隔带的进水口、纵向排水沟、雨水井、集水井、横向排水管、渗沟等,同时定期清除雨水井、集水井污物。

⑨ 地下水常以毛细水、结合水、气态水和游离水的形式存在于土和粒料类路面材料内,存在于路面基层、垫层和土基内的游离水会使材料强度降低,产生唧泥或造成路面冻胀破坏。为排除路面下的游离水,常沿水泥混凝土路面外侧边缘稳定基层上设置边部排水设施(一般采用多孔塑料管外包渗滤层),把可能唧泥或喷射出的板块与基层间的截留水排出。由于路面排水系统的不均匀沉降及重沉积物的聚积,应使用大量清水冲洗聚水管或采用管道清理工具疏通排水

系统,要注意清除出水口的植物、淤积物和堵塞物。

(6) 日常养护中对病害的临时处理措施。

水泥混凝土路面产生病害后,为避免病害进一步恶化及保证道路使用的安全,在日常养护中常常要对病害采取临时性处理措施。病害的临时性处理具有经常性、周期性、预防性、及时性和快速性的特点,要求发现病害立即处理,确保行车安全。不能彻底处理病害时,必须采取临时处理措施。对病害的临时处理方法如下。

① 为防止雨水从裂缝中渗透至基层和路基,对裂缝常常采用封闭处理。对表面裂缝及虽然贯穿板厚但面板仍能满足要求的裂缝,且面板稳定的,可采用聚氨酯类、烯类、橡胶类、沥青类胶粘剂对裂缝进行封闭。

② 对裂缝造成板块强度不足的,采用环氧树脂类胶粘剂对裂缝进行封闭。封闭时首先将缝内脱落物及灰尘清除干净,一般采用铁钩和吸尘器等工具清理,对宽度小于 3 mm 的表面裂缝,也可以采用扩缝灌浆的办法封缝。

③ 为防止污染路面,在灌缝前应在缝的两侧撒砂或滑石粉,然后用灌缝机或灌缝器将封缝料灌入缝中,待封缝料冷却硬化后清理干净施工现场。

④ 临时处理坑洞的方法是填充沥青混凝土、沥青冷补材料或高强度水泥砂浆等,填充前应将坑洞内的松动物及尘土清除干净。

⑤ 沉陷的临时处理方法:当沉陷量较小时,可采取铺沥青混凝土的方式进行处理;当沉陷量大时,可在下面铺沥青碎石、上面铺沥青混凝土加以处理。

⑥ 对于断板,当断板无变形时,用灌缝料将缝封闭;当断板变形时,冬季可铺筑沥青冷补材料,一般情况下可采用沥青混凝土进行临时处理,以保证行车安全。

⑦ 对于板角破损但无变形的,可采取封缝临时处理;对于板角破损且发生变形的,用沥青混凝土或沥青冷补材料补平,碾压后开放交通。

3) 冬季养护

冰冻地区的公路在冬季常常因积冰、积雪而造成路面太滑,经常发生交通事故。冰雪水渗入路面常引发冻融病害,从而破坏水泥混凝土路面,加强冰雪地区路基和水泥混凝土路面冬季养护十分必要。冬季养护的要求如下。

① 冰雪地区水泥混凝土路面冬季养护的重点是除雪、除冰、防滑,作业的重点是坡道、弯道及其他严重危害行车安全的路段。

② 清除路面冰雪主要采用四种方法,即机械清理、化学处理、路面加热和减少冰与路面的黏着力。

③ 除雪、除冰、防滑要根据气象资料、沿线条件、降雪量、积雪深度、危害交通范围等制订作业计划,并做好机驾人员培训及机械设备、作业工具、防冻防滑材料的准备。

④ 除雪作业以清除新雪为主。化雪时,应及时清除雪水和薄冰。除冰困难的路段应主要采取防滑措施,除冰为辅。除冰作业应防止破坏路面。

⑤ 清雪质量受温度影响较大,抓住有利时机融雪非常重要。在降雪量较大的情况下,雪天转晴后,室外温度在 0 ℃ 以上时,机械推除积雪后,只需撒非常少量的融雪剂,随着地表温度的上升和行驶汽车的轮胎与地面的摩擦,残留的薄雪将自行融化;室外温度在 0 ℃ 以下时,清雪时间安排在上午 10:00 至下午 2:00 之间。

⑥ 机械清除积雪后,要及时撒融雪剂融雪、防冻,对高填方等温度较低的路段,要适当加大

融雪剂撒布量。

⑦ 雪天行车道的雪残留到夜晚未能融化而室外温度又较低时,由于路面有残存融雪剂不会形成冰面,但为了使雪尽快融化干净,要在清晨交通量增大之前,或者在一昼夜温度最低的时刻来临之前,再撒一层融雪剂防冻,然后借助过往车辆的车轮压、带、磨作用,加快残雪的融化速度。

⑧ 路面防冻防滑的主要措施:使用盐或其他融雪剂降低路面的结冰点;使用砂等防滑材料(或与盐掺和使用)来加大轮胎与路面间的摩擦系数;防冻防滑料施撒时间主要根据气象条件(降雪、风速、气温)、路面状况等来确定,一般可在刚开始下雪时就撒布融雪剂或融雪剂与防滑料的混合料,或者在路面出现冻结前1~2 h(需预估)撒布防冻防滑料;通常撒布一次防冻料即可;除雪作业时,撒布融雪剂的频率可以和除雪作业频率一致。盐的撒布量如表3-9所示。

表 3-9 盐的撒布量

盐的撒布量	撒布前 4 h 气温/℃	
	−7~0	低于−7
一般路段盐的撒布量/(g/m²)	5~15	15~30
严寒多雪路段盐的撒布量/(g/m²)	30	30~50

注:其他融雪剂的撒布量,应根据降低冰点的程度由试验确定。

⑨ 在冰冻地区的冬季养护中,根据养护里程和面积及撒布次数准备防滑融雪材料。常用的融雪剂有氯化钠、氯化钙、氯化镁、乙二醇、氮和磷酸盐化合物等,广泛使用的是氯化钠和氯化钙。使用融雪剂时,应注意避免损伤路面、腐蚀汽车和护栏等、影响绿化植物生长及污染环境等。

⑩ 在冰冻和积雪期间,应经常巡视路面。在春季气温回升冻融前,应将积雪及时清除至路肩以外,防止雪水渗入路肩;冰雪消融后,应清除路面上的残留物。禁止将含盐的积雪堆积于绿化带内,以防污染绿化植物及绿化地。

任务 3 沥青路面常见病害与维修技术

一、裂缝

1. 轻微裂缝

在高温季节全部或大部分可愈合的轻微裂缝,可不加处理。在高温季节不能愈合的轻微裂缝,可采用以下两种方法进行处治。

(1)将有裂缝的路段清扫干净并均匀喷洒少量沥青(在低温、潮湿季节宜喷洒乳化沥青),再勾撒一层2~5 mm 的干燥洁净石屑或粗砂,最后用轻型压路机矿料碾压。

(2)沿裂缝涂刷少量稠度较低的沥青。

2. 中度裂缝

对于路面的纵向或横向裂缝,应根据裂缝的宽度按以下步骤分别予以处治。

1) 缝宽在 5 mm 以内

① 清除缝中杂物及尘土。

② 将稠度较低的热沥青(缝内潮湿时应采用乳化沥青)灌入缝内,灌入深度约为缝深的 2/3。

③ 填入干净石屑或粗砂,并捣实。

④ 清除溢出缝外的沥青及石屑、粗砂。

2) 缝宽在 5 mm 以上

① 除去已松动的裂缝边缘。

② 用热拌沥青混合料填入缝中,并捣实。缝内潮湿时,应采用乳化沥青混合料。

3. 严重裂缝

因沥青性能不好、路面设计使用年限较长或油层老化等出现大面积裂缝(包括网裂),且基层强度尚好时,通过技术经济比较,可选用下列维修方法。

(1) 乳化沥青稀浆封层,封层厚度宜为 3~6 mm。

(2) 加铺沥青混合料上封层,或先铺设土工合成材料,再在其上加铺沥青混合料上封层。

(3) 改性沥青薄层罩面。

(4) 单层沥青表面处理。

图 3-4 所示为裂缝及裂缝修补图。

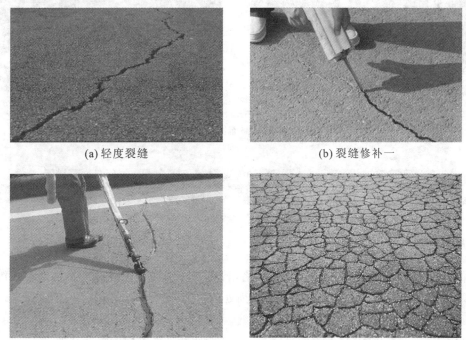

(a) 轻度裂缝　　(b) 裂缝修补一

(c) 裂缝修补二　　(d) 严重裂缝

图 3-4　裂缝及裂缝修补图

二、拥包

(1) 属于因施工操作不慎将沥青漏洒在路面上形成的拥包,将拥包除去即可。

(2) 已趋于稳定的轻微拥包,应用机械刨削掉或人工挖除。如果除去拥包后,路表不够平整,则应予以处治。

(3) 因面层沥青用量过多或细料集中而产生较严重拥包,或路面连续多次出现拥包且面积较大,但路面基层仍属稳定,则应用机械或人工方式将拥包全部除去,直至低于路表面约 10 mm,扫尽碎屑、杂物及粉尘后用热沥青混合料重做面层。

(4) 因基层局部含水量过大,使面层与基层间结合不良而被推移变形造成的拥包,应将拥包连同面层挖除,将水分晒干,或用水稳定性较好的材料更换已变形的基层,再重做面层。

(5) 由于基层局部强度不足或水稳定性不好,使基层松软而导致的拥包,应将面层和基层完全挖除。如土基中含有淤泥,则应将淤泥彻底挖除,换填新料并夯实。在地下水位较高的潮湿路段,应采取措施引出地下水,并在基层下面加铺一层水稳定性好的材料,最后重做面层。

图 3-5 所示为沥青路面拥包及其处理。

(a) 沥青路面拥包　　　　　　　　(b) 沥青路面拥包处理

图 3-5　沥青路面拥包及其处理

三、沉陷

1. 局部沉陷

因路基不均匀沉降而引起的局部路面沉陷,若土基和基层密实、稳定,不再继续下沉,可只修补面层,并根据路面的破损状况分别采取下列处治措施。

路面略有下沉,无破损或仅有少量轻微裂缝,可在沉陷处喷洒或涂刷罩层沥青,再用沥青混合料填补沉陷部分,并压实,且使表面平整。图 3-6 所示为沥青路面沉陷及其处理。

因路基沉陷导致路面破损严重,矿料已松动、脱落而形成的坑槽,应按照坑槽的维修方法予

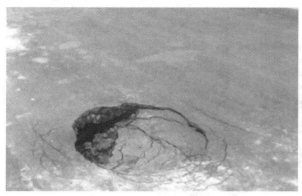

(a) 沥青路面沉陷　　　　　　　　(b) 沥青路面沉陷处理

图 3-6　沥青路面沉陷及其处理

以处治。

2．基层沉陷

因土基或基层结构遭到破坏而引起路面沉陷,应参照上述有关要求处治好基层后再重做面层。

3．不均匀沉降

桥涵台背因填土不实出现不均匀沉降的,可视情况选择以下处理方法。

(1) 挖除沥青面层,在沉陷部分加铺基层后重做面层。

(2) 如台背填土密实度不够,则应重新压实,台背死角处宜采用夯实机械压实。

(3) 对于含水量和孔隙比均较大的软基或含有有机物质的黏性土层来说,宜采取换土措施处理。换土深度应视软层厚度而定。换填材料应选择强度高、透水性好的材料,如碎石土、中粗砂及强度较高的工业废渣,且要求级配合理。

(4) 采用注浆加固处理。

四、车辙

(1) 车道表面因车辆行驶推移而产生车辙(见图 3-7 和图 3-8),应将出现车辙的面层切削或铣刨清除,然后重铺沥青面层。在高速公路及一级公路上,可采用沥青马蹄脂碎石混合料(SMA),或 SBS 改性沥青混合料,或聚乙烯改性沥青混合料来修补车辙。

(2) 路面受横向推挤形成的横向波形车辙,如果已经稳定,可将凸出的部分削除,在波谷部分喷洒或涂刷黏层沥青并填补沥青混合料,找平、压实。

(3) 因面层与基层间有不稳定的夹层而形成的车辙,应将面层挖除,清除夹层后,重做面层。

(4) 由于基层强度不足、水稳定性不好,使基层局部下沉而造成的车辙,应先处治基层。其方法可参照上述有关做法。

图 3-7　沥青路面车辙

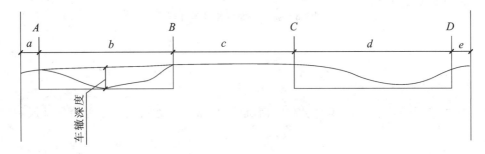

图 3-8　沥青路面车辙形式

五、波浪与搓板

(1) 因面层原因形成的波浪或搓板可按下述方法进行维修。

① 路面仅有轻微波浪或搓板,可在波谷部分喷洒沥青,并勾撒适当粒径的矿料,找平后压实。

② 波浪(搓板)的波峰与波谷高差起伏较大时,应顺着行车方向将凸出部分铣刨削平,并低于路表面约 10 mm,喷洒热沥青,再勾撒一层粒径不大于 10 mm 的矿料,找平并压实。

③ 严重的大面积波浪或搓板,应将面层全部挖除,然后重铺面层。

(2) 若面层与基层之间存在不稳定的夹层,面层在行车荷载的作用下推移变形而形成波浪(搓板),应挖除面层,清除不稳定的夹层后,喷洒黏层沥青,重铺面层。

(3) 因基层局部强度不足,或稳定性差等原因造成的波浪(搓板),应先对基层进行处治,再重做面层。

图 3-9 所示为波浪与搓板沥青路面。

六、冻胀和翻浆

(1) 因路基冻胀使路面局部或大面积隆起而影响行车时,应将隆起的沥青路面刨平,待春融后按翻浆处理的方法予以处治。

(a) 波浪路面一

(b) 波浪路面二

(c) 搓板路面一

(d) 搓板路面二

图 3-9 波浪与搓板沥青路面

（2）因冬季基层中的水结冰引起冻胀以及春融季节化冻而引起的翻浆，应根据情况采用以下方法之一予以处治。

① 换填砂粒。

② 局部发生翻浆的路段，可采用打石灰梅花桩或水泥沙砾桩的办法予以改善。

③ 加深边沟，并在翻浆路段两侧路肩上交错开挖宽为 30～40 cm 的横沟，其间距为 3～5 m，沟底纵坡不小于 3％，沟深应根据解冻情况逐渐加深，直至路面基层以下。横沟的外口应高于边沟的沟底。当路面翻浆严重时，除挖横沟外，还应沿着路面边缘设置纵向小盲沟。交通量较小的路段也可挖成明沟。但翻浆停止后，应将明沟填平恢复原状。

（3）因基层水稳定性不良或含水量过大造成的翻浆，应挖去面层及基层松软部分，将基层材料晾晒干，并适当增加新的硬粒料（有条件时应换填透水性良好的沙砾或工业废渣等），然后分层（每层不超过 15 cm）填补并压实，最后恢复面层。

（4）低温季节施工的石灰稳定类基层，雨水在板体强度未形成时渗入，其上层发生翻浆的，应将翻浆部分挖除，重做石灰稳定基层或换用其他材料予以填补，然后重做面层。

七、坑槽的维修

（1）路面基层完好，仅面层有坑槽时的维修方法如下：

① 按照"圆洞方补，斜洞止补"的原则，画出所需修补坑槽的轮廓线。

② 沿所画轮廓线开凿至坑底稳定部分，其深度不得小于原坑槽的最大深度。

③ 清除槽底、槽壁的松动部分及粉尘、杂物，并涂刷黏层沥青。

④ 填入沥青混合料（在潮湿或低温季节，宜采用乳化沥青拌制的混合料）并整平。

⑤ 用小型压实机具(铁制手夯)将填补好的部分压(夯)实。新填补的部分应略高于原路面。如果坑槽较深(7 cm 以上),应将沥青混合料分两次或三次摊铺和压实。

⑥ 热补法修补。采用热修补养护车,加热坑槽处路面,翻松被加热软化铺装层,喷洒乳化沥青并加入新的沥青混合料,然后搅拌摊铺,压路机压实成型。

(2) 对于交通量较小的路段,在寒冷或阴雨连绵的季节,无法采用常规方法,也无条件采用合适的材料修补坑槽时,为防止坑槽面积扩大,可采取临时性的措施对坑槽予以处治,待天气好转后再按规范要求重新修补。

(3) 若因基层局部强度不足等使基层破坏而形成坑槽,应先处治基层,再修复面层。

八、麻面与松散的维修

(1) 因嵌缝料散失出现轻微麻面,当沥青面层不贫油时,可在高温季节撒适当的嵌缝料,并用扫帚扫匀,使嵌缝料填充到石料的空隙中。

(2) 大面积麻面应喷洒稠度较高的沥青,并撒适当粒径的嵌缝料,应使麻面部分中部的嵌缝料稍厚,周围与原路面接口要稍薄,定型要整齐,并碾压成型。

(3) 因沥青用量偏少或因低气温施工造成的沥青面层松散,应采用以下方法处治。先将路面上已松动的矿料收集起来,待气温升至 15 ℃ 以上时,按 $0.8 \sim 1.0 \text{ kg/m} \cdot \text{h}$ 的用量喷洒沥青,再均匀撒上厚 3~6 mm 的石屑或粗砂(每 1 000 m 撒 5~8 m³),用轻型压路机压实。

(4) 做稀浆封层处治。处理松散路面后,再做稀浆封层。

(5) 对因油温过高、沥青老化失去黏结性而造成的松散,应将松散部分全部挖除后,重做面层。

(6) 因沥青与酸性石料间的黏附性不良而造成的路面松散,应将松散部分全部挖除后,重做面层。重做面层的矿料不应再使用酸性石料。在缺乏碱性石料的地区,应在沥青中掺入抗剥离剂或使用干燥的生石灰、消石灰、水泥等表面活性物质作为填料的一部分,或采用石灰浆处理粗骨料等抗剥离措施,以提高沥青与矿料的黏附力,并增加混合料的水稳定性。

(7) 由于基层或土基软化变形而造成的路面松散,应先处理好基层后,再重做面层。

图 3-10 所示为沥青路面麻面与松散现象。

(a) 麻面现象

(b) 松散现象

图 3-10　沥青路面麻面与松散现象

九、泛油的维修

(1) 轻微泛油的路段,可撒 3～5 mm 粒径的石屑或粗砂,并碾压平整。

(2) 泛油较重的路段,可先撒 5～10 mm 粒径的碎石,用压路机碾压。待稳定后,再撒 3～5 mm 粒径的石屑或粗砂,并碾压平整。

(3) 面层含油量高且已形成软层的严重泛油路段,可视情况采用下述方法之一进行处治。

① 先撒一层 10～15 mm 粒径(或更大的)碎石,用压路机将其强行压入路面,待基本稳定后,再分次撒上 5～10 mm 粒径的碎石,并碾压成型。

② 将含油量过高的软层铣刨清除后,重做面层。

(4) 处治泛油应注意以下事项。

① 处治时间应选择在泛油路段已出现全面泛油的高温季节。

② 应顺着行车方向撒料,先粗后细,做到少撒、薄撒、匀撒、无堆积、无空白。

③ 禁止使用含有粉粒的细料。

④ 采用压路机或引导行车碾压,使所撒石料均匀压入路面。

⑤ 如采用行车碾压,应及时将飞散的粒料扫回,待泛油稳定后,清扫并回收多余、浮动的石料。

十、脱皮的维修

(1) 由于沥青面层与上封层之间黏结不好,或初期养护不良引起脱皮,应清除脱落和松动的部分,再重新做上封层,所做封层的沥青用量及所用矿料粒径规格应视封层的厚度而定。

(2) 如沥青面层层间产生脱皮,则应将脱落及松动部分清除,在下层沥青面上涂刷黏层沥青,并重做沥青层。

(3) 面层与基层之间因黏结不良而产生脱皮,应先清除脱落、松动的面层,分析黏结不良的原因。若面层与基层间所含水分较多,则应采取晾晒或烘干措施;若面层与基层之间夹有泥层,则应将泥层清除干净,喷洒透层沥青后,重做面层。

图 3-11 所示为沥青路面脱皮现象。

图 3-11　沥青路面脱皮现象

十一、啃边的维修

(1)因路面边缘沥青面层破损而形成啃边,应将破损的沥青面层挖除,在连接处涂刷适量的黏层沥青,用沥青混合料进行填补,再整平、压实。修补啃边后的路面边缘应与原路面边缘齐平。

(2)因基层松软、沉陷而形成啃边,应先对路面边缘基层局部加强后再恢复面层。

(3)应加强路肩的养护工作,保持路肩稳定;随时注意填补路肩上的车辙、坑洼或沟槽;经常保持路肩与路面衔接平顺,并保持路肩应有的横坡,以利排水。

(4)为防止路面出现啃边,宜采取以下措施:

① 用砂石、碎砖(瓦)、工业废砖等改善、加固路肩或设硬路肩,使路肩平整、坚实。

② 可在路面边缘增设路缘石,或将路面基层加宽到其面层宽度外 20~25 cm 处。

③ 在平交道口或曲线半径较小的路面内侧,可适当加宽路面。

十二、磨光的维修

(1)高速公路、一级公路抗滑能力降低、已磨光的沥青面层,可用路面铣刨机直接恢复其表面的粗糙度。

(2)路面石料棱角被磨掉、路面光滑、抗滑性能低于要求值时,应加铺抗滑层。

(3)对表面过于光滑、抗滑性能特别差的路段,应做罩面处理。

① 可以采用拌和法或层铺法施工的单层表面处治,也可采用乳化沥青稀浆封层。

② 罩面前,应先处治好原路面上的各种病害,若原路面有沥青含量过多的薄层,应将其刮除掉后洒黏层油。罩面及封层的技术要求应符合现行《公路沥青路面施工技术规范》的规定。

任务 4 沥青路面修复技术

一、沥青路面再生技术

1. 概述

再生沥青混合料的拌制一般分为热拌和冷拌两种。热拌再生沥青混合料是旧料、新矿料、再生剂与新沥青在热态下拌和而成的;冷拌再生沥青混合料是旧料、新矿料、再生剂与乳化沥青在常温下拌和而成的。热拌再生沥青混合料强度高、路用性能良好,冷拌再生沥青混合料成型期较长、强度相对较低。沥青路面再生技术流程图如图 3-12 所示。

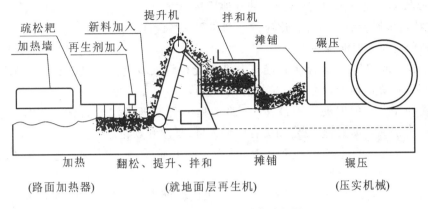

图 3-12 沥青路面再生技术流程图

2. 热拌再生沥青混合料

1) 热再生适用性

热拌再生沥青混合料一般适用于翻修养护工程,可用于一级、二级、三级公路的中、下面层,以及四级公路的面层。热拌再生沥青混合料必须经试验、总结、评定合格后才能用于一级、二级和三级公路的上面层及高速公路中、下面层。

2) 热再生施工工艺

(1) 旧料是沥青路面翻修时所得的面层材料。翻挖路面时可采用机械、人工或两种方式联合进行作业,其质量应符合下列要求。

① 旧料必须洁净,不得混入有机垃圾,混入无沥青黏结的砂石料的比例不得大于 10%,含泥量不得大于 1%。

② 块状旧料可采用机械轧碎或人工敲碎。

③ 破碎后的旧料最大粒径按用途确定。用于粗粒式再生沥青混合料时,最大粒径为 26.5 mm 或 31.5 mm(方孔筛);用于中粒式再生沥青混合料时,最大粒径为 16 mm 或 19 mm(方孔筛);用于细粒式再生沥青混合料时,最大粒径为 9.5 mm 或 13.2 mm(方孔筛)。

④ 破碎后的旧料应按质量分类堆放在平整、坚实和排水良好的场地。堆放高度以不结块为度,一般小于 1.5 m。

(2) 根据地区使用条件、公路等级、旧沥青性能,可在旧料中掺入适用的再生剂。适用的再生剂有机油、润滑油、抽出油和玉米油。再生剂的性能和储放应符合下列要求。

① 应具有较强的渗透和软化能力,以降低旧沥青枯度,达到要求的针入度。

② 能与旧沥青互溶,使之和新沥青均匀地混合成一体。

③ 能调节旧沥青的成分,达到路用沥青的质量要求,有较好的抗老化性能。

④ 再生剂应储存在有盖的容器中,防止水和垃圾等杂质混入。储存和使用时必须满足防火要求。

(3) 用于再生沥青混合料的新沥青和乳化沥青的类型及标号可根据公路等级、用途和当地气候条件选定,它的质量应符合规定。

(4) 用于再生沥青混合料的粗、细集料应具有足够强度,且与沥青黏附性良好,并无风化、无杂质,颗粒形状接近立方体,且符合规定的其他质量要求。

(5) 热拌再生沥青混合料配合比应按下列步骤进行设计。

① 旧料分析与新旧沥青掺配。

a. 将破碎后的旧料按《公路工程沥青及沥青混合料试验规程》(JTG E20—2011)规定的方法做抽提分析,计算旧沥青含量和旧矿料的颗粒组成。

b. 对被抽提出来的旧沥青溶液按《公路工程沥青及沥青混合料试验规程》(JTG E20—2011)规定的方法回收旧沥青,测定旧沥青的针入度、延度和软化点。

c. 当旧沥青老化严重、针入度较小时,需掺入再生剂,掺量以达到本地区要求的沥青稠度为准。

d. 将含有再生剂的旧沥青掺入符合质量要求的新沥青,测定针入度、延度和软化点等质量指标。

e. 按沥青材料质量的技术要求,确定新、旧沥青掺配比例。如经反复试验和调整后,新、旧沥青掺配比例仍达不到质量要求时,该旧沥青不能用于再生沥青。

② 确定新、旧沥青掺配的比例,选定新矿料与旧料的配合比,并根据新矿料的颗粒组成,计算新矿料的用量。

③ 对破碎的旧料,要先确定再生剂用量进行喷洒拌和,后确定再生沥青混合料级配,并根据本地区经验初定混合料的沥青用量,扣除旧料的沥青含量后作为新沥青用量的中值,每次增减0.5%新沥青用量制备混合料试件并进行马歇尔试验,根据试验结果确定再生沥青混合料的最佳沥青用量。在路面铺筑过程中,如材料发生变化,抽检的马歇尔试验结果未达到技术标准时,应调整新、旧料比例或新沥青用量。

(6) 热拌再生沥青混合料的沥青用量可根据本地区经验或通过试验确定;冷拌再生沥青混合料的级配和乳化沥青用量可按乳化沥青路面实践经验确定。

(7) 热拌再生沥青混合料可采用间歇式拌和机或连续式拌和机拌制,应按下列工艺进行拌和。

① 当旧沥青混合料需要掺入再生剂时,应先将破碎后的旧料按用量喷洒并拌和均匀,堆放时以再生剂充分渗透到旧沥青为度,堆放高度宜不超过1.5 m,避免结块。

② 当采用间歇式拌和机拌制时,新集料加热温度应高于普通沥青混合料的集料加热温度,但不宜超过230 ℃。旧料不得进入烘干筒,按配合比设计用量,经计量后直接进入拌缸,与新集料相混合,通过热交换使旧集料升温、旧沥青热融。干拌5 s左右后,加入新沥青再拌和30~45 s,拌和时间以新、旧料混合均匀及混合料颜色均匀为准。再生沥青混合料出厂温度为140~160 ℃。

③ 间歇式拌和机拌和热拌再生沥青混合料工艺流程图如图3-13所示。

④ 当采用连续式拌和机拌和时,必须避免旧料被明火烧焦。宜在筒体中部进料口输入旧料,并设置挡板遮挡火焰;如旧料与新集料在筒体始端同一料口输入筒体,则可先对旧料喷洒适量水分,旧料总含水量宜不超过3%。拌和后的再生沥青混合料色泽应一致,出厂温度为140~160 ℃。

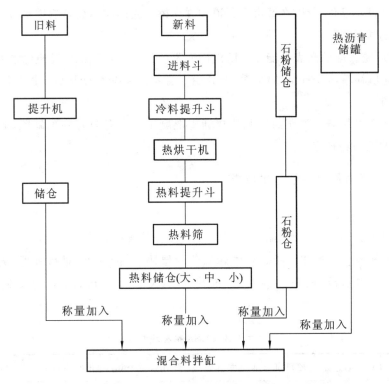

图3-13 间歇式拌和机拌和热拌再生沥青混合料工艺流程图

3. 冷拌再生沥青混合料

冷拌再生沥青混合料一般适用于翻修养护的四级公路路面。冷拌再生沥青混合料宜采用机械拌和,当受条件限制时,也可采用人工拌和。

再生沥青混合料的运输、施工和质量管理等技术要求应符合现行规范《公路沥青路面施工技术规范》的规定。

二、微表处技术

1. 微表处技术应用特点

(1) 施工速度快。连续式稀浆封层机1 d之内能摊铺500 t微表处混合料,折合为一条10.6 km长的标准车道,摊铺宽度最小可达9.5 m,施工后1 h即可通车,适用于交通量大的高速公路及城市干道。

(2) 可提高路面的防滑能力,增加路面色彩对比度,改善路面性能,延长路面使用寿命。

(3) 成型快、工期短、可施工期长,可以夜间作业,尤其适用于交通繁忙的公路、街道和机场道路的铺设。

(4) 常温条件下作业,可降低能耗,不释放有毒物质,符合环保要求。

(5) 在面层不发生塑性变形的条件下,可修复深达38 mm的车辙而无须碾压。

(6) 因为微表处很薄,所以在城市主干道和立交桥上应用时不会影响排水,用于桥面也不会大幅度增加桥的质量。

(7) 在机场,密级配的微表处能作为防滑面而不会产生破坏飞机发动机的散石。

(8) 由于能填补厚达 38 mm 的车辙,十分稳定且不产生塑性变形,因此是不用刨铣解决车辙问题的独特方法。

微表处技术弥补了普通稀浆封层和热拌沥青混凝土摊铺各自存在的缺陷,确切地说,微表处是一种完善的道路养护方法。

2. 微表处技术对原材料的基本要求

1) 对集料的基本要求

用于微表处的集料必须坚硬、耐磨,不含泥土杂质,其含砂量大于 65%,并且级配组成必须符合一定的级配标准。一般采用 ISSA(国际稀浆封层协会)的 Ⅱ 型、Ⅲ 型级配,美国、加拿大等北美国家均采用这些级配,表 3-10 为 ISSA 推荐级配,大于 4.75 mm 集料的技术要求如表 3-11 所示。

表 3-10 ISSA 推荐级配

筛孔尺寸/mm	Ⅱ型通过率/(%)	Ⅲ型通过率/(%)	筛孔尺寸/mm	Ⅱ型通过率/(%)	Ⅲ型通过率/(%)
9.5	100	100	0.6	30~50	19~34
4.75	90~100	70~90	0.3	18~30	12~25
2.36	65~90	45~70	0.15	10~21	7~18
1.18	45~70	28~50	0.075	5~15	5~15

表 3-11 大于 4.75 mm 集料的技术要求

项目	指标		项目	指标	
	高速公路	其他公路		高速公路	其他公路
石料压碎值/(%)	<20	<28	石料磨光值	<45	<42
洛杉矶磨耗值/(%)	<25	<30	破碎面/(%)	100	100
视密度/(g/cm^3)	>2.6	>2.5	软石含量/(%)	<3	<55
细长扁平颗粒含量/(%)	<8	<10			

2) 对改性乳化沥青的基本要求

改性乳化沥青是微表处的黏结材料,其质量对封层质量产生直接、明显的影响。改性乳化沥青的特性主要与乳化剂和改性剂有关。为达到快速开放交通的要求,乳化剂必须是慢裂快凝的阳离子乳化剂,且不能对沥青性能造成影响,同时对各种沥青的适应性要好,与改性剂要有良好的配伍性。改性剂的选择应根据不同地区的气候、交通特点进行试验后确定。

3) 对填料、水和添加剂材料的基本要求

微表处混合料中填料、外加剂和添加剂的作用、规格与普通稀浆封层混合料所要求的基本一样。

3. 微表处施工技术的基本要点

1) 施工设备和基本要求

（1）比较准确的计量仪器。由于微表处施工时对各种物料的配比要求较严，因此要有准确的计量。

（2）双轴强制式搅拌箱。因为要达到微表处施工，混合料搅拌时间不能过长，但又必须在短时间内搅拌均匀，因而传统的螺旋式搅拌箱不能满足要求。

（3）特殊设计的填补车辙的摊铺箱。它能将粒料最大的部分送到车辙的深处，从而使路面稳定性较好，其边缘能自动变薄铺开。

（4）添加剂系统。这样就能方便地把缓凝剂或促凝剂加入混合料中。

（5）在施工之前，每台封层机都要进行标定。在标定已经完成并且合格后，封层机才能投入使用。

（6）气候要求：ISSA 规定，当路面或空气温度达到 10 ℃ 并且持续下降时，不允许进行微表处施工，但当路面或空气温度达到 7 ℃ 并且持续上升时，允许进行微表处施工。

2) 施工基本要点

（1）施工前清扫路面。

① 在进行微表处施工前，必须把路面上所遗留的材料、泥土、杂草和其他有害物质都清理干净。如果使用水冲洗路面，则要等所有的路面裂缝完全干燥后，才能进行微表处施工。

② 一般不要求喷洒黏层油，光滑路面、松散路面以及水泥路面，可以采用喷洒薄层油的方法。

（2）施工要点。

① 使用搅拌箱前的喷水管预先湿润路面，喷水量可根据施工当天的气温、湿度、表面纹理和干燥情况进行调节。

② 封层机启动前，摊铺箱中必须有一定量的混合料，而且稠度适当、分布均匀，这样封层机才能匀速前进。

③ 在已完成的微表处路面上，不得存在由超大集料所引起的拖痕，如果出现拖痕，则应立即采取措施处理。

④ 纵向或横向接缝上不允许出现接缝补平、局部漏铺或过厚的现象，纵向接缝尽可能设置在车道标线上，并尽可能减少纵向接缝。

⑤ 在拌和与摊铺过程中，混合料不得出现水分过多和离析现象，任何情况下都不能在摊铺过程中直接向摊铺箱内注水。

⑥ 在摊铺箱不能到达的地方，必须采用人工施工，通过人工用橡胶辊碾压封层达到均匀和平整的目的。

⑦ 固化成型前禁止一切车辆驶入，行人不得踏入，严格管制交通。

三、沥青混凝土加铺层

1. 沥青混凝土加铺层一般要求

沥青混凝土加铺层要求旧混凝土路面稳定、清洁,必须维修面板损坏部分。

2. 反射裂缝的防治

反射裂缝可采用用土工格栅、油毡、土工布,切缝填封橡胶沥青,或做二灰碎石、水泥稳定粒料层进行防治。

(1) 采用土工格栅施工,应符合下列规定。

① 在混凝土面板上洒黏层沥青,沥青用量为 $0.4 \sim 0.6 \ kg/m^2$。

② 用 $1 \sim 2 \ cm$ 沥青砂调平旧混凝土路面。宜采用玻璃纤维格栅压入沥青调平层,目前常用的玻璃纤维格栅有带自黏胶的玻璃纤维格栅和不带自黏胶的玻璃纤维格栅两种。带自黏胶的玻璃纤维格栅可直接在平整、清洁的路面上铺设,不带自黏胶的玻璃纤维格栅通常采用水泥钉加垫片固定。

③ 可用拖拉机或汽车改装的专用设备铺设玻璃纤维格栅,也可人工铺设玻璃纤维格栅。铺设前应使胶面向下,铺设时应保持其平整、拉紧,不得有起皱现象,使玻璃纤维格栅具备有效的张力,铺完一层再用干净的胶轮压路机碾压一遍。玻璃纤维格栅铺设时,要求气温高于 $10 \ ℃$,沥青加铺层的最小厚度为 $4 \ cm$。

④ 采用膨胀螺丝加垫片固定格栅端部。

⑤ 格栅纵向、横向的搭接部分不小于 $20 \ cm$,纵向搭接应根据沥青摊铺方向将前一幅置于后一幅上。

⑥ 格栅中部在混凝土面板纵、横缝位置及两外侧边缘用铁钉加垫片固定。

⑦ 固定格栅时不能将钉子钉在玻璃纤维上,也不能用锤子直接敲击玻璃纤维,固定后如发现钉子断裂或铁皮松动,则需重新予以固定。

⑧ 玻璃纤维格栅铺设、固定完成后,必须用胶轮压路机进行适度碾压,使格栅与原路表面黏结牢固。

⑨ 玻璃纤维格栅背胶易溶于水,雨天或路面潮湿时不得施工。玻璃纤维格栅有刺激性,施工时作业人员应戴防护手套。

⑩ 在玻璃纤维格栅铺设过程中,若发现路面有较小的坑塘时,则可将铺好的格栅在对应坑塘的部分剪开,并用沥青混凝土填平,以便在铺上层沥青混合料时能保证其具有均匀的压实度。

(2) 采用土工布施工,应符合下列规定。

① 找平板块错台部位。

② 喷洒黏层沥青,其温度为 $150 \sim 170 \ ℃$。

③ 在一端用垫片加水泥钉固定土工布,然后拉紧、铺平、粘贴土工布。将支撑棒插入土工布

卷调动制动器,然后提高布卷,展开 5~10 m 土工布,土工布卷一端与路面边缘成一直线,拉紧土工布,然后将土工布放下,铺在黏层沥青上。

④ 在土工布首尾相接处,沿铺布方向搭接 15 cm,土工布连接处应喷洒黏层沥青,相邻两卷土工布边与边的搭接也应沿铺布方向搭接,要确保土工布浸透沥青,采用土工布施工时温度要高于 10 ℃。在弯道上摊铺土工布,可用剪刀将土工布剪开,然后再搭接起来。

⑤ 土工布铺好以后,沥青混凝土摊铺应立即开始,每天铺完土工布的路段应同时完成沥青混凝土的摊铺。同时应采用全路幅施工,以避免产生纵向施工缝。

⑥ 严禁非施工车辆在土工布上行驶,沥青混凝土运料车不得在土工布上转弯、掉头、刹车,只能在土工布上倒行。

⑦ 沥青混凝土应采用 10 t 以上的压路机碾压。

(3) 在沥青路面上对应水泥混凝土横向接缝处切缝,灌接缝材料可按下列步骤进行。

① 按旧水泥混凝土路面平面图,确定水泥混凝土板的接缝位。

② 在沥青面层已定位的接缝上方,凿深 1.5 cm、宽 0.5 cm 的缝。

③ 用压缩空气将接缝清理干净,并保持干燥。

④ 灌填橡胶沥青。

(4) 做二灰碎石、水泥稳定碎石上基层时,基层厚度不小于 15 cm,基层施工按《公路路面基层施工技术规范》执行。

3. 沥青混凝土面层结构厚度要求

沥青混凝土面层结构厚度应满足沥青混凝土最小结构厚度的要求,沥青路面厚度一般不小于 7 cm,其施工应符合现行《公路沥青路面施工技术规范》的有关规定。

任务 5 水泥混凝土路面常见破损与处理技术

一、裂缝维修

水泥混凝土路面的裂缝情况比较复杂,维修时应根据裂缝产生的原因和具体情况,采用不同的材料和相应的维修措施,常用的维修方法有扩缝灌浆、直接灌浆、条带补缝、全深度补块等。图 3-14 所示为水泥混凝土路面裂缝及裂缝修补施工。

1. 微小裂缝

宽度小于或等于 3 mm 的轻微裂缝称为微小裂缝,可采取扩缝灌浆的维修方法。

(1) 顺着裂缝将其扩宽成 1.5~2.0 cm 的沟槽,槽深可根据裂缝深度确定,最大深度不得超过 2/3 板厚。

图 3-14 水泥混凝土路面裂缝及裂缝修补施工

(2) 清除混凝土碎屑,吹净灰尘后,填入粒径为 0.3~0.6 cm 的清洁石屑。

(3) 根据选用的灌缝材料,按现行《公路水泥混凝土路面养护技术规范》的规定进行配比,混合均匀后,灌入扩缝内。

(4) 灌缝材料固化后,达到通车强度时,即可开放交通。

2. 中等裂缝

贯穿全厚的大于 3 mm 且小于 15 mm 的裂缝称为中等裂缝,可采取条带罩面方法进行补缝。图 3-15 所示为条带罩面方法补缝示例。

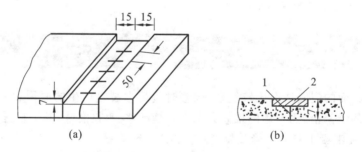

图 3-15 条带罩面方法补缝示例(单位符号:cm)

1—耙钉;2—新浇混凝土

(1) 在裂缝两侧切缝时,应平行于缩缝,且距裂缝距离不小于 15 cm。

(2) 凿除两横缝内混凝土的深度以 7 cm 为宜。

(3) 每间隔 50 cm 打一对耙钉孔,耙钉孔的大小应比耙钉直径大 2~4 mm,并在两耙钉孔之间打一对与钯钉孔直径相一致的钯钉槽。

（4）钯钉宜采用直径为 16 的螺纹钢筋,使用前应除锈。钯钉长度不小于 2 cm,弯钩长度为 7 cm。

（5）钯钉孔必须填满砂浆,方可将钯钉插入孔内安装。

（6）切割缝的内壁应凿毛,并清除松动的混凝土碎块及表面尘土、裸石。

（7）浇筑混凝土时,应及时振捣密实、抹平,并喷洒养护剂。

（8）修补板块面板两侧,应加深缩缝,并灌注填缝料。

3. 严重裂缝

宽度大于或等于 15 mm 的裂缝称为严重裂缝,可采用全深度补块的维修方法。全深度补块分集料嵌锁法、刨挖法、设置传力杆法。

1）集料嵌锁法

集料嵌锁法适用于无筋混凝土路面交错的接缝,且接缝间隔小于 300 cm。其修补工艺如下。

① 在修补的混凝土路面位置,平行于缩缝画线,沿画线位置进行全深度切割。在保留板块边部的前提下,沿内侧 4 cm 的位置锯 5 cm 深的缝。

② 破碎、清除旧混凝土过程中不得伤及基层、相邻面板和路肩。若破除的旧混凝土部分当天无法完成混凝土浇筑,则其补块位置应做临时补块。

③ 全深锯口和半深锯口之间的 4 cm 宽条混凝土垂直面应凿成毛面。

④ 处理基层时,若基层强度符合规范要求,则应整平基层;若基层强度低于规范要求,则应予以补强,并严格整平;若基层全部损坏或松软,则应按原设计基层材料重新做基层,其技术要求应符合现行《公路路面基层施工技术规范》的规定。

⑤ 混凝土的配合比应根据设计弯拉强度、耐久性、耐磨性、和易性等要求,先用原材料进行配比设计,各种材料的物理性能及化学成分应符合现行《公路水泥混凝土路面设计规范》的规定。

⑥ 用水量应控制在混合料运到工地时最佳和易性所需的最小值,最大水灰比为 0.4。如采用 JK 系列混凝土快速修补材料,水灰比以 0.3～0.4 为宜,坍落度宜控制在 2 cm 以内。混凝土 24 h 弯拉强度应不低于 3.0 MPa。

⑦ 混凝土摊铺应在混凝土拌和后 30～40 min 内卸到补块区内,并振捣密实。

⑧ 浇筑的混凝土面层应与相邻路面的横断面吻合,其表面平整度应符合现行《公路工程质量检验评定标准》的规定,补块的表面纹理应与原路面的表面纹理吻合。

⑨ 补块养护宜采用养护剂,养护剂的用量根据养护材料性能确定。

⑩ 做接缝时,将板中间的各缩缝锯切到 1/4 板厚处,将接缝材料填入缩缝内。混凝土达到通车强度后,即可开放交通。

2）刨除法

刨除法也称为倒 T 形法,如图 3-16 所示。该方法适用于接缝间传荷很差部位的修补,在相邻板块横边的下方暗挖 15 cm×15 cm 的一块面积用于荷载传递。其施工要求同集料嵌锁法的施工要求。

3）设置传力杆法

设置传力杆法(见图 3-17)适用于寒冷气候和承受重型交通荷载的混凝土路面的维修。其施工要求同集料嵌锁法的施工要求。

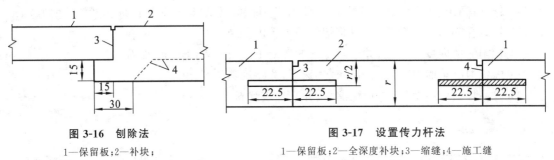

图 3-16　刨除法
1—保留板；2—补块；
3—全深度锯缝；4—垫层开挖线

图 3-17　设置传力杆法
1—保留板；2—全深度补块；3—缩缝；4—施工缝

① 处理基层后，应修复、安设传力杆和拉杆。

② 原混凝土面板没有传力杆或拉杆折断时，应采用与原规格相同的钢筋焊接或重新安设传力杆和拉杆。

③ 横向施工缝传力杆直径为 25 mm，长度为 45 cm，嵌入相邻保留板内深 22.5 cm。

④ 拉杆孔直径宜比拉杆直径大 2～4 mm，并应沿相邻板块间的纵向接缝板厚 1/2 处钻孔，中心距为 80 cm。拉杆采用直径为 16 mm 的螺纹钢筋（长 80 cm），40 cm 嵌入相邻车道的板内。

⑤ 传力杆和拉杆宜用环氧砂浆牢牢地固定在规定位置，摊铺混凝土前，光圆传力杆的伸出端应涂少许润滑油。

⑥ 新补板块与沥青路肩相接时，应和现有路肩齐平。若传力杆安装倾斜或松动失效，则应予以更换。

二、板边、板角修补

水泥混凝土路面板角破损和板角断裂是水泥混凝土路面常见病害之一，如不及时修复，将导致病害扩大，甚至造成整个面板断裂，进而影响行车安全。

1. 板边修补基本要求

(1) 当对水泥混凝土面板边轻度剥落进行修补时，应将剥落的表面清理干净，用沥青混合料或接缝材料修补平整。

(2) 当板边严重剥落时，采用条带罩面方法进行修补。

(3) 当板边全深度破碎，采用全深度补块方法（集料嵌锁法，或刨挖法，或设置传力杆法）进行修补。

2. 板角修补基本要求

(1) 板角断裂应按破裂面的大小确定切割范围，如图 3-18 所示。

(2) 切缝后，凿除破损部分时，应凿成规则的垂直面。对原有钢筋不应切断，如果钢筋难以全部保留，至少也要保留 20～30 cm 长的钢筋头，且应长短交错。

(3) 如原有滑动传力杆有缺陷，应予以更换并在新老混凝土之间加设传力杆，传力杆间距控

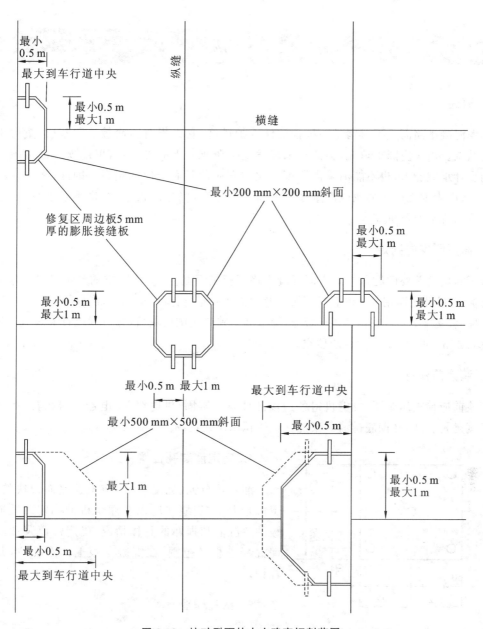

图 3-18 按矿裂面的大小确定切割范围

制在 30 cm 左右。

(4) 基层不良时,可采用 C15 号混凝土浇筑基层。

(5) 与原有路面板的接缝面,应涂刷沥青。如为胀缝,则应设置接缝板。

(6) 现浇混凝土与老混凝土面板之间的接缝应切出宽 3 mm、深 4 mm 的接缝槽,并灌入填缝材料。

(7) 待混凝土达到强度后,方可开放交通。

三、板块脱空处治

1. 概述

水泥混凝土路面板下封堵是一种预防性养护措施,它是指对路面板下和基层、垫层中的空隙进行灌浆。由于空隙被填充,会减小未来发生唧泥或断板的可能性,但此项处治措施不能提高结构设计承载能力,也不能消除因温度变化和交通荷载而造成的错台。因此,板下封堵应在弯沉增大、尚未发现严重唧泥或严重裂缝的情况下进行,当弯沉很小时,也不宜灌浆,以免因灌浆所造成的扰动使弯沉扩大。

2. 面板脱空的判定

板下封堵的首要问题是判定水泥混凝土路面板是否脱空,板块脱空的判定可采用弯沉测定法进行,弯沉的测定需用 5.4 m 长杆弯沉仪及 BZZ-100 重型标准汽车。弯沉仪的测点不应设在相邻两块板上,支座不应放在相邻两块板上,待弯沉车驶离测试板块后,方可读取百分表值。凡弯沉值超过 0.2 mm 的,应确定为板块脱空。

3. 灌浆前检查

灌浆前应检查压浆泵、发电机组各连接部件是否牢固,供电线路、电器是否正常,润滑部位液面高度是否合适,并彻底排清砂浆搅拌机的积水及残留物。

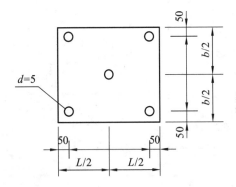

图 3-19 灌浆孔布置(单位符号:cm)
d—灌浆孔直径;L—板长;b—板宽

4. 确定灌装孔位置

灌浆孔布置(见图 3-19)应根据路面板块的尺寸、下沉量大小、裂缝状况以及灌浆机械确定。根据各块板的弯沉值和损坏的具体情况,确定需灌浆加固的水泥混凝土板及范围,在混凝土板上确定孔位,并做好标记。

5. 钻孔作业

钻孔作业时,将钻孔机放置在确定的钻孔位置,开动钻机开关,钻头转向无误并有水流出,方能开始钻孔,孔的直径应略大于灌浆的喷嘴直径,一般为 50 mm 左右。孔的深度应穿过混凝土板,钻入稳定的基层 1~3 cm。灌浆孔与面板边的距离不应小于 0.5 m。在一块板上,灌浆孔的数量一般为 5 个,也可根据情况确定。

6. 灌浆

灌浆时应先灌注面板边缘的孔,再灌注面板中间的孔。将灌浆机的喷嘴插入孔中,并封紧以防浆体从孔中流出。启动灌浆机,将压力泵的压力均匀增加到 1.0~1.5 MPa(因机械不同需要的压力各异)时,进行灌浆,待浆体由其他孔中或板块四周挤出时,表明板下空隙已被灌满,应减小压力并将喷嘴提起,立即用木塞塞孔防止浆体溢出,至浆体初凝后拔出木塞。用高标号砂浆封孔、抹平,关闭压力泵,将灌浆机移到下一个孔继续灌浆,待一块板灌浆完毕后,再移至其他板灌浆。

7. 开放交通

灌浆区板下的浆体经 2～3 d 硬化,达到通车强度后,即可开放交通。

8. 板下封堵

水泥混凝土路面板和基层之间由于出现空隙而导致路面沉陷的,可采用沥青灌注法、水泥浆灌注法、水泥粉煤灰浆灌注法和水泥砂浆灌注法等方法进行板下封堵。

1) 沥青灌注法

① 灌浆孔的布置参照前面有关论述进行。

② 灌浆孔钻好后,应采用压缩空气将孔中的混凝土碎屑、杂物清除干净,并保持干燥。

③ 宜采用建筑沥青,沥青加热溶化温度一般为 180 ℃。

④ 沥青洒布车或专用设备的压力为 200～400 kPa。灌注沥青压满后约 0.5 mm,应拔出喷嘴,用木楔堵塞。

⑤ 沥青温度下降后,应拔出木楔,填进水泥砂浆,即可开放交通。

2) 水泥浆灌注法

① 灌浆孔的布设与沥青灌注法的相同。

② 灌注机械可用压力灌浆泵,灌注压力为 1.5～2.0 MPa。

③ 灌浆作业应先从沉陷量大的地方的灌浆孔开始。当相邻孔或接缝中冒浆,可停止泵送水泥浆,每灌完一孔应用木楔堵孔。

④ 待砂浆抗压强度达到 3 MPa 时,用水泥砂浆堵孔,即可开放交通。

四、唧泥处理

1. 压浆处理路面唧泥

水泥混凝土路面唧泥病害,应采取压浆处理,其要求应按板下封堵沥青灌注法、水泥浆灌注法、水泥粉煤灰浆灌注法和水泥砂浆灌注法等方法进行。水泥混凝土面板进行压浆处理后,应对接缝及时灌浆。图 3-20 所示为路面唧泥处理。

2. 设置排水设施

有唧泥表明路面、基层或路基排水不良,应采取措施改善路面、基层和路基排水状况。设置排水系统的基本要求如下:

(1) 路面和路肩应设计横坡,宜铺设硬路肩。

(2) 路面裂缝、接缝以及路面与硬路肩接缝应密封。

(3) 设置纵向积水管和横向出水管。图 3-21 所示为边部排水管布置图。

图 3-20　路面唧泥处理

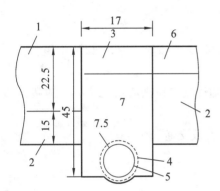

图 3-21　边部排水管布置图（单位符号：cm）

1—水泥混凝土；2—集料基层；3—沥青混凝土；
4—渗滤织物；5—多孔管；
6—沥青混凝土路肩；7—细渗滤集料

① 在水泥路面的外侧边缘挖一条纵向沟,宽 15～25 cm,沟深挖至集料基层之下 15 cm,横沟与纵沟的交角应为 45°～90°,横沟间的距离约 30 m。

② 积水管一般采用直径为 7.5 cm 多孔塑料管,出水管为无孔塑料管。

③ 设置纵向和横向水管,并按设计的距离将积水管和出水管连接起来。

④ 纵向多孔管应包一层渗透性较强的土工织物。

⑤ 积水管和出水管放入沟槽时,其底部应平顺,横向出水管的坡度应大于或等于纵向排水管的坡度,出水管的管端应延伸到排水沟内,并设端墙。

⑥ 管的外围应填放粗砂等渗滤集料,并振动压实。

⑦ 回填沟槽时,应采用与原路肩相同的材料恢复原状。

五、沉陷处理

沉陷是水泥混凝土路面严重病害之一,它可以导致面板错台、严重破碎而影响行车安全。沉陷处理应设置排水设施,按前述唧泥处理排水设施要求处理。沉陷处理方法有板块灌砂顶升法、千斤顶顶升法、浅层接合式修补法和整块板翻修法等。

(1) 当车辆驶过时仅引起不舒适而不影响安全性,且纵坡突变量为 0.5%～1.0% 的轻微沉陷,可不予处理。

(2) 当某些车辆高速驶过时影响安全,且纵坡突变量大于 1.0% 的属严重沉陷。严重沉陷可采用提升面板后再压浆的方法进行处理,也可采用先板底灌浆再进行浅层接合式修补调平,或采用沥青混凝土罩面的办法处理。面板在顶升前,应用水准仪测量下沉板的下沉量,并绘出纵断面,求出升起值。在每块混凝土面板上钻出两行平行的直径为 3 cm 的透孔,孔的距离约为 1.7 m(板宽 3.5 m 时,一孔所占面积为 3～3.5 m²),孔深应大于板厚 2 cm,当板需要从一侧升起时,只需在升起部分钻孔。在升起前将所有孔用木塞堵好,逐孔灌砂,充气管与板接头处用棉絮密封，用排气量为 6～10 m³/min 的空气压缩机向孔中灌砂，直至下沉板全部顶升就位。灌注材料可采用水泥砂浆。压浆材料的抗压强度达到 6 MPa 时，方可开放交通。

（3）沉陷并伴有板体开裂时，一般应整板更换。整板更换时，宜用液压镐将旧板凿除，尽可能保留原有拉杆，并清运混凝土碎块，将基层损坏部分清除，并整平、压实。对基层损坏部分，宜采用 C15 混凝土补强，其补强混凝土顶面标高应与旧路面基层顶面标高相同，同时宜在混凝土面板接缝处的基层涂刷宽 20 cm 的薄层沥青。

（4）整块翻修的面板如处在路面排水不良地带，路面板边缘及路肩应设置路基纵向、横向排水系统。单一板块翻修时，应在路面板接缝处设置横向盲沟。路面有纵坡时，宜设置纵向盲沟，在纵坡底部设置横向盲沟。

（5）板块修复、混凝土施工时，配合比及所有材料宜采用快速修补材料。修补材料按配合比设计，将拌和好的混合料用翻斗车运送到施工现场，进行人工摊铺。宜采用插入式振捣器振捣边角混凝土，并用振动梁刮平提浆，人工抹平，与原混凝土板面高低一致。对混凝土表面处理时，应按原路面纹理进行，宜采用养护剂进行养护。相邻板边的接缝，用切缝机切至 1/4 板块深度，清除缝内杂物，灌入接缝材料。待混凝土达到通车强度后，开放交通。

六、拱起处理

水泥混凝土路面拱起，主要是因胀缝失效，混凝土板块热胀，而突然使横缝两侧的板体明显提高。拱起处理应根据具体情况，采取不同的方法。

（1）对轻微拱起病害，应用切缝机或其他机具将拱起板间横缝中的硬物切碎，用压缩空气将缝中石屑等杂物吹净，将板块复位，再进一步灌填接缝材料。图 3-22 所示为板体拱起修复示意图。

（2）对严重拱起病害（板端拱起但路面完好），应根据板块拱起高低程度，计算要切除部分板块的长度，先将拱起板块两侧附近 1～2 条横缝切宽，待应力充分释放后切除拱起端，逐渐将板块恢复原位，在缝隙和其他接缝内应清除并灌注接缝材料。

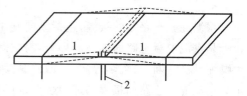

图 3-22　板体拱起修复示意图
1—拱起板；2—切除部分

（3）拱起板端发生断裂或破损时，应采用集料嵌锁法、刨除法和设置传力杆法进行处治。

（4）拱起板两端间因硬物夹入发生拱起，应将硬物清除干净，使板块恢复原位，清理接缝内杂物和灰尘，灌填缝料。

（5）胀缝间因传力杆部分或全部在施工时设置不当，使板受热时不能自由伸长而发生拱起，应重新设置胀缝。按水泥混凝土路面有关施工规范执行，使面板恢复原状。

（6）混凝土路面板的胀起与拱起的处理方法一致。

七、坑洞修补

水泥混凝土路面坑洞的产生，主要是粗集料脱落或局部振捣不密实等原因所致。坑洞尽管对行车影响不大,但对路面的外观和表面功能都有较大影响,因此,应根据实际情况采取相应措施进行修补。

(1) 对个别的坑洞,应清除洞内杂物,用水泥砂浆等材料填充平整、密实。

(2) 对较多且连成一片的坑洞,应采取薄层修补方法进行修补。

① 划出与路中心线平行或垂直的修补区域图形。

② 用切割机沿修补图形切槽,切割深度应在 6 cm 以上,用风镐清除槽内混凝土,使槽底平面达到基本平整,并将切割面的光滑面凿毛。

③ 用压缩空气吹净槽内的混凝土碎屑和灰尘。

④ 按原混凝土配比配制混凝土,宜掺入早强剂。混凝土拌和物填入槽内,振捣密实,并保持与原混凝土面板齐平。宜喷洒养护剂养护。

⑤ 待混凝土达到通车强度后,方可开放交通。

(3) 低等级公路上,面积较大、深度在 3 cm 以内、成片的坑洞,可用沥青混凝土进行修补。

① 用风镐凿一个处治区,其图形边线应与路中心线平行或垂直。

② 凿除深度以 2~3 cm 为宜,并清除混凝土碎屑。

③ 铺筑沥青混凝土前,应在槽底面和槽壁洒黏层沥青。

④ 沥青混凝土应碾压密实、平整。

⑤ 待沥青混凝土冷却后,控制车速通车。

八、接缝维修

水泥混凝土路面的接缝,包括纵向施工缝、纵向缩缝、横向施工缝、横向缩缝、横向胀缝等。接缝是水泥混凝土路面的薄弱环节,易引起破坏,水、砂子等物也容易从接缝进入,导致面板产生唧泥、脱空、断板、沉陷等病害,因此对接缝必须加强养护,以减少路面病害的产生。图 3-23 所示为水泥混凝土路面接缝构造与接缝维修。

(a) 接缝构造

(b) 接缝维修

图 3-23 水泥混凝土路面接缝构造与接缝维修

(1) 接缝填缝料维修,应符合下列规定。

① 应清除接缝中的旧填缝料和杂物,并将缝内灰尘吹净。

② 修理胀缝时,应先用热沥青涂刷缝壁,再将接缝板压入缝内。接缝板接头及接缝板与传力杆之间的间隙,必须用沥青或其他填缝料填实、抹平。上部用嵌缝条的,应及时嵌入嵌缝条。

③ 用加热施工式填缝料修补时,必须将填缝料加热至灌入温度,宜用嵌缝机填灌,填缝料应与缝壁黏结良好且应填灌饱满。在气温较低条件下施工,应先用喷灯对接缝进行预热。

④ 用常温施工式填缝料修补时,除无须加热外,其施工方法与用加热式填缝料修补的施工方法相同。

⑤ 填缝料的技术要求与施工质量验收标准,应符合有关规范的规定。

(2) 纵向接缝张开维修,应符合下列规定。

① 当相邻车道面板横向位移、纵向接缝张开宽度在 10 mm 以下时,宜采取聚氯乙烯胶泥、焦油类填缝料和橡胶沥青等加热施工式填缝料修补。

② 当相邻车道板横向位移、纵向接缝张口宽度在 10 mm 以上时,宜采取聚氨酯类常温施工式填缝料进行维修。维修前应清除缝内杂物和灰尘。应按材料配比配制填缝料。宜采用挤压枪注入填缝料。填缝料固化后,方可开放交通。

③ 当纵向接缝张口宽度在 15 mm 以上时,采用沥青砂填缝。

(3) 接缝出现碎裂时,接缝维修应符合下列规定。

① 在破碎部位外缘,应切割成规则图形,其周围切割面应垂直于面板,底面宜为平面。

② 应清除混凝土碎块,吹净灰尘,并保持干燥状态。

③ 宜用高模量补强材料进行填充。

④ 修补材料达到通车强度后,方可开放交通。

九、表面起皮(剥落、露骨)处治

表面起皮(剥落、露骨)处治应根据公路等级和表面破损程度,运用不同的材料和采取不同的施工方法,对局部板块的表面起皮应进行罩面。一般公路水泥混凝土板表面起皮(剥落、露骨)宜采用稀浆封层加以处治。

高速公路水泥混凝土板表面起皮(剥落、露骨),宜采用改性沥青稀浆封层或沥青混凝土加以处治。较大面积的水泥混凝土面板表面起皮(剥落、露骨),宜采取稀浆封层及沥青混凝土罩面加以处治。

任务 6 水泥混凝土路面修复技术

一、整块面板翻修

水泥混凝土路面受各种因素的影响,会产生严重的沉陷或严重的破碎板等病害,而且集中于一块板内。这时,正常的养护手段无济于事,只有翻修整块面板,才能恢复其使用功能。

(1) 凿除旧板时应避免影响相邻板块,尽可能保留原有拉杆。宜用液压镐凿除破碎混凝土板,应及时清运混凝土碎块。

(2) 基层损坏部分应予清除,并将基层整平、压实。

① 个别板块基层宜用 C15 混凝土补强,其补强混凝土顶面标高应与旧路面基层顶面标高相同。

② 宜在混凝土面板接缝处的基层涂刷宽 20 cm 的沥青带。

(3) 翻修路面板时,在路面排水不良地带、路面板边缘及路肩处,应设置路基纵向、横向排水系统。

① 单一边板块翻修时,应在路面板接缝处设置横向盲沟。

② 较长路段翻修时,宜设纵向、横向盲沟,并应在纵坡底部设置横向盲沟。

(4) 混凝土配合比及所选用的材料,应根据路面通车时间的要求选用快速修补材料。

① 混凝土拌和机宜设置在施工现场附近。

② 可采用翻斗车运送混合料,人工摊铺。宜用插入式振捣器振捣,振捣时应先用插入式振捣器在板边、角隅处或全面顺序振捣一次,再用平板振捣器全面振捣,振捣时应重叠 10~20 cm,直至不冒泡并泛出水泥浆为止。在全面振捣完成后,再用振捣梁振实、整平,往返拖拉 2~3 遍,振捣梁应缓慢匀速移动,其速度以 1.2~1.5 m/min 为宜。对不平处,应及时人工补平,最后用平直的滚杆进一步滚平表面,使表面进一步提浆。

③ 混凝土表面整修,应用木抹多次抹面至表面无溢水为止,发现面板低注处应补充混凝土,并用直尺检查平整度。

④ 混凝土表面溢水消失后,宜采用养护剂进行养护,养护剂应在纵向、横向各撒布一次,撒布需均匀。

⑤ 可根据原路面纹理,用拉槽器在混凝土表面横向拉槽。

⑥ 混凝土硬化后,要尽早用切缝机切缝,相邻板块的接缝宜用切缝机切至 1/4 板块深度。

⑦ 混凝土接缝填封应在混凝土板养护期满后立即进行。清除缝内杂质,灌填缝料。接缝板和填缝料的技术要求应符合相关规范的规定。填缝前,缝内必须清扫干净,灌注填缝料必须在缝槽干燥状态下进行,其灌注深度以 3~4 cm 为宜,下部可填入多孔柔性材料。填缝料的灌注高度,夏天应与面板齐平,冬天宜稍低于面板。

⑧ 混凝土强度达到设计要求后,方可开放交通。

二、部分路段修复

水泥混凝土路面部分路段损坏,一般是交通量过大、超载、养护不当等因素造成的。水泥混凝土路面部分路段损坏后严重影响行车安全。对水泥路面损坏路段,必须进行彻底修复。

1. 修复前的准备工作

(1) 对损坏的路段进行全面的调查并分析原因,制订科学的修复措施。

(2) 编制施工组织设计(内容包括修复的资金、人员、机械、材料、施工工艺、进度计划等)。

2. 破碎旧水泥混凝土板

破碎旧水泥混凝土板(见图 3-24),宜采用配备液压镐的混凝土破碎机,液压镐落点间距为

40 cm。

(1) 应及时清除混凝土碎块,并运至堆放场地,防止环境污染。
(2) 整平基层,采用压路机压实。压路机上下路床应设置三角导木。
(3) 在破碎旧水泥混凝土板的过程中,要尽可能地保留拉杆。

图 3-24 破碎旧水泥混凝土板

3. 基层处理

(1) 对基层强度尚好、损坏又不严重的基层,应整平基层,采用轻型压路机压实,对压不倒的死角部分可用冲击夯等机具压实。
(2) 基层强度不足且损坏较为严重时,可采用水稳定性较好的材料进行处理,如采用水泥稳定碎石、石灰粉煤灰碎石等材料进行补强,其材料技术标准、施工工艺应符合现行《公路路面基层施工技术规范》的有关规定。

4. 路面排水设施

应结合路面维修,设置纵向、横向排水系统。排水系统设置应按前述规定执行。

5. 做沥青下封层

混凝土施工前,应在路面基层做沥青下封层,沥青用量为 1.0 kg/m^3。

6. 新旧水泥混凝土板交接处应设传力杆

(1) 在新旧路面板交界处,在旧面板 1/2 板厚处,每隔 30 cm 钻一水平孔。
(2) 用压缩空气清除孔内混凝土碎屑。
(3) 向孔内灌入高强砂浆。
(4) 在旧水泥混凝土板侧向涂刷沥青,将光圆钢筋插入旧水泥混凝土面板中。
(5) 对损坏的拉杆要修复,可在原拉杆位置附近打拉杆孔,用压缩空气清孔,灌高强砂浆,将螺纹钢筋插入旧水泥混凝土面板中。

新旧水泥混凝土板交接处传力杆的设置如图 3-25 所示。

7. 钢模板制作与立模

浇筑混凝土拌和物的模板宜采用钢模板,模板的制作与立模应符合下列规定。

图 3-25　新旧水泥混凝土板交接处传力杆的设置

（1）钢模板的高度应与混凝土板厚度一致。

（2）钢模板的高度允许误差为±2 mm，企口舌部或凹槽的长度允许误差为±1 mm。

（3）立模的平面位置与高程应符合设计要求，并应支立准确、稳固，接头紧密、平顺，不得有裂缝和高低不平等现象。模板接头和模板与基层接触处均不得漏浆。模板与混凝土接触的表面应涂隔离剂。

8．混凝土拌和物摊铺

混凝土拌和物的摊铺，应符合下列规定。

（1）混凝土板厚度小于 22 cm 时，可一次摊铺完成；混凝土板厚度大于 22 cm 时，可分两次摊铺完成。

（2）摊铺厚度应考虑振实预留高度。

（3）采用人工摊铺，应用锹反扣，严禁抛掷和搂耙，以防止混凝土拌和物离析。

9．混凝土拌和物振捣

混凝土拌和物的振捣，应符合下列规定。

（1）对厚度小于 22 cm 的混凝土板，靠边部和板角应先用插入式振捣器（见图 3-26）顺序振捣，再用功率不小于 2.2 kW 的平板振捣器纵横交错全面振捣，振捣时应重叠 10～20 cm，然后用振捣梁振捣、拖平。在有钢筋的部位，振捣时应防止钢筋移位。

图 3-26　插入式振捣器

(2) 振捣器在每一位置的振捣持续时间,应以拌和物停止下沉、不再冒泡并泛出水泥浆为准,并不宜过振。

(3) 当采用插入式振捣器与平板式振捣器配合使用时,应先用插入式振捣器振捣,再用平板式振捣器振捣。大于 22 cm 的混凝土板,分两次摊铺。振捣上层混凝土拌和物时,插入式振捣器应插入下层混凝土 5 cm,上层混凝土的振捣必须在下层混凝土初凝以前完成。插入式振捣器的移动间距不宜大于其作用半径的 1.5 倍,其至模板的距离不应大于振捣器作用半径的 0.5 倍,并应避免碰撞模板和钢筋。

(4) 振捣时应辅以人工找平,并随时检查模板。如有下沉、变形或松动,则应及时纠正。

10. 接缝施工

(1) 胀缝的施工,应符合下列规定。

① 胀缝应与路面中心线垂直,缝壁与板面必须垂直,缝隙宽度必须一致,缝中不得连浆,缝隙下部应设置胀缝板,上部应浇筑填缝材料。

② 胀缝传力杆的活动端可设在缝的一边,或交错布置,固定后的传力杆必须平行于面板和路面中心线,其误差不得大于 5 mm。固定传力杆时可采用支架固定安装的方法。

(2) 缩缝的施工,应采用切缝法。当受条件限制时,一般公路路面缩缝的施工可采用压缝法,但高速公路路面缩缝的施工必须采用切缝法。切缝法施工应符合下列规定。

① 切缝法施工,当混凝土达到设计强度的 25%~30% 时应采用切缝机进行切割。

② 切缝前应调整刀片的进刀深度,宜为 1/4 板厚。切缝时,应随时调整刀片切割方向。停止切缝时,应先断开开关,将刀片提升到板面以上,切缝机停止运转。

③ 切割时刀片冷却用水,其压力不低于 0.2 MPa。

④ 碎石混凝土的最佳切割抗压强度为 6.0~12.0 MPa,砾石混凝土为 9.0~12.0 MPa。

⑤ 待缝槽干燥后,应尽快灌注填缝料。

压缝法施工应符合下列规定:混凝土拌和物收面后,应立即用振动压缝刀压缝,当压至规定深度时,提起压缝刀,用原架修平缝槽,待混凝土终凝前泌水后,取出嵌缝条,形成缝槽。

(3) 纵缝施工,应符合下列规定。

① 平缝纵缝,对已浇混凝土板的缝壁应涂刷沥青,并应避免涂在拉杆上。浇筑邻板时,缝的上部应压成规定深度的缝槽。

② 企口缝纵缝,宜浇筑混凝土板凹槽的一边,缝壁应涂刷沥青。浇筑邻板时,应靠缝壁浇筑。

③ 整幅浇筑纵缝的切缝或压缝应符合相关规范的规定。

④ 纵缝设置拉杆应采用螺纹钢筋,并应设置在板厚中间,应预先根据拉杆的设计位置放样打眼,清除孔内混凝土碎屑,灌入高强砂浆,插入拉杆。

(4) 接缝时采用灌入式填缝的施工。

① 填缝前必须保持缝内清洁,防止砂石等杂物进入缝内。

② 灌注填缝料必须在缝槽干燥状态下进行,填缝料应与混凝土缝壁黏附紧密,不渗水。

③ 填缝料灌注深度宜为 3~4 cm。当缝槽大于 4 cm 时,可填入多孔柔性衬底材料,填缝料的灌注高度,夏天宜与面板齐平,冬天宜稍低于面板。

④ 热灌填缝料加热时,应不断搅拌,以使混料均匀。

11. 混凝土板养护

（1）湿治养护宜用草袋、草帘等在混凝土终凝后覆盖于板面，每天均匀洒水，经常保持湿润状态。昼夜温差大的地区，混凝土板浇筑 3 d 内应采取保温措施，防止混凝土板产生收缩裂缝。混凝土板在养护期间和填缝前，应禁止车辆通行，在达到设计强度的 40% 后方可允许行人通行。

（2）塑料薄膜养护时，塑料薄膜溶液的配合比应经试验确定，并做好储运和安全工作。塑料薄膜施工宜采用喷洒法。当混凝土表面不见浮土或用手指压无痕迹时，可进行喷洒，喷洒厚度以能形成薄膜为度。塑料薄膜喷洒后 3 d 内禁止行人通行，养护期和填缝前禁止一切车辆通行，以确保薄膜完整。

（3）拆除模板的时间应根据气温和混凝土强度增长情况确定，拆模时不得损坏混凝土板角、边，尽量保持混凝土板完好。

（4）混凝土板达到设计强度后，方可开放交通。

图 3-27 所示为混凝土板养护的两种方式，即混凝土板草帘养护和混凝土板塑料薄膜养护。

(a) 混凝土板草帘养护

(b) 混凝土板塑料薄膜养护

图 3-27 混凝土板养护的两种方式

三、旧水泥混凝土路面再生利用

当采用修复技术来延长现有路面的使用寿命并不经济时，回收水泥混凝土路面就成为一种可供选择的方案。

（1）大面积损坏的水泥混凝土板可再生利用。混凝土再生利用的形式主要有用做水泥混凝土面层粗集料、基层集料和碎块底基层。

（2）旧水泥混凝土板强度达到石料二级标准时，可作为再生混凝土集料使用。

（3）旧水泥混凝土板再生利用时，应符合下列要求。

① 在旧水泥混凝土板破碎前，应标明涵洞、地下管道、排水管位置。在有沥青罩面层处应先用铣刨机清除沥青层。在地下构造物、涵洞、地下管道位置，以及破碎板与保留板连接处的第一块旧混凝土板，应用液压镐破碎。破碎全幅路面板时可用破碎机，如图 3-28 所示。

② 将旧水泥混凝土碎块装运到料场进行加工。在旧混凝土板破碎、装运、输送的过程中应将钢筋剔除。旧混凝土集料的最大粒径应为 40 mm，小于 20 mm 的粒料不再作为集料。

③ 做水泥混凝土配合比设计时,粒径小于 20 mm 的集料宜采用新的碎石。掺加减水剂(见图 3-29)和二级干粉煤灰。粗集料级配要求如表 3-12 所示,细集料级配要求如表 3-13 所示。

图 3-28　破碎全幅路面板时可用破碎机

图 3-29　减水剂

表 3-12　粗集料级配要求

筛孔尺寸/mm	40	20	10	5
累计筛余/(%)	0～5	30～65	70～90	95～100

表 3-13　细集料级配要求

筛孔尺寸/mm	5	2.5	1.25	0.63	0.315	0.16
累计筛余/(%)	0	0～20	15～50	40～75	70～90	90～100

(4) 旧水泥混凝土板强度达到三级标准可作为基层集料。

① 宜采用石灰、粉煤灰黏结旧混凝土集料基层。

② 混凝土基层集料含量宜为 80%～85%。

③ 石灰、粉煤灰比例宜为 1∶4。

(5) 水泥混凝土路面破损状况属差级时,应将混凝土板破碎并作为底基层材料使用。

① 在水泥混凝土路面两侧挖纵向、横向排水沟,排除积水。

② 旧水泥混凝土板破碎按旧混凝土再生利用的相关规定执行,混凝土板碎块尺寸不超过 30 cm。

③ 用灌浆设备将 M5 水泥砂浆灌入板块缝内。

④ 用 25 t 振动压路机进行振碾,碾压速度为 2.5 km/h,往返碾压 6 次。要求基层稳定,灌浆饱满。

⑤ 对软弱、松动碎块应予清除,并用 C15 混凝土填补。

四、水泥混凝土路面表面功能恢复

水泥混凝土路面通车 3～5 年,路面会出现磨光或露骨现象,影响路面的使用功能。为此,通常采用铺设水泥砂浆薄层、沥青磨耗层及机械刻槽的方法来改善和恢复水泥混凝土路面表面功能。

(1) 水泥混凝土路面整条路段出现较大面积的磨损、露骨时,应铺设沥青磨耗层;弯道、陡坡局部路段出现路面磨光时,应采取机械刻槽的方法,以恢复水泥混凝土路面的表面平整度和摩擦系数。

(2) 对水泥混凝土路面面板较大范围的磨损和露骨可铺设沥青磨耗层。

① 沥青磨耗层铺筑前应对混凝土面板进行修整和处理,应使水泥混凝土路面干燥清洁,不得有尘土、杂物或油污。

② 水泥混凝土路面表面应喷洒 0.4~0.6 kg/m² 的黏层沥青,宜采用快裂型乳化沥青。

③ 黏层沥青宜用沥青洒布车进行喷洒,在路缘石、雨水进水口、检查井等局部位置与沥青面层接触处用人工涂刷。

④ 喷洒黏层沥青应符合下列要求:黏层沥青应均匀喷洒或涂刷,喷洒过量处应予刮除;当气温低于 10 ℃ 或路面潮湿时,不得喷洒黏层沥青;喷洒黏层沥青后,除沥青混合料运输车辆外严禁其他车辆、行人通过。

⑤ 黏层沥青喷洒后,应立即铺筑沥青层,乳化沥青应待破乳后铺筑。

(3) 沥青磨耗层采用沥青砂,厚度一般为 1.0~1.5 cm,沥青混合料级配及沥青用量范围如表 3-14 所示。

表 3-14 沥青混合料级配及沥青用量范围(方孔筛)

砂粒式	通过下列筛孔量百分率/(%)								沥青用量 kg/m²
	9.5 mm	4.75 mm	2.36 mm	1.18 mm	0.6 mm	0.3 mm	0.15 mm	0.075 mm	
	100	95~100	55~75	35~55	20—40	12~28	7~18	5~10	6.0~8.0

(4) 改性沥青稀浆封层。

① 采用改性沥青稀浆封层时,其施工程序与普通稀浆封层的施工程序基本相同,但必须使用改性稀浆封层机,采用慢裂快凝型乳化沥青。

② 采用慢裂快凝型乳化沥青,一般 1 h 后可开放交通。

③ 矿料技术性能应符合现行《公路沥青路面施工技术规范》的有关规定。

④ 在 25 ℃ 的标准气温下,混合料拌和时间应不少于 120 s;当气温为 30 ℃ 时,混合料拌和时间应不少于 180 s。拌和好的混合料应均匀,在手中用力攥紧,能攥出水并黏成球体,落地后不散。

⑤ 由于现场天气条件、原材料,尤其是矿料可能存在差异,以及室内外条件的差异,在施工阶段应对室内选定的配合比数据结合施工现场情况进行适当调整,确定现场最适的配合比,同时应注意气候变化对配合比的影响。

⑥ 对铺完的稀浆封层应进行适当的初期养护,封闭交通,禁止行车,待混合料初凝时或摊铺后 0.5 h,可用 10 t 轮胎压路机碾压(不能用钢轮压路机),把封层中析出的水挤出,提高封层的密实度和强度,缩短初期养护时间。

(5) 路面磨光时,可采用刻槽法进行处治。混凝土板刻槽宜采用自行式刻槽机,应在指定的线路上安置导向轨,并将导向轮扣在导向轨上,刻槽深度为 3~5 mm,槽宽为 3~5 mm,缝距为 10~20 mm。刻槽时宜由高向低逐步推进。

(6) 对局部板块出现的露骨,可采用快速修补混凝土进行薄层水泥混凝土罩面。实施时首先需凿除水泥混凝土面板表面,凿除深度一般为 1~5 cm,用高压水冲洗板块毛面,用压缩空气清除板块表面水分,应在混凝土毛面上涂一层界面黏结剂,界面黏结剂应具有较好的黏结性能和一定的黏结强度。然后在现浇混凝土板边立模,配制快速修补混凝土,使其满足坍落度、凝结时间、泌水率和强度的要求,采用强制式搅拌机拌和 60~90 s,采用人工摊铺,平板振捣器振捣密实,振动找平,人工抹面、压纹。修补混凝土摊铺后 2 h,对其进行保湿养护 24 h。

五、水泥混凝土路面修补材料

进行水泥混凝土路面修补时,选择好的修补材料,是保证水泥混凝土路面修补质量的关键之一。优良的修补材料不仅可以使修补后的水泥混凝土路面很快恢复其使用性能,而且几乎看不到明显的修补痕迹。应根据水泥混凝土路面的破坏形式选用修补材料。水泥混凝土路面养护、维修材料应符合以下要求。

(1) 水泥混凝土路面养护、维修的常规和专用材料,必须具有足够的强度、耐久性和稳定性,以承受车辆的作用和抵抗自然环境的影响。养护、维修的各种材料均应进行必要的试验,不得使用不符合要求的材料。

(2) 水泥混凝土路面养护、维修的常规材料的技术要求应符合现行《公路水泥混凝土路面设计规范》等的规定。

(3) 水泥混凝土路面养护、维修所用的路面标线材料的技术要求应符合现行《道路交通标志和标线》的规定,其他专用材料的技术要求应符合现行《公路水泥混凝土路面养护技术规范》的规定。

1. 裂缝修补材料

水泥混凝土路面裂缝修补材料,根据其功能可分为补强材料和密封材料。当水泥混凝土路面由于裂缝造成强度不足时,应选用补强材料使其恢复整板传荷能力。当水泥混凝土路面仅出现贯穿裂缝,而板面强度仍能满足使用要求时,为防止雨水渗入而削弱路基强度,应选用密封修补材料将裂缝封闭。

典型的补强材料分两类:一类是用于灌缝的环氧树脂和改性环氧树脂、酚醛和改性酚醛树脂类胶粘剂;另一类是用于裂缝条带修补的水泥基无机胶凝材料。

1) 环氧树脂类补强材料

环氧树脂类补强材料的主要成分是环氧树脂。常见的环氧树脂可以分为两类:一类是缩水甘油基型环氧树脂;另一类是环氧化烯烃。

在水泥混凝土路面修补过程中所用的环氧树脂类材料,大多属于缩水甘油基型,常用的品种是由多元酚和多元醇制备的双酚 A 环环氧树脂。在全国各大化工原料公司或化工黏结剂商店,均可购买到这种材料。

用于水泥混凝土路面裂缝修补的高模量补强材料宜选用经过改性的环氧树脂类材料或经乳化反应过的环氧树脂乳液。补强材料技术要求如表 3-15 所示。

表 3-15 补强材料技术要求

性　能	技术要求
灌入稠度/s	<20
拉伸强度/MPa	≥5
黏结强度/MPa	≥3
断裂伸长率/(%)	2～5

2) 聚氨酯类灌缝补强材料

聚氨酯溶液是一种性能很好的黏结材料,可用于修补水泥混凝土路面裂缝。聚氨酯具有柔性分子链,其耐振动性及抗疲劳性能都很好。聚氨酯还有另一个重要的特点:耐低温性能好,比所有其他有机类的黏结材料耐寒性能都优异。因此,用聚氨酯配成的裂缝灌浆材料耐气候性好,在各个季节和各个不同地区都可以使用。聚氨酯固化时,几乎没有任何副产物产生,因此不会产生黏结层缺陷。聚氨酯类灌浆补强材料是由异氰酸酯和聚氨基甲酸酯,与多元醇或多元胺及其他含活泼氢的化合物,进行加成聚合而成的。

用于水泥混凝土路面裂缝修补的密封材料宜选用聚氨酯类灌缝材料。用于水泥混凝土路面修补的密封材料的技术要求如表 3-16 所示。密封材料技术性能测试方法与补强材料技术性能测试方法相同。

表 3-16 用于水泥混凝土路面修补的密封材料的技术要求

性　能	技术要求
灌入稠度/s	<20
拉伸强度/MPa	≥4
黏结强度/MPa	≥4
断裂伸长率/(%)	≥50

2. 接缝修补材料

水泥混凝土路面上的接缝,有纵向施工缝、纵向缩缝、横向施工缝、横向缩缝、横向胀缝等。接缝是水泥混凝土路面的薄弱环节,易引起破坏,特别是胀缝的损坏率甚高。水泥混凝土路面接缝破坏的原因是多方面的,有材料选用问题,也有施工问题。水泥混凝土路面的接缝补强材料分为接缝板和填缝料两大类。填缝料又分为加热施工式填缝料和常温施工式填缝料。

用于水泥混凝土路面修补的接缝材料,应符合《公路水泥混凝土路面接缝材料》的规定。水泥混凝土路面修补用接缝材料的性能测试方法,可按《公路水泥混凝土路面接缝材料》推荐的方法进行。

1) 接缝板

使用接缝板对水泥混凝土路面接缝进行补强,所用的接缝板应满足如下技术要求。

(1) 应具有一定的压缩性及弹性,当混凝土板高温膨胀时不被挤出,当混凝土板低温收缩时,能与混凝土板缝壁连接,不被拉断,不产生缝隙。

(2) 要有良好的耐久性，复原率高，在混凝土路面施工时不变形，且具有较高的耐腐蚀性。接缝板的品种主要有杉木板、泡沫橡胶板、泡沫树脂板和纤维板。接缝板的技术要求如表 3-17 所示。

表 3-17 接缝板的技术要求

试验项目	接缝板种类			备注
	木 类	泡沫类	纤维类	
压缩应力/MPa	5.0～20.0	0.2～0.6	2.0～10.0	
复原率/(%)	>55	>90	>65	吸水后不应小于不吸水时的 90%
挤出量/mm	<5.5	<5.0	<4.0	
弯曲荷载/N	100～400	0～50	5～40	

接缝板的厚度误差范围不应大于±5%，长度与宽度误差范围不应大于±2%。木类板应挖除板上的树节，并用原质木材修补。该类材料不宜在高等级公路上使用。

2) 填缝料

用于水泥混凝土路面修补的填缝料，如图 3-30 所示，应具备如下技术性能。

① 与水泥混凝土板缝壁具有较好的黏结力。当混凝土板伸缩时，填缝料能与混凝土板缝壁黏结牢固，而不致从混凝土缝壁上拉脱。

② 具有较高的拉伸率，填缝料必须能随混凝土板伸缩，而不致被拉断。

③ 耐热及耐嵌入性好，在夏季高温时，填缝料不发生流淌。填缝料应耐砂石杂物嵌入，保证混凝土板伸胀不受阻。

④ 具有较好的低温塑性。冬季低温时，填缝料不发生脆裂，仍具有一定的延伸性。

⑤ 耐久性好，在野外恶劣的气候条件下，填缝料应能在较长时间保持良好的使用性能，即耐磨、耐水等，不过早老化。填缝料寿命不得低于 3 年。

图 3-30 填缝料

加热施工式填缝料：品种主要有聚氯乙烯胶泥、沥青橡胶类和沥青玛蹄脂等。加热施工式填缝料的技术要求如表 3-18 所示。

表 3-18　加热施工式填缝料的技术要求

试 验 项 目	低弹性型	高弹性型
针入度/(1/0.1 mm)	<50	<90
弹性(复原率)/(%)	>30	>60
流动度/mm	<5	<2
拉伸量/mm	>5	>15

常温施工式填缝料：品种主要有聚氨酯焦油类、氯丁橡胶类、乳化沥青橡胶类等。常温施工式填缝料的技术要求如表 3-19 所示。

表 3-19　常温施工式填缝料的技术要求

试 验 项 目	技 术 要 求	试 验 项 目	技 术 要 求
针入度/(1/0.1 mm)	<20	流动度/mm	0
失黏时间/h	6～24	拉伸量/mm	>15
弹性(复原率)/(%)	>75		

3. 板块修补材料

水泥混凝土路面板块修补问题,长期以来未能得到很好解决,其根本问题之一是修补材料的性能不理想。根据板块修补的施工特点,用于水泥混凝土路面板块修补的材料必须符合下列技术要求：

- 快硬、高早强。

路面修补与普通混凝土路面施工不同,需要进行修补的水泥混凝土路面都是正在使用的道路,不允许长时间封闭交通。因此,修补材料必须具有快速硬化的性能,使修补路面短时间内达到通车的强度要求。用于板块修补的混凝土材料应在 24 h 内达到原板块设计强度 70% 以上,48 h 内达到原板块设计强度。

- 收缩小。

水泥混凝土路面修补,新旧混凝土的接合部位薄弱。造成新旧混凝土结合不好的重要因素之一是新拌混凝土的收缩特性,现浇混凝土产生收缩应力,使新旧混凝土拉开。因此,要控制修补材料的收缩率,尽可能选用无收缩或收缩很小的修补材料。混凝土 7 d 内无收缩,28 d 的收缩率小于 0.02%。

- 新旧混凝土连接好。

新旧混凝土结合处的剪切强度应达到混凝土整体剪切强度的 55%。

- 后期性能稳定。

修补用混凝土的后期强度发展规律应与普通混凝土的一致,不允许强度降低,也不允许强度发展过快,致使新旧混凝土力学性能差异太大,影响路面整体性能。

- 耐磨性好、耐久性好。

修补后的混凝土耐磨性必须达到原有未损坏的旧混凝土耐磨性,且应具有抗冻、耐腐蚀、抗渗等性能。
- 施工和易性好。

修补用混凝土初凝时间应满足施工要求,一般宜大于2h。对于需水量大、硬化过快的修补材料,应通过试验,掺入一定量的缓凝型减水剂,以保证新修补混凝土的施工和易性。

- 修补后的混凝土表面颜色应与旧混凝土的基本一致。

另外,水泥混凝土板块修补宜采用性能稳定的早强混凝土、聚合物乳液细粒式混凝土或钢纤维水泥混凝土。

1) 沥青混凝土

长期以来,公路部门都习惯采用沥青混凝土对损坏的水泥混凝土路面进行修补,尽管其方法简便,但隐患较多。用沥青混凝土对水泥混凝土路面进行修补的缺点主要有以下几个。

(1) 道路强度不均匀,荷载不一致。沥青混凝土与水泥混凝土有着本质上的区别,如处理不当,则有可能导致水泥混凝土路面更大程度的破坏。

(2) 使用寿命短。沥青混凝土路面的使用寿命本来就较水泥混凝土路面的短得多,夹在水泥混凝土板面中间更易发生破坏,有的甚至一个冬季或雨季过后,就要进行重新修理。沥青混凝土修补水泥混凝土路面只能是应急措施,解决不了根本问题,易形成坏了修补、补了再坏、坏了再补的恶性循环。

(3) 影响路面平整度,降低表面使用功能。由于沥青混凝土的热稳定性差,夏季在外部荷载作用下,沥青混凝土路面已产生变形,尤其是与水泥混凝土路面这种刚性材料一起承载时,沥青混凝土路面更易产生坑洼不平的现象,导致路面平整度下降,影响路面使用功能。

(4) 不美观。在整片灰白色的水泥混凝土路面中补上一块黑色的沥青混凝土路面,路面景观受到影响,行车者见了也很不舒服。

2) 普通水泥混凝土

公路上另一种传统的修补水泥混凝土路面的方法是将破损的混凝土除掉,新铺上与原设计标号相同或高标号的普通混凝土。采用普通水泥混凝土修补水泥混凝土路面,主要有以下缺点:收缩性大,易导致新旧混凝土路面拉开;水泥混凝土本身拉伸强度低,与旧混凝土结合差;新旧混凝土间的界面缺陷,易使混凝土路面开裂;养护期长,影响交通。

3) 快硬硅酸盐水泥

快硬硅酸盐水泥对缩短修补路面的养护期是有好处的。早在20世纪80年代,英国、德国、日本等就研究出这方面的产品,并在市场上进行销售。我国亚卓子山水泥厂等也在20世纪80年代末进行了这种水泥的试生产,并获得成功,目前,国内已有许多水泥厂可以生产快硬硅酸盐水泥。

(1) 早强混凝土原材料组成如下。

① 水泥:宜选用52.5号普通硅酸盐水泥或52.5号硅酸盐水泥,如因条件限制,也可采用强度富余系数大于1.10的42.5号普通硅酸盐水泥,不宜采用矿渣水泥、粉煤灰水泥、火山灰水泥及后期性能不稳定的硫铝酸盐水泥,禁止使用高铝水泥及其他不适合于水泥混凝土路面修补的水泥。

② 细集料:宜选用细度模数为2.5~3.0的河砂,砂子含泥量应小于1%。禁止使用海砂或特细河砂。

③ 粗集料：宜选用质地坚硬、级配较好的石灰石。全厚度修补，石子最大粒径宜控制在40 mm以内；半厚度修补，石子最大粒径宜控制在30 mm以内。石子的含泥量应小于0.5%。

④ 外掺料：宜选用高早强、收缩小、耐久性好的混凝土快速修补剂。对水泥混凝土路面修补，一般不宜用引气型混凝土减水剂。

⑤ 水：宜选用干净的河水或饮用水，不得使用污水或海水。

混凝土配合比应经过实验室试配后确定，混凝土混合料坍落度宜控制在1 cm以内。

(2) 用快硬水泥配制的修补混凝土的特性如下。

① 需水量大。用快硬水泥配制修补混凝土时，用水量要比普通混凝土的用水量增加2%~5%才能达到相同的坍落度。

② 快硬水泥的泌水性一般要比普通水泥的差，其泌水结束时间要比普通水泥快1 h左右。用快硬水泥配制的修补混凝土，初凝时间要比普通混凝土快30~90 min，终凝时间快2~3 h，并且初凝到终凝的间隔时间比较短。用快硬水泥配制的修补混凝土比普通混凝土具有更好的塑性，并且泌水少，所以它具有良好的易修整性。但由于快硬水泥的凝结时间较短，且初凝时间和终凝时间间隔很短，因此修补施工时必须十分注意掌握好混凝土表面的养护和抹光时间。

此外，快硬水泥混凝土具有较大的黏塑性，混凝土坍落度损失快，所以修补时要精心施工，以防产生孔洞。

③ 快硬水泥混凝土的强度发展，对环境温度较为敏感。5 ℃时，混凝土14 h前基本没有强度，24 h也只有5.8 MPa的抗压强度，抗折强度为1.0~1.5 MPa；20 ℃时，混凝土8 h就可获得5.4 MPa的抗压强度，24 h抗压强度可达20.2 MPa，抗折强度可达3.5~4.0 MPa；30 ℃时，混凝土8 h就可获得11.0 MPa的抗压强度和2.7 MPa的抗折强度，24 h抗压强度可达28.5 MPa，抗折强度可达5.0 MPa。

采用快硬水泥进行混凝土路面修补，如以旧混凝土设计强度的80%作为修补混凝土的通车强度要求，施工环境温度在5~20 ℃时，混凝土路面修补后约需3 d时间可投入使用；20~30 ℃时，混凝土路面修补后需1~2 d时间可投入使用。快硬水泥的抗折强度一般是抗压强度的1/5~1/6，其弹性模量与普通混凝土的相比，稍小一些。

④ 快硬水泥的早期干缩率比普通混凝土的稍高一些，但后期反而变低，所以在一般情况下，可以认为快硬硅酸盐水泥的干缩率与普通水泥的干缩率基本相同。考虑到混凝土的收缩大，修补时应注意及时养护。

⑤ 快硬水泥的抗渗性、吸水性均与普通硅酸盐水泥的相同。它的颜色和普通水泥的颜色几乎一样，都呈灰色。它的耐久性、安定性和长期强度等性能均与普通硅酸盐水泥的一样。

(3) 注意事项如下。

① 快硬硅酸盐水泥可能有易于风化的趋势。

② 与普通混凝土一样，干缩率高，新旧混凝土黏结性差。

③ 初期水化速度快。混凝土内部温度容易升高，这就存在着因温度应力而产生裂缝的危险，所以在使用它进行快速修补，事先要考虑周密。同时，施工季节也要适宜，应尽可能避免在夏季高温期施工。

④ 混凝土配合比设计时，水灰比应控制在合适的范围内(0.45~0.55)。混凝土的含砂率不必太高，即使比普通混凝土的含砂率低2%~4%，也同样能配制出和易性良好的混凝土。

4）聚合物水泥砂浆和混凝土

聚合物水泥砂浆和混凝土主要包括两大类：一是直接在水泥砂浆和混凝土搅拌时掺入聚合物配制成的混凝土；二是聚合物浸水泥砂浆和混凝土。后者需要加热处理，工艺较复杂。适用于水泥混凝土路面修补的主要是掺聚合物水泥砂浆和混凝土，另外还有环氧改性水泥砂浆。

(1) 掺聚合物乳液的水泥砂浆和混凝土。

聚合物固体用表面活性剂分散成为微细的球形颗粒（粒径为 0.05～1 μm），悬浮于水中即得聚合物乳液。所用聚合物有天然橡胶、合成橡胶、热塑性树脂、热固性树脂、沥青与石蜡等。乳液的浓度通常按质量计为 40%～60%。在掺聚合物乳液时，必须注意聚合物粒子的电性与浆体中的水泥粒子电性一致。水泥粒子通常是不带电的，因此要尽可能选择由正离子表面活性剂制成的聚合物乳液。

聚合物乳液细粒式混凝土可用高分子聚合物乳液和碎石混凝土配制成。对具有高早强要求的聚合物乳液细粒式混凝土可掺入适量的早强剂。适用于配制聚合物乳液细粒式混凝土的高分子聚合物乳液有环氧树脂乳液、丙烯酸酯乳液、苯丙乳液等。混凝土坍落度以 0.5～1.5 cm 为宜。聚合物在水泥砂浆和混凝土中适宜掺量为 10%～20%。在此掺量范围内，水泥混凝土的抗折强度、黏结性能、防水性能、抗冲击、耐磨性等均有明显改善。

掺聚合物乳液的水泥砂浆和混凝土的主要优点可归结如下。

① 拌和后的砂浆和混凝土流动性好；其用水量较普通水泥砂浆和混凝土的用水量少。

② 当聚合物掺量为 10%～20%时，与普通水泥砂浆和混凝土相比，其抗拉强度、抗折强度可提高 150%～1 000%，抗压强度与延伸能力也有所提高。

③ 与旧混凝土黏结力强。

④ 由于聚合物填塞了硬化体中的孔隙，加强了水泥石与集料的黏结，其抗渗、抗冻、耐腐蚀性能均有显著提高。

⑤ 与普通水泥砂浆和混凝土相比，聚合物水泥砂浆和混凝土的抗冲击性高数倍至十几倍，耐磨性也可高十几倍至几十倍。

⑥ 干缩率随聚合物掺量增加而降低，但受聚合物种类与养护条件的影响。

(2) 掺水溶性聚合物的水泥砂浆和混凝土。

聚合物以水溶液的形式加入水泥砂浆和混凝土中。可加入水泥砂浆和混凝土中的水溶性聚合物有酚醛、脲醛、环氧、聚乙烯醇、密胺甲醛（三聚氰胺与甲醛的缩合物）等。用得较多的是水溶性环氧。水溶性聚合物的常用掺量为 1%～2%（与水泥质量的百分比）。掺水溶性聚合物的水泥砂浆和混凝土既可在空气中硬化，也可在潮湿条件下和在水中硬化，这一特性使其很适合用于水泥混凝土路面的修补，即采用该材料修补后无须再进行保湿养护。

在水泥砂浆和混凝土中掺入水溶性聚合物后，抗压强度、抗拉强度提高。掺水溶性聚合物的水泥砂浆与素砂浆相比，徐变减小，静压弹性模量增大。水溶性聚合物对水泥浆起塑化作用，当保持和易性不变时，可使砂浆的水灰比由 0.42 降至 0.29。

在水泥砂浆和混凝土中掺入水溶性聚合物，其水泥石的孔隙率可下降，砂浆和混凝土的抗冻性和抗渗性明显提高，黏结性能及抗冲击、耐疲劳与耐化学腐蚀等性能均能得到明显改善。

1. 沥青路面养护工作的内容是什么？
2. 沥青路面日常巡视与检查的内容是什么？
3. 沥青路面日常保养的内容是什么？
4. 沥青路面养护的基本要求是什么？
5. 简述沥青路面车辙的维修方法。
6. 简述沥青路面沉陷的维修方法。
7. 什么是现场热再生技术？简述其施工工艺。
8. 简述沥青路面裂缝的类型及维修方法。
9. 常见的水泥混凝土路面的病害有哪些？
10. 水泥混凝土路面上宽度小于 3 mm 的裂缝应该如何处理？
11. 唧泥病害应如何处理？
12. 水泥混凝土加铺层的加铺方式有哪几种？
13. 水泥混凝土路面的接缝补强材料有哪几种？

学习情境 4 桥涵养护与维修

学习目标

(1) 掌握桥涵的经常性检查、定期检查的方法和技术；
(2) 熟悉桥梁检测与技术状况评估的相关试验方法；
(3) 掌握桥面系及支座养护的要点；
(4) 掌握桥涵结构养护技术；
(5) 熟悉桥涵常见病害的养护与维修施工技术。

任务 1 桥涵概述

一、桥梁概述

1. 桥梁的组成

桥梁是指为道路跨越天然或人工障碍物而修建的建筑物,是确保公路畅通的咽喉,其承载能力和通行能力又是沟通全线的关键。要保证公路畅通无阻,必须加强对桥涵构造物的检查和保养、维修与加固,使其经常处于完好的技术状态,延长其使用年限。

桥梁由上部构造、下部构造和附属构造三部分组成。上部构造也叫桥跨结构,包括承重结构(如梁、拱圈等主要受力部分)和桥面系。下部构造支承上部构造,并将上部构造传来的荷载再传给地基。下部构造包括桥台、桥墩和基础。桥台除了支承上部构造传来的荷载外,还要挡住路堤填土,承受土压力。

桥梁除上述两部分基本结构外,还有桥头引道、锥形护坡、护岸、导流工程等附属构造物,图4-1 所示为桥梁组成部分示意图。

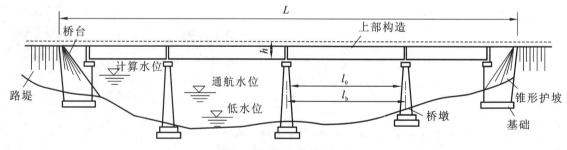

图 4-1 桥梁组成部分示意图

桥梁主要尺寸有:

计算跨径 l ——上部构造两支承点间的距离。

净跨径 l_0 ——设计洪水位线上相邻两桥墩(台)间的净距离。通常把两墩(或墩台)边缘之间的净距离也称为净跨径。

标准跨径 l_b ——梁式桥、板式桥以相邻两桥墩中线间或桥墩中线与台背前缘间距离为准。拱式桥以净跨径为准。桥涵标准跨径为 0.75 m、1.0 m、1.25 m、1.5 m、2.0 m、2.5 m、3.0 m、4.0 m、5.0 m、6.0 m、8.0 m、10 m、13 m、16 m、20 m、25 m、30 m、35 m、40 m、45 m、50 m、60 m。

桥梁全长 L ——有桥台的桥梁为两岸桥台侧墙或八字墙尾端间的距离;无桥台的桥梁为桥面系行车道长度。

桥梁建筑高度 h ——行车道顶面到上部构造最低边缘的高度。

桥下净空高度 H_0——上部构造最低边缘（拱桥为拱顶底面）至设计洪水位或计算通航水位之间的距离；对于跨越其他线路的桥梁，指上部构造最低边缘至所跨越线路路面之间的距离。

桥梁高度 H——行车道顶面至河床最低点（有时指低水位）之间的距离。

2. 桥梁的分类

桥梁可按其主要承重构件的受力情况、跨径、上部构造所用材料、使用年限、行车位置等进行分类。

1) 按主要承重构件的受力情况分类

（1）梁式桥（见图4-2）：主要承重构件为梁或板。梁在竖向荷载作用下承受弯矩 M，墩台只承受竖向压力 V。

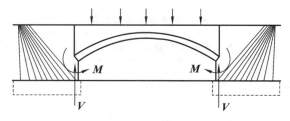

图4-2 梁式桥

（2）拱桥（见图4-3）：主要承重构件为拱圈和拱肋。在竖向荷载作用下，主要承受压力，但也承受弯矩。墩台除承受竖向压力 V 和弯矩 M 外，还承受水平推力 H。

（3）刚架桥（见图4-4）：上部构造与墩台连成整体，在竖向荷载作用下，柱脚产生竖向压力 V、水平推力 H 和弯矩 M，刚架桥受力情况介于梁式桥和拱桥之间。

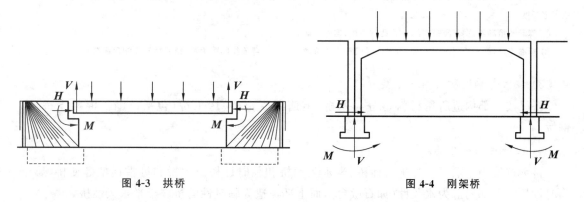

图4-3 拱桥　　　　　　　　　图4-4 刚架桥

（4）吊桥（见图4-5）：主要承重构件为缆索，在竖向荷载作用下，缆索只承受拉力。墩台承受竖向压力 V 和水平推力 H。

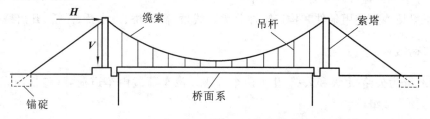

图4-5 吊桥

(5)组合体系(见图4-6):由几个不同体系的构件所组成,各构件共同参与作用。如梁和拱组合的系杆拱桥,拉索和梁组合的斜拉桥。

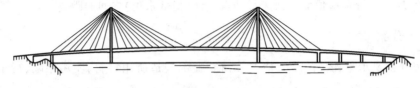

图4-6 组合体系

2)按跨径分类

桥梁按跨径可分为特大桥、大桥、中桥、小桥和涵洞。表4-1所示为桥梁按跨径分类的标准。

表4-1 桥梁按跨径分类标准

分 类	多孔跨径总长 L/m	单孔跨径 L_K/m
特大桥	$L>1\,000$	$L_K>150$
大桥	$100 \leqslant L \leqslant 1\,000$	$40 \leqslant L_K \leqslant 150$
中桥	$30<L<100$	$20 \leqslant L_K<40$
小桥	$8 \leqslant L \leqslant 30$	$5 \leqslant L_K<20$
涵洞	—	$L_K<5$

注:① 单孔跨径是指标准跨径。
② 梁式桥、板式桥的多孔跨径总长为多孔标准跨径长度之和;拱式桥为两岸桥台内起拱线间的距离;其他形式桥梁为桥面系车道长度。
③ 管涵及箱涵不论管径或跨径大小、孔数多少,均称为涵洞。
④ 标准跨径:梁式桥、板式桥以两桥墩中线间距离或桥墩中线与台背前缘间距为准;拱式桥和涵洞以净跨径为准。

3)按上部构造所用材料分类

桥梁按上部构造所用材料可分为木桥、钢筋混凝土桥、圬工桥(包括砖、石、混凝土桥)和钢桥。

4)按使用年限分类

桥梁按使用年限可分为永久性桥、半永久性桥和临时性桥。木桥和贝雷钢架等便桥,属于临时性桥。下部构造为永久性(如石墩台),而上部构造为临时性的桥属于半永久性桥。

5)按行车道位置分类

桥梁按行车道位置可以分为上承式、中承式、下承式三种。

此外,桥梁按特殊使用条件和构造特性分为跨线桥、高架桥、漫水桥、浮桥、开启桥等。

3. 汽车荷载

汽车荷载分为公路-Ⅰ级和公路-Ⅱ级两个等级。汽车荷载由车道荷载(包括均布荷载和集中荷载)和车辆荷载组成。

桥梁结构的整体计算采用车道荷载;桥梁结构的局部加载、涵洞、桥台和挡土墙土压力等的计算采用车辆荷载。车道荷载与车辆荷载的作用不得叠加。各级公路桥涵设计的汽车荷载等级应符合表4-2规定。

表 4-2 汽车荷载等级

公路等级	高速公路	一级公路	二级公路	三级公路	四级公路
汽车荷载等级	公路-Ⅰ级	公路-Ⅰ级	公路-Ⅱ级	公路-Ⅱ级	公路-Ⅱ级

二级公路作为干线公路且重型车辆多时,其桥涵设计可采用公路-Ⅰ级汽车荷载。四级公路重型车辆少时,其桥涵设计可采用公路-Ⅱ级车道荷载效应的0.8,可采用车辆荷载效应的0.7。

二、涵洞概述

1. 涵洞的组成部分

涵洞由洞身和洞口两部分组成主体结构。洞身包括洞墙、基础、盖板(或拱圈,相当于桥梁的上部结构)。洞身沿涵洞长度分成若干段,设置接缝,使洞身不致因地基的不均匀沉陷而受损坏。图4-7所示为涵洞的组成部分。

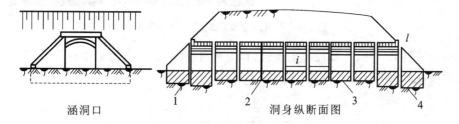

图 4-7 涵洞的组成部分
1—进水口建筑;2—变形缝;3—洞身;4—出水口建筑

洞口用以连接洞身与填土路基的边坡,保证水流正常地通过洞身,并使涵洞进出口周围的路堤稳定。上下游洞口,一般在平地均采用同一形式,在山坡上则应适应地形情况,以利进出水,不应强求采用同一形式。

常用的洞口建筑有八字翼墙式和端墙式。八字翼墙式洞口与八字翼墙式桥台相似;端墙式洞口外面要做锥形护坡,与U形桥台相似。

涵洞进出口的河底可铺砌加固,并设截水墙(图4-7中未标出),以防止水在涵底渗流和冲刷。除洞身和洞口等主要结构物外,山区涵洞有时还要在上、下游做引导水流的结构物。

2. 涵洞的类型

1)按建筑材料分

涵洞按建筑材料可分为砖涵洞、石涵洞、混凝土涵洞、钢筋混凝土涵洞及其他材料的涵洞。其中石涵洞、混凝土涵洞及钢筋混凝土涵洞较普遍,其他材料如铁管、皱纹铁管、缸瓦管、石棉管等在涵洞中较少用。

2）按涵洞顶上有无填土分

涵洞按其顶有无填土可分为明涵和暗涵。在路堤填土很低的地方，由于高度的限制，宜于修建涵顶没有填土的明涵。当路堤填土较高时，修建明涵不经济，应修建涵顶有填土的暗涵。涵洞填土厚度一般不小于 50 cm。

3）按涵洞的截面形状分

涵洞按其截面形状可分为管涵、拱涵和盖板涵。

(1) 管涵。钢筋混凝土管涵应用较多，孔径最大为 1.5 m，管涵由管节、基础和洞口组成。图 4-8 所示为带有八字翼墙式洞口的圆管涵。

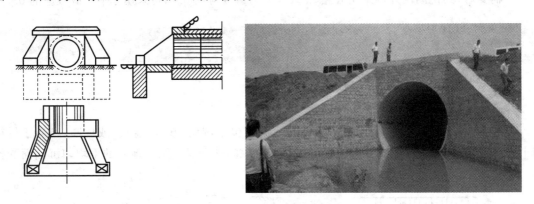

图 4-8　带有八字翼墙式洞口的圆管涵

(2) 拱涵。拱涵用砖、石或混凝土砌筑，其构造与拱桥相同，洞身系由拱圈及带有基础的洞墙组成。图 4-9 所示为双孔石拱涵构造图。

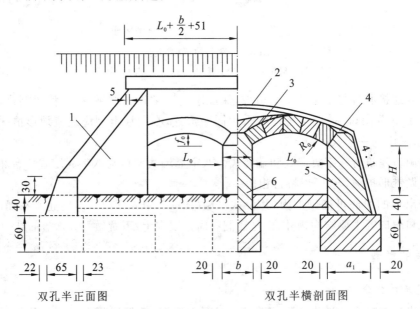

图 4-9　双孔石拱涵构造图（单位符号：cm）

1—八字翼墙；2—防水层；3—拱圈；4—护拱；5—台身；6—墩身

(3) 盖板涵。盖板涵是由洞墙和盖板组成的矩形涵洞。为了节约钢筋和就地取材，小孔径

(0.5～1.5 m)的盖板涵可采用条石作盖板,条石的质量必须符合规定。孔径大于1.5 m的盖板涵,须用就地浇筑或预制的钢筋混凝土板来做盖板。图4-10所示为盖板涵构造图。

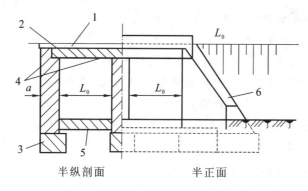

图 4-10　盖板涵构造图
1—盖板;2—路面(或包括填土);3—基础;4—墩台身;5—铺砌层;6—八字翼墙

任务 2　桥梁检测与技术状况评定

一、概述

桥梁检查与检验是桥梁养护工作的两个重要环节,通过对桥梁进行检查与检验,可以系统地掌握桥梁的技术状况,较早地发现桥梁的缺陷和异常,进而提出合理的养护措施。

1. 桥梁检查的主要功能

(1) 尽早发现桥梁各部位的缺陷,及时清除隐患,从而节省维护保养所需费用。
(2) 预防桥梁坍塌,确保桥梁安全使用。
(3) 建立制度化的检查法规。

1) 日常检查

日常检查也叫一般检查,主要对桥面设施和桥台附属构造的技术状况进行日常巡视检查,常以目视或配合简单工具(如放大镜)检查桥梁各部位,以便早期发现混凝土裂缝、剥落损伤及其他异常现象,及时对缺损进行小修保养工作,并重点检查易发生变化的部位。一般情况下,日常检查至少每月进行一次。

2) 定期检查

定期检查也叫详细检查,指按规定周期,对桥梁主体结构及其附属构造物的技术状况进行全面的检查,主要检查各部件的功能是否完善、有效,构造是否合理,发现需要大修、中修、改善或限制交通的桥梁缺损状况,同时检查小修保养状况。

定期检查一般使用桥梁检查车和各种桥梁检查仪器,全面检查桥梁各部位,并对车行道、河道、公共设施和桥周围环境进行检查。检查方式有:

(1) 目视检查桥梁是否有缺陷和异常现象。

(2) 敲打检查,用铁锤敲打混凝土的缺陷,看混凝土构件是否有空洞和分离现象。

(3) 照相检查构件变化情况,从而评估变化原因和程度。

(4) 非破坏检查,目视检查和敲打检查后发现缺陷时,再利用各种仪器检查或钻芯取样分析。这种检查以"一年或三年进行一次为宜"。

桥梁的定期检查必须全面、详尽,尽可能为桥梁养护措施的安排提供第一手资料。桥梁的定期检查应按规范程序进行,检查的项目和内容如下。

① 桥面铺装:是否有坑槽、开裂、车辙、松散、不平,是否有桥头跳车现象等。

② 栏杆:是否松动、撞坏、锈蚀和变形等。

③ 伸缩缝:是否存在破损、结构脱落、淤塞、填料凹凸、跳车、漏水等现象。

④ 排水设施(防水层):桥面横坡、纵坡是否顺适,有无积水;泄水管有无损坏、堵塞,泄水能力如何;防水层是否工作正常,有无渗水现象等。

⑤ 上部构造。梁式结构——主梁支点、跨中、变截面处有无开裂,最大裂缝值;梁体表面有无空洞、蜂窝、麻面、剥落、露筋;有无局部渗水;横隔板是否开裂、焊缝是否断裂;钢结构锈蚀、变形情况等。圬工拱桥——主拱圈处是否开裂、渗水、变形等;拱脚是否开裂;腹拱是否变形、错位;立墙、立柱有无开裂、脱落;侧墙有无鼓肚、外倾等。双曲拱桥——拱脚有无压缩;拱 1/4 处、3/4 处、顶部是否开裂、破损、露筋、锈蚀;拱肋与拱波结合处是否开裂;波间砂浆是否脱落、松散;横隔连接是否开裂、破损等。

⑥ 支座:位移是否正常;橡胶支座是否老化、变形;钢板滑动支座是否锈蚀、干涩;各种支座固定端是否松动、剪断、开裂等。

⑦ 桥墩:墩身是否开裂、局部外鼓、表面风化、剥落、有空洞、露筋;是否有变形、倾斜、沉降、冲刷、冲撞损坏等情况。

⑧ 桥台:是否开裂、破损,台背填土是否有裂缝、挤压、受冲刷等情况。

⑨ 翼墙锥坡:翼墙是否开裂,有无前倾、变形等;锥坡是否破损、沉陷、滑移等。

⑩ 河床及调治结构物:河床是否变迁;有无漂浮物堵塞河道;调治结构物是否发挥正常作用,有无损坏、水毁等。

定期检查中,无论检查哪个部分,都要察看它的清洁情况,连同病害一起记录下来。如发现存在现行《公路养护技术规范》中规定的两类以上病害或难以判明原因和程度的病害,都应拍照记录。

定期检查作业完成后,应撰写检查报告。报告内容包括概述、检查的背景、组织工作过程,并应整理、填写"桥梁定期检查记录表"。为了能准确而详细地检查桥梁结构件的使用状况,对指定检查的重点部位,必须采用接触检查的方法进行检查。因此,此项检查需动用支架、吊篮、悬梯、缆索,乃至特殊机械设备。

3) 临时检查

当发现桥梁有异常情况时,应做临时检查。针对特定部位检查,了解构件受影响的范围及程度。临时检查的方法与定期检查的方法相同。发现地区性地震、台风、火灾、暴雨或桥梁被碰撞时,应及时做临时检查。

4) 跟踪检查

凡发现桥梁构件出现裂缝、倾斜、变位或地基下沉以及环境对桥梁构件影响的变化,均应做跟踪检查。跟踪检查使用的检测仪器与定期检查使用的检测仪器相同。

5) 特殊检查

特殊检查是指在特殊情况下进行的检查。上述各种检查中发现缺陷,但又无法确定是否需要修补,或无法确定用哪种方法修补时,应做进一步的详细检查。检查方法有:

① 混凝土强度试验及其他非破坏性试验。

② 钢筋锈蚀试验。

③ 钻芯取样试验。

④ 加载重压试验。特殊检查项目及内容如表4-3所示。

表4-3 特殊检查项目及内容

项目	洪水	滑坡	地震	超重车行驶(改造前)	撞击
上部	栏杆损坏、桥体位移和损坏、落梁和排水设施失效	因桥台推出而压屈	落梁、地震损坏、错位	梁、拱、桥面板裂缝,支座损坏,承载力测定	被撞结构及联系部位破坏、支座破坏
下部	因冲刷而产生沉陷和倾斜	桥台推出,胸墙破坏	沉陷、倾斜位移、圬工破坏	墩台裂缝、沉陷	墩台位移

在桥梁定期检查中难以判明损坏原因、程度及整座桥梁的技术状况或桥梁属四类桥梁时,需进行特殊检查,特殊检查的项目及内容如下。

① 结构验算、水文验算。

② 静载试验、动载试验。

③ 用精密仪器对病害进行现场调查和实验室分析:混凝土裂缝外观及显微调查、混凝土碳化鉴定、氯化试验、湿度调查、强度测试、结构分析;钢筋位置、锈蚀状态调查;预应力钢筋现状及灌浆管道状况、空隙情况调查;桥面防水层状况调查;桥面铺装状况调查。如有缺陷,则应及时养护、修理。当发生异常现象时,应加强观测,严密监视,并记录发展情况,研究紧急对策及处理措施。

2. 桥梁检查仪器的种类

图4-11所示为桥梁检查仪器。

1) 回弹仪

回弹仪的基本原理是用弹簧驱动重锤,重锤以恒定的动能撞击与混凝土表面垂直接触的弹击杆,使局部混凝土发生变形并吸收一部分能量,另一部分能量转化为重锤的反弹动能。当反

(a) 回弹仪　　　　　　　　　(b) 混凝土孔隙及裂缝探测器

(c) 用回弹仪测强度　　　　　　　(d) 信号采集器

 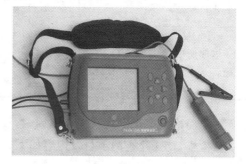

(e) 钢筋探测器　　　　　　　　(f) 钢筋锈蚀探测仪

图 4-11　桥梁检查仪器

弹动能全部转化成势能时,重锤反弹达到最大距离,仪器将重锤的最大反弹距离以回弹值(最大反弹距离与弹簧初始长度之比)显示出来。

2) 混凝土孔隙及裂缝探测器

利用混凝土孔隙及裂缝探测器可测定钢筋混凝土和预应力混凝土的质量,根据测定的声波速度可探测混凝土的孔隙及裂缝。

3) 钢筋探测器

利用钢筋探测器可测定混凝土中钢筋位置、尺寸及混凝土层厚度。

4) 钢筋锈蚀探测仪

利用钢筋锈蚀探测仪内的控制程序测定混凝土内钢筋的电位值,以便确定钢筋是否锈蚀及锈蚀程度,从而评估需要改善的措施。

二、桥梁技术状况监测数据的采集

1. 桥梁缺损状况检查的主要构件与内容

1) 检查的主要构件

桥梁缺损状况检查的主要构件有桥面系、上部构造、下部构造。桥面系含有桥面铺装、桥面板、伸缩缝装置、排水系、栏杆及扶手,上部构造含有基本构件(主梁、主拱圈)、横向联系(横隔板、横系梁等),下部构造含有支座、墩台、基础。

2) 检查的主要内容

(1) 桥面,包括桥面铺装、桥面板、伸缩缝装置、排水系统、栏杆及扶手。

① 桥面铺装检查的主要内容如下。

水泥混凝土裂缝:纵横裂缝、交叉裂缝、断板、角隅断裂、接缝断裂。

沥青混凝土裂缝:纵横裂缝、龟裂。

沥青混凝土坑槽:松散、坑槽。

水泥混凝土变形:拱胀、错台。

沥青混凝土变形:拥包、车辙。

② 桥面板检查的主要内容有裂缝、剥落、露筋、碎裂、钢筋锈蚀、空洞。

③ 伸缩缝装置检查的主要内容:伸缩缝装置本身的缺陷。针对 U 形伸缩缝,检查沥青的挤出或冷缩情况,锌铁皮是否拉脱。针对钢制板式伸缩缝,检查钢板是否被破坏、角钢间缝隙是否被硬物卡死、连接螺栓是否损坏。针对橡胶伸缩缝,检查橡胶件是否剥离或损坏、锚固螺栓是否失效、伸缩缝本身是否下陷或高出。检查铺筑料缺损情况,主要看接头周围铺筑料是否存在剥落现象、是否凹凸不平,检查接头周围是否渗水。

④ 排水系统检查的主要内容:是否有尘土、树叶、泥等堵塞排水设施;泄水管、槽是否破损,管体是否脱落。

⑤ 栏杆及扶手检查的主要内容:是否由于交通事故或养护管理不当而残缺,是否出现剥落、碎裂、露筋等,相互连接处是否脱落、开裂。

(2) 上部构造,基本构件依桥梁形式而定。拱桥指主拱圈,梁式桥指主梁。上部构造的缺损分为以下几方面,检查时针对这几方面展开工作。

① 大面缺损、混凝土剥落、露筋。

② 裂缝。

各种桥型裂缝的检查部位如表 4-4 所示;各种恒载裂缝的容许值如表 4-5 所示。

表 4-4 各种桥型裂缝的检查部位

桥 型	检查部位	桥 型	检查部位
简支梁	跨中、四分点、支点	双曲拱	主拱圈(跨中、四分点、3L/4、拱脚)、拱上建筑(侧墙、腹拱)
连续梁	跨中、四分点、支点	桁架拱	桁片的受拉弦杆、腹杆、实腹段、结点、拱脚处
悬臂梁	支点、牛腿		

表 4-5 各种恒载裂缝的容许值

结构类型	裂缝部分			容许最大缝宽 /mm	其他要求
钢筋混凝土梁	主筋附近竖向裂缝			0.25	
	腹板斜向裂缝			0.30	
	组合梁结合面			0.50	不容许贯通结合面
	横隔板与梁体端部			0.30	
	支座垫石			0.50	
预应力混凝土梁	梁体竖向裂缝			不容许	
	梁体纵向裂缝			0.20	
砖石混凝土拱	拱圈横向			0.30	裂缝高小于1/2截面高
	拱圈纵向(竖缝)			0.50	裂缝长小于1/8跨径
	拱波与拱肋结合处			0.20	
墩台	墩台帽			0.30	不容许贯通1/2墩台身截面
	墩台身	经常受侵蚀性环境水影响	有筋	0.20	
			无筋	0.30	
		常年有水,但无侵蚀性影响	有筋	0.25	
			无筋	0.35	
		干沟或季节性有水河流		0.40	
		有冻结作用部分		0.20	

注:表中所列除特指外适用于一般条件,对于潮湿和空气中含有较多腐蚀性气体等条件下的缝宽限制应要求严格一些。

③ 变形。

梁式桥变形表现为主梁纵曲线向下翘曲。拱桥变形表现为拱顶下沉、拱圈变形。横向联系对于拱桥指横系梁,对于梁式桥指横隔板。横系梁、横隔板出现裂缝、剥落、露筋现象;横系梁、横隔板与主梁或拱肋连接不牢固。

(3) 支座部分,包括支座本身、支座座板。

① 支座本身的损坏包括以下几方面,检查时针对这几方面展开工作:油毛毡支座破裂、掉落、酥烂;切线弧形支座滑动面滚动而生锈;摆式支座的混凝土摆柱剥落、露筋;支座滑动面不平整,轴承有裂纹、滚轴偏移和下降;支座螺母松动或螺栓脱落;钢辊轴支座的辊轴(或摇轴)的实际纵向位移偏大或发生横向位移;橡胶支座出现老化、变质现象。

② 支座座板的损坏包括以下几方面,检查时针对这几方面展开工作:支座座板翘起、扭曲、断裂;支座座板贴角焊缝开裂;填充砂浆裂缝;支座座板混凝土压坏、剥落、掉角。

(4) 墩台部分的检查内容包括以下几方面。

① 表面缺损:混凝土墩台剥落、露筋、圬工砌体风化、灰缝脱落。

② 裂缝:水平裂缝、竖向裂缝、网状裂缝。

③ 位移：水平位移、竖向位移(沉降)、倾斜。

(5) 基础部分的检查内容包括以下几方面。

① 砖石基础：松散、破裂。

② 桩基础：受水冲刷、侵蚀、产生剥落、露筋。

③ 浅基础：受水冲刷而淘空。

2. 桥梁缺损状况检查方法

桥梁缺损状况采用以目估为主、借助仪器量测为辅的检查方法。对于一般缺损，能用目测鉴别的就不必借助仪器量测。

1) 表面缺损检查方法

(1) 桥面铺装的龟裂、坑槽、破碎，混凝土构件的剥落、露筋均以面积计(按缺损部位外接矩形的面积计算)，并估算其可观察表面积的百分比。

(2) 伸缩缝装置、支座等构件的缺损，按目测(必要时借助简单的仪器)结合应采取的养护对策、规模判断其严重程度。

(3) 基础缺损检查，对于水下部分，首先根据墩台身的缺损来判断基础的可能缺损程度，缺损严重的，采用围堰开挖或潜水监测；缺损严重的深基础采用激光探测和振动检查方法。

2) 混凝土裂缝检查方法

对于混凝土裂缝，一般应检查裂缝的宽度、分布及数量。除裂缝宽度的检查须借助仪器外，裂缝其他项目的检查一般以目测进行。检查裂缝的宽度一般使用带刻度的放大镜(或叫读数显微镜)。检查裂缝宽度的方法如下：

(1) 在裂缝的起点和终点，用红铅笔或红油漆作与裂缝相垂直的细线。

(2) 在标明的裂缝上选择目测裂缝宽度较大处作为放置读数显微镜测量裂缝宽度的固定位置，测量裂缝的宽度。

(3) 将裂缝的位置、走向、宽度、分布情况及特征绘制成图。

(4) 在裂缝标注线附近注上检查时间，以便下次检查时观察其发展情况，利用照相机将裂缝情况及标注拍摄下来。

3) 主梁、主拱圈变形及墩(台)位移的监测方法

主梁、主拱圈变形及墩(台)位移的监测方法一般以目测为主，必要时借助钢线尺、垂球等简单仪器，并结合桥梁结构缺陷特征做定性判断。对目测认为变形及位移严重的重要桥梁，再采用精密水准仪进行详细测量。

3. 桥梁技术状况的评定

公路桥梁技术状况评定包括桥梁构件、部件、桥面系、上部构造、下部构造和全桥评定。公路桥梁技术状况评定应采用分层综合评定与5类桥梁单项控制指标相结合的方法，先对桥梁各构件进行评定，然后对桥梁各部件进行评定，再对桥面系、上部构造和下部构造分别进行评定，然后进行桥梁总体技术状况的评定。

利用数据评估办法掌握桥梁结构技术状况，再将评估结果输入资料库存储，以便为桥梁维护、管理提供依据。建立检查评估系统的目的在于使桥梁发生坍塌的可能性降至最小，早期发

现桥梁的质变,并有效控制和防止其进一步恶化,从而延长桥梁的使用寿命。桥梁总体技术状况评定等级分为1类、2类、3类、4类和5类,如表4-6所示。

表4-6 桥梁总体技术状况评定等级

技术状况评定等级	桥梁技术状况描述
1类	全新状态,功能良好
2类	有轻微缺损,对桥梁使用功能无影响
3类	有中等缺损,尚能维持正常使用功能
4类	主要构件有大的缺损,严重影响桥梁使用功能,或影响桥梁承载能力,不能保证正常使用
5类	主要构件存在严重缺损,不能正常使用,危及桥梁安全,桥梁处于危险状态

桥梁部件分为主要部件和次要部件,不同结构类型桥梁的主要部件如表4-7所示。桥梁主要部件技术状况评定标度分为1类、2类、3类、4类和5类,如表4-8所示。桥梁次要部件技术状况评定标度分为1类、2类、3类、4类,如表4-9所示。

表4-7 桥梁主要部件

结 构 类 型	主 要 部 件
梁式桥	上部承重构件、桥墩、桥台、基础、支座
板拱桥(圬工、混凝土)、肋拱桥、箱形拱桥、双曲拱桥	主拱圈、拱上结构、桥面板、桥墩、桥台、基础
钢架拱桥、桁架拱桥	钢架(桁架)拱片、横向联系、桥面板、桥墩、桥台、基础
钢-混凝土组合拱桥	拱肋、横向联系、立柱、吊杆、系杆、行车道板(辆)、支座
悬索桥	主缆、吊索、加劲梁、索塔、锚碇、桥墩、桥台、基础、支座
斜拉桥	斜拉索(包括锚具)、主梁、索塔、桥墩、桥台、基础、支座

表4-8 桥梁主要部件技术状况评定标度

技术状况评定标度	桥梁技术状况描述
1类	全新状态,功能完好
2类	功能良好,材料有局部轻度缺损或污染
3类	材料有中等缺损;或出现轻度功能性病害,但发展缓慢,尚能维持正常使用功能
4类	材料有严重缺损;或出现中等功能性病害,且发展较快;结构变形小于或等于规范值,功能明显减退
5类	材料严重缺损,出现严重的功能性病害,且有继续扩展现象;关键部位的部分材料强度达到极限,变形大于规范值,结构的强度、刚度、稳定性不能达到安全通行的要求

表 4-9 桥梁次要部件技术状况评定标度

技术状况评定标度	桥梁技术状况描述
1 类	全新状态,功能完好;或功能良好,材料有轻度缺损、污染等
2 类	有中度缺损或污染
3 类	材料有严重缺损;功能减退,进一步恶化将对主要部件产生不利影响,影响正常交通
4 类	材料有严重缺损,失去应有功能,严重影响正常交通;或原无设置,而调查需要补设

对桥梁构件的技术状况评定按不同桥型、不同结构部位分别进行评定,评定标准见《公路桥梁技术状况评定标准》(JTG/T H21—2011)。下面以混凝土梁式桥上部构造构件技术状况评定为例,介绍构件技术状况评定指标及标准。

混凝土梁式桥上部构造构件主要评定内容包括:蜂窝、麻面;剥落、掉角;空洞、孔洞;混凝土保护层厚度;钢筋锈蚀;混凝土碳化;混凝土强度;跨中挠度;结构变位;预应力构件(锚头、钢绞线、齿板等)损伤;裂缝等。各项内容的评定标准如表 4-10 至表 4-21 所示。

表 4-10 蜂窝、麻面

标度	评定标准	
	定性描述	定量描述
1	完好,无蜂窝、无麻面	—
2	较大面积蜂窝、麻面	累计面积不小于构件面积的 50%
3	大面积蜂窝、麻面	累计面积小于构件面积的 50%

表 4-11 剥落、掉角

标度	评定标准	
	定性描述	定量描述
1	完好,无剥落、无掉角	—
2	局部混凝土剥落或掉角	累计面积不大于构件面积的 5%,或单处面积不大于 0.5 m²
3	较大范围混凝土剥落或掉角	累计面积大于构件面积的 5% 且小于构件面积的 10%,或单处面积大于 0.5 m² 且小于 1.0 m²
4	大范围混凝土剥落或掉角	累计面积大于构件面积的 10%,或单处面积不小于 1.0 m²

表 4-12 空洞、孔洞

标度	评定标准	
	定性描述	定量描述
1	完好,无空洞、无孔洞	—
2	局部混凝土空洞、孔洞	累计面积不大于构件面积的 5%,或单处面积不大于 0.5 m²

续表

标度	评定标准	
	定性描述	定量描述
3	较大范围混凝土空洞、孔洞	累计面积大于构件面积的5%且小于构件面积的10%,或单处面积大于0.5 m²且小于1.0 m²
4	大范围混凝土空洞、孔洞	累计面积大于构件面积的10%,或单处面积不小于1.0 m²

表4-13 混凝土保护层厚度

标度	评定标准(定性描述)
1	完好
2	承重构件混凝土保护层厚度符合要求,对钢筋耐久性有轻度影响
3	承重构件混凝土保护层厚度不足,对钢筋耐久性有较大影响,造成钢筋锈蚀
4	承重构件混凝土保护层厚度严重不足,对钢筋耐久性有很大影响,钢筋失去碱性保护,发生较严重锈蚀

表4-14 钢筋锈蚀

标度	评定标准	
	定性描述	定量描述
1	完好	承重构件钢筋锈蚀电位水平为$-200\sim0$ mV,或电阻率为20 000 $\Omega\cdot cm$
2	承重构件有轻微锈蚀现象	承重构件钢筋锈蚀电位水平为$-300\sim-200$ mV,或电阻率为15 000$\sim$200 000 $\Omega\cdot cm$
3	承重构件钢筋发生锈蚀,混凝土表面有沿钢筋的裂缝或混凝土表面有锈迹	承重构件钢筋锈蚀电位水平为$-400\sim-300$ mV,或电阻率为10 000$\sim$15 000 $\Omega\cdot cm$
4	承重构件钢筋锈蚀引起混凝土剥落,钢筋裸露,表面膨胀性锈蚀显著	承重构件钢筋锈蚀电位水平为$-500\sim-400$ mV,或电阻率为5 000$\sim$10 000 $\Omega\cdot cm$
5	承重构件大量钢筋锈蚀引起混凝土剥落,部分钢筋屈服或锈断,混凝土表面严重开裂,影响结构安全	承重构件钢筋锈蚀电位水平小于-500 mV,或电阻率小于5 000 $\Omega\cdot cm$

表4-15 混凝土碳化

标度	评定标准(定性描述)
1	完好
2	承重构件有轻微碳化现象,且所有碳化深度均小于混凝土保护层厚度
3	承重构件的主要受力部位部分位置出现碳化现象,局部碳化深度大于混凝土保护层厚度,混凝土表面少量胶凝料松散、粉化
4	承重构件的主要受力部位全部测点碳化且碳化深度大于混凝土保护层厚度,混凝土表面胶凝料大量松散、粉化

表 4-16　混凝土强度

标度	评定标准	
	定性描述	定量描述
1	承重构件混凝土强度处于良好状态	承重构件混凝土推定强度均质系数 $K_{bt} \geqslant 0.95$，平均强度均质系数 $K_{bm} \geqslant 1.00$
2	承重构件混凝土强度处于较好状态	承重构件混凝土推定强度均质系数 $0.90 \leqslant K_{bt} < 0.95$，平均强度均质系数 $K_{bm} \geqslant 0.95$
3	承重构件混凝土强度处于较差状态，造成承重构件出现缺损现象	承重构件混凝土推定强度均质系数 $0.80 \leqslant K_{bt} < 0.90$，平均强度均质系数 $K_{bm} \geqslant 0.90$
4	承重构件混凝土强度处于很差状态，造成承重构件出现严重缺损或变形现象	承重构件混凝土推定强度均质系数 $0.70 \leqslant K_{bt} < 0.80$，平均强度均质系数 $K_{bm} \geqslant 0.85$
5	承重构件混凝土强度处于非常差的状态，造成承重构件出现严重的变形、位移、失稳等现象，显著影响承载力和行车安全	承重构件混凝土推定强度均质系数 $K_{bt} < 0.70$，平均强度均质系数 $K_{bm} < 0.85$

表 4-17　跨中挠度

标度	评定标准	
	定性描述	定量描述
1	完好	—
2	较好，梁体无明显变形	—
3	出现明显下挠，挠度小于限值，或个别构件出现弯曲变形，行车稍感振动或摇晃	跨中最大挠度不大于计算跨径的 1/1 000；悬臂端最大挠度不大于悬臂长度的 1/500
4	出现显著下挠，挠度接近限值，或构件存在明显的永久变形，变形小于或等于规范值，梁板出现较严重病害	跨中最大挠度大于计算跨径的 1/1 000 且小于或等于计算跨径的 1/600；悬臂端最大挠度大于悬臂长度的 1/500 且小于或等于悬臂长度的 1/300
5	挠度或其他变形大于限值，造成结构出现明显的永久变形，梁板出现严重病害，显著影响承载力和行车安全	跨中最大挠度大于计算跨径的 1/600；悬臂端最大挠度大于悬臂长度的 1/300

表 4-18　结构变位

标度	评定标准（定性描述）
1	完好
2	较好，结构无明显位移

续表

标度	评定标准(定性描述)
3	横向连接件松动,纵向接缝开裂较大
4	边梁有横移或外倾现象,行车振动或摇晃明显,有异响
5	构件有严重的横向位移,存在失稳现象,结构振动或摇晃显著

表4-19 预应力构件损伤

标度	评定标准(定性描述)
1	完好
2	锚头、钢绞线等无明显缺陷
3	钢绞线裸露,出现轻微断丝现象,或锚头出现开裂等现象,或齿板位置处出现裂缝,裂缝缝宽未超限
4	部分钢绞线断裂或失效,或锚头开裂较严重但未完全失效,或齿板位置处裂缝严重,裂缝缝宽超限
5	预应力钢绞线大量断裂,预应力损耗严重,或锚头损坏、失效,梁板出现严重变形

表4-20 简支梁(板)桥、刚架桥裂缝

标度	评定标准	
	定性描述	定量描述
1	完好	—
2	局部出现网状裂缝,或主梁出现少量较微裂缝,裂缝缝宽未超限	网状裂缝累计面积不大于构件面积的20%,单处面积小于1.0 m²,或主梁裂缝缝长不大于截面尺寸的1/3
3	出现大面积网状裂缝,或主梁出现较多横向裂缝(钢筋混凝土梁、板),或顺主筋方向出现纵向裂缝,或出现斜裂缝、水平裂缝、竖向裂缝等,裂缝缝宽未超限	网状裂缝累计面积大于构件面积的20%,单处面积大于1.0 m²,或主梁裂缝缝长大于截面尺寸的1/3且小于或等于截面尺寸的2/3
4	主梁控制截面出现较多横向裂缝(钢筋混凝土梁、板),或顺主筋方向出现严重纵向裂缝并伴有钢筋锈蚀等,或出现斜裂缝、水平裂缝、竖向裂缝等,裂缝缝宽超限	主梁裂缝缝宽大于截面尺寸的2/3,间距小于20 cm
5	主梁控制截面出现大量结构性裂缝,裂缝大多贯通,且裂缝缝宽超限,主梁出现变形	主梁裂缝缝宽大于1.0 mm,间距不大于10 cm

表 4-21　连续梁桥、连续刚构桥、悬臂梁桥和 T 形刚构桥裂缝

标度	评定标准	
	定 性 描 述	定 量 描 述
1	无裂缝	—
2	局部出现网状裂缝,或主梁出现少量轻微裂缝,裂缝缝宽未超限	网状裂缝累计面积不大于构件面积的 20%,单处面积不大于 1.0 m²,或主梁裂缝缝长不大于截面尺寸的 1/3
3	出现大面积网状裂缝,或主梁出现较多横向裂缝(钢筋混凝土梁、板),或顺主筋方向出现纵向裂缝,或出现斜裂缝、水平裂缝、竖向裂缝等,裂缝缝宽未超限	网状裂缝累计面积大于构件面积的 20%,单处面积大于 1.0 m²,或主梁裂缝缝长大于截面尺寸的 1/3 且小于或等于截面尺寸的 1/2
4	主梁控制截面出现较多横向裂缝(钢筋混凝土梁、板),或顺主筋方向出现严重纵向裂缝并伴有钢筋锈蚀等现象,或出现斜裂缝、水平裂缝、竖向裂缝等,裂缝缝宽超限	主梁裂缝缝宽大于截面尺寸的 1/2,间距小于 30 cm
5	主梁控制截面出现大量结构性裂缝,裂缝大多贯通,且裂缝缝宽超限,主梁出现变形现象	主梁裂缝缝宽大于 1.0 mm,间距不大于 20 cm

三、桥梁承载能力荷载试验评定

1. 概述

桥梁荷载试验的目的与桥梁承载能力的检算目的不同。荷载试验是直接通过加载来评定桥梁承载能力的方法和手段。组织桥梁荷载试验,主要目的是检验桥梁整体受力性能,确定承载力是否达到规范及使用的要求。

如桥梁是采用新工艺、新材料或新体系设计及施工的,则应通过荷载试验,验证其设计计算和设计方法的正确性、可靠性,完善结构分析理论,积累技术资料。

对于旧桥,通过荷载试验可以评定其当前的运营荷载等级、桥梁的健康状况以及退化程度,为养护提供科学依据。

荷载试验是一种工程检验性试验,它要求将试验荷载(或称鉴定荷载)施加在桥梁结构的指定位置上,利用各种测量手段测定结构的响应,以最终对结构的承载能力界限和正常使用能力做出鉴定。图 4-12 所示为桥梁承载能力试验评定框图。

2. 荷载试验评定方法

通过荷载试验,对桥梁结构工作状况、强度和稳定性、刚度和抗裂性等各项指标的综合评定,结合对下部构造、地基与基础工作状况等的评定,综合评定桥梁承载能力。根据相关规定,利用荷载试验评定城市桥梁结构的实际承载能力包括下述内容:

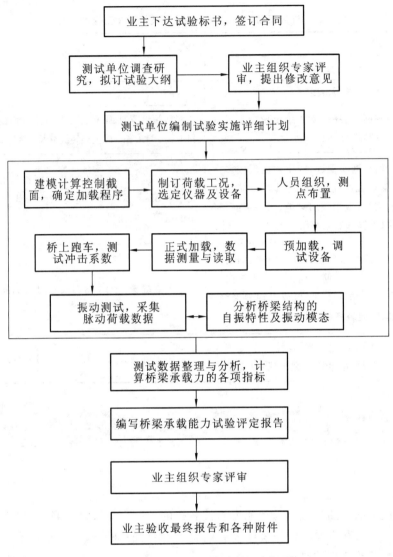

图 4-12 桥梁承载能力试验评定框图

1) 结构工作状况

结构校验系数是评定结构工作状况、确定桥梁承载能力的一个重要指标。不同结构形式的桥梁的结构校验系数一般不相同。表 4-22 所示为桥梁结构校验系数表。

表 4-22 桥梁结构校验系数表

桥梁类型	应变(或应力)校验系数	挠度校验系数	桥梁类型	应变(或应力)校验系数	挠度校验系数
钢筋混凝土板桥	0.20~0.40	0.2~0.50	预应力混凝土桥	0.60~0.90	0.70~1.00
钢筋混凝土梁桥	0.40~0.80	0.5~0.90	圬工拱桥	0.70~1.00	0.80~1.00

一般要求系数值不大于1,系数值越小,结构的安全储备越大,系数值过大或过小都应该从

多方面分析原因,例如系数值过大可能是由于组成结构的材料强度较低,结构各部分连接性较差、刚度较低等;系数值过小可能是由于材料的实际强度及弹性模量较高、梁桥的混凝土桥面铺装及人行道等参与主梁共同受力、拱桥的拱上建筑与主拱圈共同作用、支座摩阻力对结构受力产生有利影响、计算理论或简化的计算图式偏于安全等。此外试验加载物的称量误差、仪表的观测误差等也对系数值有一定影响。

2)结构强度和稳定性

可采用荷载试验主要挠度测点的校验系数来评定结构强度和稳定性。系数值详细的计算办法可参见《公路旧桥承载能力鉴定方法(试行)》。表4-23所示为荷载试验的桥梁检算系数Z_2值。

表4-23 荷载试验的桥梁检算系数 Z_2 值

挠度校验系数	Z_2	挠度校验系数	Z_2
0.4及以下	1.20~1.30	0.8	1.00~1.10
0.5	1.15~1.25	0.9	0.97~1.07
0.6	1.10~1.20	1.0	0.95~1.05
0.7	1.05~1.15		

注:系数值可取高限,否则应酌减,直到取低限;系数值应经校核确保计算及实测无误;系数值在表列之间时可内插;系数值大于1时应查明原因,如果结构本身强度不够,则应适当降低检算承载能力。

3)结构的刚度评定

在试验荷载作用下,主要测点的挠度校验系数值应不大于1。各测点的竖向挠度限值,在没有其他依据的情况下,可参考设计规范中的规定允许值,或参考表4-24所列值。

表4-24 挠度限值表

结构类别与部位		容许最大挠度
钢筋混凝土梁 预应力混凝土梁	主梁跨中	$L/600$
	主梁悬臂端	$L_1/300$
	桁架或拱跨中	$L/800$
圬工拱桥	跨中	$L/1\,000$
简支或连续钢桁架	跨中	$L/800$
简支或连续钢板梁	跨中	$L/600$

其中:

① L 分别为简支梁、桁架、拱和斜拉桥的中跨计算跨径,L_1 为悬臂端长度;

② 试验荷载作用下,如一个桥跨范围内有正负挠度,则上述允许值为正、负挠度的最大绝对值之和的限值。

4)抗裂性评定

对于新桥,在试验荷载作用下的全预应力混凝土结构不应出现裂缝。对于旧桥,试验荷载作用下绝大部分裂缝缝宽应不大于规定的容许值,荷载试验后的所有裂缝缝宽也应不大于所规定的容许值。

5) 地基与基础

当试验荷载作用下墩台沉降、水平位移及倾角均较小,符合上部结构检算要求,卸载后变位基本回复时,认为地基与基础在检算荷载作用下能正常工作。当在试验荷载作用下墩台沉降、水平位移、倾角较大或不稳定,卸载后变位不能回复时,应进一步对地基、基础进行检查和检算,必要时应对地基、基础进行加固处理。

3. 荷载试验项目

荷载试验项目是指荷载试验的测试内容,以及通过荷载试验所要确定的表征结构性能的技术指标。试验项目按荷载性质可分为静载试验和动载试验,一般以静载试验为主。

静载试验是指将选定的试验荷载静止放置或用试验车缓慢驶入桥梁的预定位置静置,进行有关测试项目的数据提取,以较全面地分析、掌握结构在静荷载作用下的实际工作状态。图4-13所示为静载试验现场图。

(a) 静载试验加载车一

(b) 静载试验加载车二

(c) 信号采集

(d) 静载试验车

图4-13 静载试验现场图

动载试验则安排跑车试验测定冲击系数,用车辆制动试验测定桥梁承受纵向水平力的性能。振动测试一般是指在突加荷载情况下,采集桥梁结构在动荷载作用下的响应,据此计算结构的自振频率、振型及结构阻尼等动力特性数据,并可定期监测结构状态有无异常变化。图4-14所示为动载试验信号采集现场图。

4. 桥梁荷载试验准备工作

1) 试验前的调查与检算分析

桥梁结构的荷载试验规模大、费时、耗资,因此在试验前,应对其必要性和可行性做充分的

图 4-14 动载试验信号采集现场图

论证,并进行深入的调查及检查工作。

(1) 收集设计与施工资料:为了试验荷载的设计、测点布置及测试数据的对比分析,需收集桥跨结构的总体和各截面的几何尺寸、标高,设计荷载等级、行车道标准,支座和墩台位置的标高及材料的物理、力学性能等。此外,施工方法、实际结构尺寸、标高,以及施工时材料试验数据,尤其是混凝土的强度增长数据、弹性模量数据、荷载试验时混凝土龄期等也均须收集,历年的加固、维修资料也是极其重要的。

(2) 实桥调查:查明结构物的实际技术状况,如结构的总体尺寸、构件截面尺寸、各部分的高程、行车道路面的平整度、材料的实际物理和力学性能等;查明上下部结构物的裂缝、缺陷、损坏和钢筋锈蚀状况,在试验过程中随时注意观察其变化;调查支座的锈蚀和损害状况。

(3) 桥址调查:内容包括桥上和两端道路的技术情况,道路容许车速、桥下净空、水深和通航情况、道路交通量、供电情况,可能选择的加载方式,有无标准荷载车辆等,以及当地气象条件,从中选择气温稳定时间,以便将温度影响降到最小。

对结构进行全面资料调查和检查之后,试验前必须按照结构的实际状况重新进行计算和分析。一般有静力和动力分析两部分内容,主要有:

通过精细分析,建立一个能够正确反映结构实际工作状态的力学模型,以便能正确判断各项试验结果的合理性和可靠性。对于原结构采用平面分析的设计计算结果,应当通过空间计算模型的建立,来重新加以计算,以保证测试结构的精度;计算在试验荷载作用下,各控制截面的变形等,并根据实际结构损伤考虑对力学模型进行必要的校正和完善;计算结构的动力响应程度。

2) 试验方案

承担测试的单位在试验前根据检算结果必须向业主提出详细的试验计划方案,供业主组织专家评审后修改。试验大纲的主要内容如下。

试验要求:目的、类型、项目和依据的标准。

试验结构的技术资料:原有的设计、计算资料,施工的基本资料,结构现状(包括存在的问题和缺陷)资料,理论检算数据,确定测试项目、测试方法。

加载方案:根据桥梁结构分析程序(或结构力学方法)计算的待测截面内力、挠度及变形的影响线,布置试验荷载,确定试验荷载效率,并画出纵横向加载示意图和荷载特征参数表。

观测方案:确定测点布置、测量方法、所用仪器及支架布置,并附测点布置图。

试验程序:加、卸载程序,试验终止条件,确定试验荷载工况,编制加载程序和时间安排表。

试验筹备工作：材料和仪器设备数量、费用、进度时间表和试验日期，试验记录格式。

试验人员的组织和分工：确定总指挥和各部分人员的明确职责，并相互保持良好的联络。

安全措施：包括试验期间人身、结构物、试验加载设备和仪器设备等的安全措施。

3) 控制截面的确定

为了保证荷载试验效果，必须先确定试验的控制荷载。鉴定桥梁承载能力的荷载有三种，即汽车和人群（标准荷载）、平板挂车或履带车（标准荷载）、需通行的重型车辆。试验前分别检算以上几种荷载对控制截面产生的最不利的内力，用产生最不利内力较大的组合荷载作为静载试验的控制荷载。动载试验以汽车荷载作为控制荷载。

荷载试验应尽量采用与控制荷载相同的荷载。受客观条件的限制，实际采用的试验荷载与控制荷载会有所不同，为保证试验效果，在选择试验荷载大小和加载位置方面，可采用静载试验效率系数、动载试验效率系数最不利工作条件布置荷载。一般的静载试验，系数值可取 0.8～1.05，动载系数值可取 1.0。

具体实施时，宜选定一至两个主要内力控制截面，并根据桥梁具体情况再设置几个附加内力控制截面。表 4-25 所示为静载试验测试控制截面及测试内容。

表 4-25　静载试验测试控制截面及测试内容

桥梁类型	主要控制截面及测试内容	附加测试内容
简支梁桥	跨中挠度 跨中截面正应变（应力） 支点沉降	
连续梁桥	跨中挠度 跨中和支点截面的正应变（应力） 支点沉降 截面转角	跨径 1/4 处的挠度和截面应变 边跨 3/8 跨截面 支点斜面应力
悬臂梁桥 （T形钢构）	悬臂端部挠度 悬臂根部或支点截面的应力（正应力）和转角 墩顶的变位（水平与垂直位移、转角） T形钢构墩身控制截面的应力	悬臂跨中挠度 牛腿部分的局部应力
拱桥（拱梁组合体系桥）	跨中、1/4 跨和 3/8 跨处截面的挠度、应力 拱顶、1/4 跨、拱脚截面的应变 墩台顶面变位和转角	跨径 1/8 处截面的挠度和应力 拱上建筑控制截面的应力
刚架桥 （斜腿刚架）	跨中截面的挠度和应力 刚架肩部或梁腿结合部附近截面的应力、变位和转角 墩台顶面的变位和转角 柱脚截面的应力、变位和转角	刚架悬出端的变形 支座沉降

4) 测点布设

测点不宜太多,但要保证观测质量。一般测点布设(见图4-15)应遵从下列要求:

在布设的应力应变测点应能测出内力控制截面的竖向、横向应力分布状态。对组合构件应测出组合构件的结合面上下缘应变。每个截面的竖向测点沿截面高度应不少于五个,包括上下缘和截面突变处,以能说明平截面假定是否成立。横向截面抗弯应变测点应在截横桥向面应力可能分布较大的部位沿截面上下缘布设,横桥向测点一般不少于三个,以控制最大应力的分布,宽翼缘构件应能给出剪力滞后效应的大小。

钢筋混凝土或预应力混凝土T形梁桥跨中的正应变测点应对称地布置在肋板底边两点,以读取其平均值。对于箱形断面,顶板和底板的测点应布设"＋"应变花,而腹板测点应布设45°应变花;城市钢桥,如为钢板梁结构则应全断面布置测点,测点数量以能测出应力分布为原则;钢桁梁桥则应测出杆件的轴向力和次应力;城市桥梁中,如结构的横向连接系构件质量较差或横向连接较弱时,则必须测定控制断面的横向应力增大系数。简支梁跨中截面横向应力增大系数,既可采用观测跨中沿桥宽方向应变变化的方法,也可采用观测跨中沿桥宽方向挠度变化的方法来进行计算或用两种方法互校;钢筋混凝土或预应力混凝土连续梁的顶面,由于被铺装层所覆盖,负弯矩控制截面上的受拉正应变不易测量,可测量下缘混凝土的受压应变。

挠度测量的截面应与跨内弯矩控制截面一致,并可在该截面的各片梁肋下酌情布置测点,以测量竖向挠度、侧向挠度和扭转角。若要测量桥跨结构的挠曲线,则应沿跨度方向布置3~5个测点。为消除支座变形影响,测量挠度时应在结构的支点处布置测点。

图4-15　测点布设

5) 加载设备与仪器

荷载试验加载设备可根据加载要求及具体备件选用,一般有以下几种加载设备。

(1) 汽车车辆:选用装载重物的汽车或平板车,也可就近利用施工机械车辆。当试验所用的车辆规格不符合设计标准车辆荷载图式时,可根据桥梁设计控制截面的内力影响线,换算为等效的试验车辆荷载。车辆荷载可用于静载,也可通过跑车作为冲击动荷载。

(2) 重物直接加载:对于静载部分,一般可按设计试验荷载的着地轮迹先搭设承载架,再通过在承载架上堆放重物或设置水箱的方法加载。宜在夜间进行重物直接加载试验,并应严格避免加载系统参与结构的作用。对于动载部分,可用落锤激振器或枕木直接坠落桥面,也可采用自动脱钩装置或剪断绳索的方式,使重物荷载或预加脱离桥梁,以激发结构振动。

荷载试验需要测量的参数是多种多样的,有外力(如支座反力、索力等)、变形(如挠度、转角、几何变形等)、裂缝(开展过程、开裂宽度)、结构振动特性(速度、加速度等)以及试验时的温度、湿度、风力等。应根据测试项目选用测试仪器,表4-26列出了荷载试验常用测试仪器。测试仪器的精度要求是:静载测定时不应大于预定计量测值的5%,动载测定时应不大于预定计量测值的10%。

表 4-26　荷载试验常用测试仪器

测量项目	基本仪器	说　　明
应变	千分表 杠杆应变仪 手持应变仪 电阻应变仪	电阻应变仪简单实用,数据采集自动化,应用较广
位移或挠度	电阻应变式位移计 百分表和千分表 挠度计 精密水准仪、经纬仪、全站仪等	
倾角	水准式倾角仪	用于测量梁端倾角
裂缝	裂纹观测计 杠杆应变仪 塞尺 读数显微镜 千分表引伸仪	加载试验前,应通过检查,对已出现的裂缝进行详细的记录并绘制裂缝分布和展开图
速度与加速度	磁电式速度传感器 压电式加速度传感器 信号放大器 动态电阻应变仪 记录仪	通过测量速度和加速度,间接得到频率、冲击系数等
索力	测振仪	利用拉索固有频率推求索力

6)试验的其他准备工作

荷载试验的其他准备工作一般指试验现场的各项准备工作。

(1)工作脚手架及检测支架的搭设:脚手架和检测支架应分开互不影响,应具备足够的强度、刚度和稳定性。桥头或桥下可搭建帐篷,安放数据采集仪器。

(2)加载位置放样和卸载位置安排:由计算确定的加载轮位应事先在桥面上进行放样,可用不同颜色的标志来区别不同加载工况的荷载位置。卸载的试验荷载也应预先安排安放位置。

(3)交通管制及安全设置:通过当地交警部门进行交通管制和交通安全组织,并采用媒体等方式提前通知驾驶员,确保交通安全。

(4)供电和通信保障:保障临时电源有效和安全,根据现场情况,采取有效的通信方式,保障试验有序进行。

(5)试验荷载的租用与称重:如将车辆作为试验荷载,应提前预约租用汽车并确定加载重物,按试验要求对车型号、轴距和轴重等参数进行测试并调整配重。

(6) 试验人员组织及分工:荷载试验各试验人员的职责与工作程序应提前确定好。

5．加载测试工作

1) 预加载

所有的测量仪表安装调试完毕后,应通过专门的复查与验收。在正式试验之前,尚须对结构进行 2～3 次预加载试验。预加载试验的目的有两个:一是通过预加载使结构进入正常工作状态,消除结构非弹性变形,这对混凝土结构尤为重要;二是检验所有测量仪表和测试设备是否完好及符合试验要求,人员组织是否完善、操作是否熟练等。预加载值不应大于设计荷载和开裂荷载。一般可分 2～3 级加至设计荷载。预加载循环次数,须根据结构的实际弹性工作情况而定,若结构工作弹性及回零状况良好,则预加载 1～2 次便可正式进入试验。

2) 静载加载分级与控制

为了加载安全和了解结构应变、变位随加载内力增加的变化关系,对桥梁主要控制截面内力的加载应分级进行,而且一般宜安排在开始的几个加载程序中进行。附加控制截面一般只设置最大内力加载程序。

当加载分级较为方便时,可将最大控制截面荷载分 4～5 级。基本荷载(等于或接近设计荷载)一般分为 4 级;超过基本荷载部分,其每级加载量比基本荷载的加载量小 1/2。安排加载分级时,应注意加载过程中其他截面内力也会逐渐增大,且最大内力不应超过控制荷载作用下的最不利内力。最好每级加载后卸载,也可逐级加载达到最大荷载后逐级卸载。

3) 加载过程的观察

加载过程中应指定专人随时观察结构各部位可能产生的新裂缝,注意观察构件薄弱部位是否有开裂、破损,组合构件的结合是否有开裂、错位,支座附近混凝土是否开裂,横隔板的接头是否拉裂,结构是否产生不正常的响声,加载时墩台是否发生摇晃等现象。如有情况则应立即报告试验指挥人员,以便采取相应的措施。

加载试验中裂缝观测重点应放在结构承受拉力较大的部位及原有裂缝较长、较宽的部位。在这些部位应测量裂缝长度、宽度,并直接在混凝土表面沿裂缝走向进行描绘记录。加载至最不利荷载及卸载后应对结构裂缝进行全面检查,尤其应仔细检查是否产生新的裂缝,并将最后检查结果填入裂缝观测记录表并绘制裂缝展开图。

4) 温度影响

为了减少温度变化对试验造成的影响,加载试验时间以晚 10 时至晨 6 时近乎恒温的条件下进行为宜。对于采用车辆等加卸载迅速的试验方式,如夜间试验照明等有困难时也可安排在白天进行试验,但在晴天或多云的天气下进行加载试验时每一加卸载周期所花费的时间不宜超过 20 min。

5) 终止加载控制条件

有下列情况应中途终止加载:

(1) 控制测点应力值已达到或超过用弹性理论或按规范安全条件计算的控制应力值时;

(2) 控制测点变位(或挠度)超过规范允许值时;

(3) 由于加载,结构裂缝的长度、宽度急剧增大,新裂缝大量出现,缝宽超过允许值的裂缝大

量增多,对结构使用寿命造成较大的影响时;

(4) 拱桥加载时沿跨长方向的实测挠曲线分布规律与计算值相差过大或实测挠度超过计算值过多时;

(5) 发生其他损坏,影响桥梁承载能力或正常使用时。

6. 试验结果整理与提交

1) 试验结果修正与分析

通过荷载试验得到的原始数据和图像是描述荷载试验的重要资料,由于这些资料数量庞大且不直观,不能直接用来评定桥梁承载能力,必须对它们进行处理、分析和整理,以便得出能直接进行桥梁结构承载能力评定的指标。试验结果的修正包括:

(1) 测试值修正。

试验所用的各类测量仪表相对于测试值均应有足够可靠的精确度。这样便可根据各类仪表的标定结果对各测点的测试值进行修正。这其中包括仪表的校正系数、电测仪表的审定系数与灵敏系数、电阻应变观测的导线电阻影响等。

(2) 温度影响修正。

温度对测试结果的影响比较复杂。结构构件部位的不同温度变化、结构的受力特性测试仪表或元件的温度变化、电测元件的温度敏感性与自补性等均对测试精度造成一定影响。根据相关规定,应在机械试验前不少于24小时的时间内测出一昼夜的测点测读值与温度变化关系,从而得出被测点测读数值的温度修正系数(温度变化率)。

(3) 支点沉降影响的修正。

当支点沉降量较大时,应对其挠度的测试值进行修正。

2) 荷载试验报告提交

荷载试验结束后,应及时整理试验资料并分析结构的工作状况,评定桥梁的承载能力,编写桥梁承载能力鉴定报告,填写桥梁承载能力鉴定表,作为新建桥梁的验收或旧桥承载力鉴定检算的依据。以下为荷载试验单位向业主提交的桥梁承载能力试验评定报告的主要内容。

(1) 桥梁概况。简要介绍被试验鉴定桥梁的结构形式、构造特点、施工概况,如为旧桥,则应说明旧桥的外观和各部分的技术状况、该桥在设计与施工中存在的问题和对桥梁使用的影响等。

(2) 试验目的。根据试验对象的特点,要有针对性地说明结构静载试验所要达到的目的和要求。

(3) 试验方案。按要求说明主要内容。

(4) 试验过程。说明具体组织桥梁静载试验的起讫日期,试验准备阶段的情况,整个试验阶段的特殊问题及其解决办法,试验加载控制情况等。

(5) 试验成果整理与分析。结构检算是指对实际结构建立模型进行模拟分析,其计算结果用于检查原设计计算,并用于荷载试验结果的对比参照。结合结构检算结果,通过修正与整理静(动)载试验项目的结果数据,得到相关的重点数据和曲线,并分析和对比理论计算值、实测值及有关的参考限值,论述理论与实际的符合程度,判断数据的正确性。

(6) 结构承载能力评定。根据试验及其分析数据,评定桥梁结构所具有的实际承载能力,包括强度、稳定性、刚度、抗裂性能、动力特性等指标。

（7）总结。从桥梁荷载试验的角度，指出本次试验的计划、测试方法所存在的不足并提出改进意见。根据综合分析的结果得出最后的承载能力鉴定结论，同时根据存在的问题，提出桥梁管理养护及相应的维修建议。除正式报告文本外，测试单位还应递交相应的附件、图表、照片和录像，列出参加试验的单位和人员，并有负责人签字，以及上述信息资料的电子文档。

3）荷载试验报告评审和验收

主管部门（业主）在收到试验单位递交的桥梁承载能力试验和评定报告后，应及时组织评审，进行验收。评审的主要方面有：

（1）试验方案及大纲的可行性和完善度；
（2）测试方法及手段的合理性；
（3）测试前检算的正确性，包括模型的建立、程序的使用和检算结果的分析；
（4）试验结果分析方法的科学性和逻辑性；
（5）桥梁承载能力评定结论的可靠性；
（6）原始试验记录资料、文档的完整性。

业主在评审结束后应拟订验收和桥梁承载能力鉴定意见，经各方签署后上报。

任务 3 桥面系及支座养护技术

　　桥梁结构的上部结构是直接承受车辆荷载的部位，也是最容易产生病害的部位，为保障车辆通行安全，延长结构使用寿命，必须进行及时和正确的养护，对出现的病害进行维修或采取加固措施。上部结构包括桥面构造、主梁两部分，主梁作为主要承重构件，是结构安全性和承载能力的保障，耐久性和安全度较高。城市桥梁的桥面构造包括桥面铺装、伸缩装置、防排水设施、栏杆及防撞墙等。

　　桥面系各组成部分的使用性能，直接影响到城市桥梁的服务质量（包括交通车辆行驶的安全性、舒适性等）。多年的使用经验表明，桥面系是桥梁结构使用中养护、维修最频繁的部位，也是桥梁结构早期病害和损伤的多发部位。因此，详细了解桥面系的病害与损伤（分析其产生的原因）及其对桥梁结构使用性能的影响，对城市桥梁的日常养护、维修及管理都具有切实的意义。支座是连接上部结构和下部墩台的重要组成部分，其主要作用是传递荷载，同时满足桥梁结构变形的需要。

一、栏杆与防撞墙

1. 栏杆与防撞墙的病害、损伤

桥梁上的栏杆与防撞墙属桥面系的安全设施，栏杆与防撞墙必须保证牢固可靠，确保其能够发挥正常的使用功能。目前，城市桥梁中主要使用的防护设施有钢筋混凝土栏杆、钢栏杆以及钢筋混凝土防撞墙。栏杆与防撞墙的主要病害、损伤及其产生的原因如表 4-27 所示。

表 4-27 栏杆与防撞墙的主要病害、损伤及其产生的原因

种　　类	病害、损伤	主　要　原　因	对使用性能的影响
钢筋混凝土栏杆	混凝土表面蜂窝、麻面 混凝土开裂、剥落 钢筋锈蚀 桥梁与引道连接处损坏 栏杆不顺直	施工质量不好 混凝土碳化 交通荷载，撞击 雨水侵蚀 保护层不足	影响栏杆的使用寿命 降低行车的安全性 降低栏杆的耐久性 影响行车的视距
钢栏杆	涂装层油漆脱落 擦伤、划痕、破损 钢栏杆锈蚀 栏杆变形 连接螺栓松动或丢失 焊缝破损 焊缝锈蚀、脱焊	油漆老化 交通车辆撞击 油漆脱落 雨水侵蚀 不同金属接触产生电流作用 受温度影响而产生胀缩 构件疲劳	失去保护作用，加速钢材锈蚀 降低行车的安全性 降低结构的耐久性 影响栏杆美观及耐久性
防撞墙	预制(后浇)构件锚固失效 混凝土开裂、剥落、严重损伤 预制(后浇)构件扭转 露筋	锚固不牢或车辆撞击 混凝土碳化 车辆撞击 保护层不足	降低行车安全性 雨水渗入侵蚀桥面板 影响耐久性 影响车辆正常通行

2. 栏杆与防撞墙的养护

栏杆与防撞墙的养护(见图 4-16)主要包括如下内容。
(1) 保证路缘石和连接的板或梁工作状态良好，必须对立柱起有效的支撑作用。
(2) 检查栏杆中松动或丢失的连接件，焊缝是否破损。
(3) 栏杆涂装层破损严重的部位，应及时重刷油漆，以保证栏杆使用的耐久性。
(4) 保证栏杆表层涂层厚度，以免栏杆锈蚀。
(5) 保持桥梁栏杆与引道栏杆之间的顺直，不影响交通车辆的行驶。
(6) 伸缩缝处的栏杆或护栏维修后，应断开并留有与梁体相等的伸缩量，以满足桥梁随温度变化的位移，不得将套筒焊死。
(7) 校正防撞墙由于撞击引起的转动，修补损伤。
(8) 及时对预制防撞墙构件锚固失效的部位进行加固。

3. 栏杆与防撞墙的修补

通过检查，发现栏杆与防撞墙出现异常情况，应及时予以修复或调整、更换，主要的工作内容如下。
(1) 表面金属或非金属防护层损坏时，应及时修补。反光膜脱落，随时补贴。
(2) 涂料性能应符合设计要求，表面涂层应均匀、不漏刷、不流淌。

(a) 栏杆锈蚀

(b) 栏杆养护

(c) 防撞墙养护

(d) 防撞墙现状

图 4-16　栏杆与防撞墙养护

(3) 对于由于交通事故或自然灾害而造成的护栏缺损或变形,应及时修复或更换,锈蚀严重的金属护栏应予以更换。

(4) 由于标高调整,原护栏高度不符合规定时,应对护栏的高度予以调整。

(5) 伸缩缝处的栏杆维修后应满足桥梁随温度变化的位移,不得将套筒焊死。

(6) 对交通安全威胁比较大、不能及时按原样修复的损坏部位,宜采用应急材料临时修复。

(7) 油漆是保证金属栏杆正常工作、延长其使用寿命的重要措施。栏杆表面油漆损坏除应及时用速干油漆修补外,还应定期重新涂漆。重新涂漆的周期可根据当地气候特点、栏杆褪色程度、油漆质量而定,一般每隔 1~2 年重新涂漆一次。对于交通量大的路段上的栏杆及容易受有害气体、盐等腐蚀的栏杆,涂漆的周期应相应缩短。钢栏杆在涂漆前应将铁锈完全打磨干净,对其埋入地下部分适当进行覆膜处理。

(8) 应经常检查栏杆标柱有无歪斜、变形、缺少、损坏,栏杆标柱的油漆是否剥落、褪色等;应经常保持标柱表面清洁。如标柱倾斜或松动,则应予以固定;如标柱已变形、损坏或缺失,则应尽快修复或更换。

(9) 防撞墙露筋修补。

防撞墙露筋是常见的病害,一般修补施工步骤如下:

① 用钢凿凿除露筋附近的混凝土,直至露出新鲜创面;

② 用钢丝刷刷除钢筋表面的锈蚀部分;

③ 用丙酮洗刷钢筋;

④ 涂刷界面剂;

⑤ 调制混凝土砂浆,材料有水泥(500♯)、黄沙(特细沙)、107 胶水等;

⑥ 可依次涂刷,也可分层涂刷,分层涂刷间隔时间不超过 15 min;
⑦ 湿润养护 2 h,每间隔 10 min 浇一次水。

(10) 防撞墙伸缩缝修补。

通常需要对损坏的防撞墙伸缩缝(见图 4-17)进行如下的修补操作:
① 用钢凿凿除防撞墙损坏部分的混凝土,直至露出新鲜创面;
② 镶嵌泡沫板,泡沫板应与原防撞墙齐平,立模材料可用九夹板;
③ 灌注聚合物混凝土,可掺入 30% 细石,粒径为 5~15 mm;
④ 拆模,剔除泡沫深 40 mm;
⑤ 打磨缝边混凝土,当缝宽小于 60 mm 时,用聚氨酯填充,当缝宽大于 60 mm 时浇注密封橡胶条。

(a) 完好的防撞墙伸缩缝　　　　　　(b) 损坏的防撞墙伸缩缝

图 4-17　防撞墙伸缩缝

二、铺装层

1. 桥面铺装的作用与分类

城市桥梁铺装层的主要功能是,保护属于主梁整体部分的行车道板,使其不受由于交通荷载冲击产生的磨耗和剪切作用,同时防止桥面板因雨水等自然条件的作用而受到侵蚀,并对车辆轮重的集中荷载起到一定的分配作用。作为城市桥梁的重要组成部分,桥面铺装应具有良好的使用性能,这对车辆行驶的舒适性、安全性以及桥梁结构的耐久性都有重大意义。

桥面铺装一般选取能够与主梁有效结合的材料,满足防止渗透、抗滑、抵抗振动变形、抵抗温度作用等要求,同时应选取便于养护管理和施工的材料。

铺装层按材料的组成,一般分为热铺沥青混凝土铺装层、冷铺沥青混凝土铺装层、改性沥青混凝土铺装层和水泥混凝土桥面铺装层。

2. 桥面铺装损伤的种类与产生原因

1) 沥青混凝土桥面铺装

其破坏形式有两种:一种是由低温高速荷载造成的脆性破坏,表现为汽车通过相同的位置产生的磨耗损伤或混合料的剥离(见图 4-18);另一种破坏(通常以高温低速荷载作用产生的破坏最为严重)形式是铺装层出现析水、车辙等变形破坏。

分析桥面铺装层的设计、施工以及多年的工程实际应用结果可发现,产生桥面铺装损坏和缺陷的因素颇多。铺装层除应选取较优质的铺装材料、设计合理的铺装层结构、采取有效的施工质量控制、考虑自然条件的影响外,桥面铺装与桥面板(尤其是钢桥面板)的黏结问题、桥跨结构之间连接处的处理、桥面铺装的排水措施、桥梁结构对铺装层的影响等也是影响其使用质量的主要因素。

图 4-18 混合料剥离

对于沥青混凝土桥面铺装层产生的各种各样缺陷和损伤形式,有必要对其分类,给出定义,为实际工作中的检查、评价、养护和维修管理提供依据。表 4-28 所示为沥青混凝土桥面铺装损伤的种类、原因及其对使用性能的影响。

表 4-28 沥青混凝土桥面铺装损伤的种类、原因及其对使用性能的影响

损伤形式		现象	主要原因	对使用性能的影响
高低差		在与结构物连接处产生高低差	结构物与填土部位的不均匀沉陷; 结构物回填土部位夯实不够; 结构物接头不平; 沥青混合料稳定性不够; 在结构物的接头部位沥青混合物碾压不够	行车舒适性降低; 产生噪声; 使接头部位铺装、结构物、伸缩缝损坏
变形	凹凸	沿纵断面方向周期性产生波浪(搓板); 表面鼓包(铺装表面局部超填)	沥青混合料稳定性不够,桥面板不平; 沥青黏结层用量过多,不匀; 车辆制动、开动的地点和坡路等	行驶的稳定性变差和安全程度下降; 行车舒适性变差
	车辙	沿纵断面方向周期性产生波浪(搓板)	沥青混合料的稳定性不够好; 重交通(特别在高温、低速或静止荷载下)	行驶稳定性变差; 因积水,抗滑力降低; 由于溅水,行人和沿线居民受害
	泛油	铺装表面沥青渗出	沥青混合料中沥青过多; 软沥青; 沥青黏结层用量过多,不匀; 骨料级配不良	在降雨等情况下,易打滑; 行驶安全度降低; 与车辙等的产生相关联

续表

损伤形式		现象	主要原因	对使用性能的影响
破裂、磨耗	损坏（松散）	由于行驶车轮的作用，铺装表面的细骨料慢慢脱离，表面呈现锯齿式的粗糙状态	沥青混合料碾压不够；沥青用量不够；沥青混合料过热；带钉和带链车轮的作用；落到路面上的砂土与车轮的摩擦作用	行车舒适性变差；与坑槽、车辙的产生有关；增加轮胎的噪声
	磨光	铺装层被行驶的车轮所细磨，形成平滑的状态	软而易被研磨的骨料；交通量大	抗滑力降低（特别是在湿润状态下）
	坑槽、表面形成鳞片	铺装表面局部有坑槽，薄片从其表面上脱离	沥青混合料质量不好；沥青混合料碾压不够	由于水的浸透等而扩大；行驶安全度下降
裂缝	微细裂缝	初期裂缝	沥青混合料的质量不好（包括抗疲劳性能）；沥青老化；桥面板裂缝；桥梁振动的挠度和应力的传播	向线状裂缝和网状裂缝发展；水的浸透对结构物产生影响
	线状裂缝	横车道方向，或在其纵断面方向近乎直线伸展的裂缝	挠度较大的桥梁；由于桥梁的振动特性产生的局部应力集中（钢桥面板的主梁附近等）；桥面板的挠度特性（薄桥面板等）	由于水的浸透，铺装破坏扩大；对结构物产生影响
	网状裂缝	裂缝形成相互连接的格子状态	桥梁的振动；桥面板的损伤；沥青混合料质量不好；沥青老化	行驶安全度下降；由于水的浸透，铺装破坏扩大；对结构物产生影响；钢桥面板因浸透水而生锈
其他	表面膨胀	部分表面膨胀	致密的混合料；表层下空气膨胀	向坑槽发展

2）水泥混凝土桥面铺装

温度应力和荷载应力超过混凝土的抗拉强度，水泥混凝土桥面板就会产生裂缝。在施工期间，当混凝土的初期收缩受到阻碍而产生的拉应力超过了混凝土的抗拉强度时，会产生横向裂缝；当板块尺寸过大所产生的温度翘曲应力超过了混凝土的抗弯强度时会产生横向裂缝。由于交通荷载和复杂的环境等的作用，桥面板也存在表面坑槽、起沙、平整度不良等缺陷。表4-29 所示为水泥混凝土桥面铺装表面损伤的种类、原因及其对使用性能的影响。

表 4-29 水泥混凝土桥面铺装表面损伤的种类、原因及其对使用性能的影响

损伤形式	现象	主要原因	对使用性能的影响
铺装层表面不平	表面坑洼不平 雨后积水	标高控制不准 局部浇筑不当 表面水泥浆过多	行车舒适性变差 抗滑力降低
表面龟裂	龟壳状裂缝	局部水泥浆过多 养护不及时	耐久性变差
桥面裂缝	变形缝附近出现断续裂缝	跳车使薄弱部位开裂 连续桥面处钢筋失效 墩台不均匀沉降 车辆冲击	向坑槽发展 浸水 裂缝扩大 耐久性变差
表面粗糙度不一致	刻槽深度、宽度不一致	混凝土收水后没有打毛 刻槽时骨料脱落 车辆磨损	轮胎噪声增大 抗滑力降低
表面坑塘	骨料剥离、脱落	骨料质量不良	向坑槽发展 行车安全度下降
表面起沙	铺装表面呈粉状 骨料外露	采用细沙 混凝土中水泥含量少 车辆磨损	骨料剥离 形成坑槽

3. 桥面铺装的养护

桥面铺装的使用性应满足如下要求：
(1) 保护行车道板，使其不受由于交通荷载冲击产生的磨耗和剪切作用。
(2) 防止桥面板因雨水等自然条件的作用而受到侵蚀。
(3) 对车辆轮重的集中荷载起到一定的分配作用。
因此，桥面铺装的日常养护工作应注意如下要点：
(1) 经常清扫桥面使桥面清洁、平整，保持行车的舒适性。
(2) 桥面铺装应保持一定的横坡和纵坡，及时将积水排除。
(3) 冬季应及时清除桥面上的冻块或积雪。
(4) 严禁在桥面上放置杂物或将桥面作为晒场等。
(5) 保持桥面防水层具有良好的使用性能。
(6) 及时处理桥面铺装存在的裂缝等表面缺陷。对于水泥混凝土铺装层，应及时处理磨光、脱皮等表面缺陷。
(7) 保持桥面上的人行道铺装及盲道和缘石完好、平整，若有缺损，则应及时维修。
(8) 桥上架设的管线的安全保护设施应保持良好的工作性能。

4. 沥青混凝土桥面铺装的修理

城市桥梁铺装层在使用过程中经常出现凹凸、车辙、泛油、混合料松散或剥离、磨光、裂缝及与结构物连接处存在高低差等缺陷,为确保桥面铺装的正常使用性能,综合考虑铺装层不同的损伤种类、施工条件及通车要求等,选择合理的修缮措施,提高破损铺装层的服务质量。图 4-19 所示为沥青混凝土铺装层的修理方法。

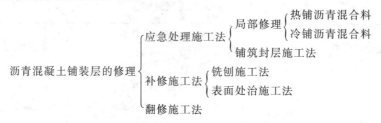

图 4-19 沥青混凝土铺装层的修理方法

1) 应急处理施工法

(1) 局部修理。所谓局部修理,是指修复裂缝、坑槽等面积比较小的损伤部位,采用沥青混合料,或只采用沥青填埋损伤部位。修理时采用的沥青混合料,应与原铺装材料类型相同,一般修理时使用热铺沥青混合料。另外,当要求紧急处理时,可使用冷铺沥青混合料。下面介绍沥青混合料(热铺沥青混合料、冷铺沥青混合料)施工法(见表 4-30),叙述其施工顺序和一般注意事项。

表 4-30 沥青混合料施工法

	热铺沥青混合料	冷铺沥青混合料
施工顺序和方法	切除损伤部位周围的不良部分,对补修外形不好的进行整形(圆洞方补,浅洞深补); 取出损伤部分中的离散物,认真清扫尘埃; 对潮湿部分,利用燃烧器等加热设备使其干燥; 铺沥青黏结层; 倒入加热的沥青混合料并进行摊铺; 用压路机碾压; 在表面撒布石粉或砂; 表面温度达到手能触摸的程度,即可开放交通	切除损伤部位周围的不良部分,非常仔细地清扫泥土等; 对潮湿部分,利用燃烧器等加热设备使其干燥; 铺沥青黏结层; 倒入常温的沥青混合料并进行摊铺; 利用压路机碾压; 在表面撒布石粉或砂
一般注意事项	以损伤部位为中心切割出四边形区域,且以垂直于路面的方式切割; 将原铺装清除时,注意不要伤及桥面板; 在桥面板顶面、坑槽侧面及各个角隅都要非常仔细地涂敷沥青黏结层; 沥青黏结料使用沥青乳化剂; 骨料的最大粒径应符合要求; 修饰表面要与周围的铺装表面连接平顺	混合料应使用利于保存的薄膜袋或容器装好; 修饰表面要与周围的铺装表面连接平顺; 碾压前用燃烧器稍微加热使其干燥; 考虑压实下沉,进行超填; 与热铺沥青混合料相比较,冷铺沥青混合料的稳定性和耐久性较差

(2)铺筑封层施工法。铺装存在裂缝时,沥青混合料受水和空气等的侵蚀而产生沥青剥离的现象,缩短铺装的使用年限。为了防止发生这些问题,可采用铺装焦油等办法将裂缝灌满,施工方法如下:

① 非常仔细地清扫裂缝,除掉灰尘等。
② 向坡道裂缝注入填缝料时可由高向低注入。
③ 将从裂缝溢出或溅到铺装面上的填缝料刮掉。
④ 填缝料是加热后注入裂缝的,在填缝料温度下降之后,开放交通。

一般注意事项如下:

① 填缝料的加热温度,因其组成材料而异,但为使其易于进入裂缝之中,加热到可流动程度即可。
② 对于开裂很宽的裂缝,可能需要反复注入几次填缝料。

2)补修施工法

(1)铣刨施工法。铺装铣刨施工的目的,大致可以分为翻修、罩面及修补桥面铺装层的凸凹不平。施工的一般方法是,用路用加热器加热到规定温度(60 ℃~180 ℃)后,用铣刨机旋转刀铣刨,将废料用装料器或铲车装到卡车上,以人力清扫或采用动力扫除机清扫之后,就此开放交通,或再进行罩面工程施工,然后再开放交通。

(2)表面处治施工法。表面处治施工法是指在薄封层恢复铺装表面机能之外,为了维持和恢复铺装层抗滑机能的施工法。铺装层磨光运用刻槽施工法和用合成树脂使硬质骨料黏结铺装层施工法等,在弯道区间、下坡路、合流区间等线形条件较差的地点较为有效。

当裂缝宽度小于 5 mm,且缝边沥青混合料未脱落时,可灌入合适的沥青材料,如 SBS(苯乙烯-丁二烯-苯乙烯三嵌段共聚物)改性沥青;当裂缝宽度大于 5 mm,且缝边的沥青混合料松动、脱落时,可将一定范围内的沥青铺装层凿除,在底面和侧壁涂刷薄沥青层后,采用与原沥青铺装层相同的级配和材料进行修复,并用小型机械充分压实。

3)翻修施工法

翻修施工主要包括表面处治和薄层覆盖等,主要针对铺装层面层进行处治,所以只适用于原有铺装的损伤比较轻微的情况,其效果的持续性也比较短,且要反复进行补修。当处理变得困难,结构上不能再覆盖薄层时,则应进行翻修铺装。依据损伤的程度,可以采取翻修桥面板上铺装总厚度,或仅翻修面层,或翻修局部的铺装层这三种方法中的一种。

在翻修之前,要调查产生损伤的原因,对补修日期、选料、配合设计、铣刨方法和铺筑问题也要进行充分的研究,保证翻修后的短期内不会再发生损伤。

5. 水泥混凝土桥面铺装的修理

图 4-20 所示为水泥混凝土桥面养护现场图。

1)桥面补强层加固

(1)桥面补强层加固方法。在旧有混凝土或钢筋混凝土桥面上,重新加铺一层混凝土或钢筋混凝土补强层,这种方法叫作补强层加固法。采用此法既能修补已出现的裂缝、剥离等缺陷,又能增加原有梁板的有效高度,提升板的抗弯能力,改善铰接梁的横向分布,从而提高梁的承载能力。

图 4-20 水泥混凝土桥面养护现场图

采用补强层加固法施工比较方便,但补强层应与旧桥面结合良好。

(2) 桥面补强层加固的施工。桥面补强层加固能否达到预期的效果,关键取决于新旧混凝土能否牢固地形成一个整体。因此,为确保新旧结构共同受力的可靠性和耐久性,需要从施工工艺上采取适当的措施:

① 对旧桥面进行凿毛处理——先凿去桥面铺装,然后再凿去部分梁顶混凝土,并使表面粗糙,成齿状形,箍筋外露。

② 对结合面进行适当的处理——如清扫、干燥、钢筋除锈等;为使新旧混凝土有更好的黏结性,对旧桥面进行凿毛处理时,应凿毛至无碳化层,在凿毛后的混凝土面上可涂一层胶粘剂,例如铝粉水泥浆、铝粉水泥砂浆、环氧树脂等。

③ 加设新旧混凝土之间的联系钢筋——可在旧混凝土层设置钢筋锚栓或化学植筋,也可把补强层钢筋网与底层钢筋焊接起来;采用干硬性混凝土或钢纤维混凝土浇筑补强层,以减少新浇混凝土的收缩,确保补强效果。

2) 局部修补

(1) 孔洞与坑槽的修复。孔洞和坑槽出现的原因主要是混凝土中夹带着杂物。修补时,先将孔洞凿成形状规则的直壁坑槽,然后用钢丝刷和吸尘器清理坑槽,填上混凝土,待混凝土达到通车强度时即可通车。

(2) 磨光的处理。为了改善混凝土铺装的防滑性,可采用刻槽机对磨光的部分进行刻槽处理。

三、伸缩缝装置

1. 伸缩缝装置的作用

伸缩缝装置的主要功能是,适应由于温度变化、混凝土徐变和干燥收缩、荷载等作用而引起的梁端位移,以保证城市交通车辆行驶的舒适性和安全性。但由于伸缩缝装置设置在桥梁端部构造上的薄弱部位,除能承受车轮荷载的反复作用和适应梁端位移外,还应具备如下性能:

(1) 具有良好的平整度;

(2) 车辆通过时不产生过大的噪声和过于强烈的振动;

(3) 防水性；

(4) 便于维修和养护；

(5) 在正常使用状态下能达到合理的使用寿命。

2. 伸缩缝病害

1) 损伤原因

桥面伸缩缝由于设置在梁端部构造薄弱部位，直接承受车辆荷载的反复作用，又暴露于自然条件下，受到各种自然条件因素的影响，因此是易损坏和难修补的部位，经常发生各种不同程度的损伤。伸缩缝损伤原因如表 4-31 所示。

表 4-31 伸缩缝损伤原因

类别	描述
设计原因	桥面板端部刚度不足； 伸缩缝装置本身刚度不足； 伸缩缝装置锚固构件的强度不够； 伸缩缝伸缩计算量错误； 后浇筑材料选择有误； 较大跨度桥梁或斜、弯桥梁伸缩缝结构形式和固定方式与梁不吻合
施工原因	桥面板间伸缩间距的施工误差； 伸缩缝装置安装质量不好； 后浇筑材料施工质量不好； 桥面板施工质量不好； 伸缩缝装置安装时坑槽处理不当、清洗不彻底
外部原因	车辆荷载反复的冲击作用； 交通量增大、车辆荷载增大； 伸缩缝本身材料老化及后浇筑材料老化； 接头前、后桥面凹凸不平； 支座、桥墩异常； 火灾、地震等异常事件的发生
养护原因	没有经常清除缝内的垃圾，养护不及时

2) 伸缩缝的缺陷与损伤

(1) 伸缩缝的损坏具体应归结于组件产生的破坏，这些组件有：①伸缩缝伸缩块部分；②伸缩缝锚具；③填缝料；④盖板和梳齿板；⑤柔性排水管。

(2) 伸缩缝锚固的破坏。

使用了防护角钢、防护钢板或氯丁橡胶垫板的伸缩缝是通过锚固件锚固的。在车辆荷载的反复冲击作用下，锚固件的焊缝可能因疲劳而开裂。

锚固钢筋的黏结长度不够造成伸缩缝锚固破坏，在浇筑混凝土时角钢下存有一部分密闭空气导致此处混凝土的密实度不够，增加作用在角钢上的力，从而增加锚固失效的可能性。伸缩缝锚固一旦破坏，防护角钢就会松动甚至可能断掉，严重威胁交通安全。为此，现在通常用防护钢板代替防护角钢。

许多伸缩缝都是通过螺栓锚固的,当螺栓的数量或尺寸不够,或锚固力不足时,锚固件在车辆荷载作用下会损坏,而膨胀的楔形圬工锚固件在不拧紧的情况下遭受车辆荷载的冲击作用仍能正常工作。

(3) 填缝料的破坏。

伸缩缝填缝料一般经过1~5年就不能正常发挥其作用了。以下为伸缩缝填缝料的一些典型问题。

① 氯丁橡胶压力填缝料在一段时间后会失去其最初的压力,在极端寒冷的条件下,可能无法膨胀到使接缝密封的程度,这样接缝就会漏水,甚至可能脱落,碎石也可能进入填缝料与梁端伸缩块间的缝隙内,这样会阻止填缝料重新密封接缝。

② 碎石可能会落入氯丁橡胶带状接缝缝隙,从而导致接缝漏水。

③ 多硫化物和聚氨酯类填缝料可能会被车碾压进其软表面的碎石所损坏,这类填缝料会受到反复的拉应力作用,从接缝的一端或两端撕裂,也会受到反复的压应力作用,从接缝处被挤出,一般来说聚氨酯类填缝料比多硫化物填缝料的工作性能更好。

填缝料可能受到化学物质、砂石的损害,或紫外线照射的损害。表4-32所示为不同类型伸缩缝装置的缺陷。

表4-32　不同类型伸缩缝装置的缺陷

类型	缺 陷 形 式	共 同 缺 陷
橡胶板式伸缩缝	橡胶件损伤; 橡胶剥落; 从橡胶连接部位漏水; 锚固构件损伤; 锚固螺栓松弛; 伸缩缝装置本身下陷或高出; 螺栓孔的填充料被拉离; 产生噪声	伸缩缝装置前后的后铺筑混凝土过渡段凸凹不平; 伸缩缝装置与后铺筑料凸凹不平; 漏水; 后铺筑料表面剥离; 行驶时有冲击,有异常噪声; 后铺筑料龟裂; 后铺筑料全部上浮或下陷; 异常的伸缩; 桥面板端部损伤; 后铺筑料被压成辙
梳形钢板伸缩缝	伸缩接头活动异常; 锚固构件损伤,角钢与钢筋混凝土梁锚固不牢; 连接螺栓损伤; 排水管堵塞或损伤; 表面板焊接部位破坏,梳形齿损坏	
毛勒伸缩缝	橡胶件部位抗滑力降低; 排水不良; 与横接缝的相互连接不好; 因左右结构物的变形差或振动差引起伸缩缝装置本身损伤	
填充式伸缩缝	填缝料局部沉陷、拥包; 温缩裂缝; 填缝材料老化; 车辙; 与桥面板连接处界面开裂	

3. 伸缩缝装置的养护

伸缩缝装置应保证平整,能正常伸缩,处于良好的工作状态。应及时清除伸缩缝装置中的杂物。伸缩缝装置出现渗漏、变形、连接部位开裂、跳车现象,或行车有异响,应及时维修。

根据伸缩缝装置的类型,在日常养护中采取相应的养护措施。

1) 钢板伸缩缝

(1) 经常清除自由端缝内塞进的硬物、杂物,保持伸缩缝自由伸缩。

(2) 保持伸缩缝排水顺畅。

(3) 保持钢板焊接部位的清洁,防止锈蚀;钢板开焊、翘曲和脱落时,应及时补焊。

(4) 及时发现角钢与钢筋混凝土梁锚固不牢的部位,防止车辆荷载冲击作用下伸缩缝破损加速。

2) 梳形钢板伸缩缝

(1) 观察梳形钢板伸缩缝梳齿与承托连接处是否牢固。

(2) 经常清除缝内塞进的硬物、杂物,保证排水顺畅和自由伸缩。

(3) 经常检查紧固螺栓,防止梳齿板外翘。

3) 橡胶板式伸缩缝

(1) 保持伸缩缝表面清洁,保证行车平顺,防止硬物破坏橡胶块。

(2) 紧固松脱的螺栓,防止橡胶剥离。

(3) 橡胶板丢失应及时修补,大面积破损时应全部更换。

(4) 清除伸缩缝内的杂物,保持伸缩缝自由伸缩。

(5) 防止伸缩缝局部下陷或凸出而产生噪声。

4) 模数式伸缩缝

(1) 清除伸缩缝内杂物,保持伸缩缝自由伸缩。

(2) 经常检查钢板焊接部位是否可靠。

(3) 防止密封橡胶带老化,严重漏水。

5) 填充式伸缩缝

(1) 弹塑体伸缩缝装置出现脱落、翘曲时,应及时清除,并重新浇注弹塑体混合料。

(2) 当槽口的沥青混合料坍塌、附近的沥青混合料不满足平整度要求时,应重新摊铺、碾压。

(3) 当弹塑体混合料与桥梁连接处出现界面开裂时,应及时进行修补。

(4) 弹塑体伸缩缝装置局部沉陷过大时,应进行修理。

6) 型钢伸缩缝

(1) 清除伸缩缝内杂物,保持伸缩缝自由伸缩。

(2) 防止密封橡胶带老化,如有漏水,则应更换密封橡胶带。

4. 伸缩缝的修理

在查明伸缩缝破损原因后,采取行之有效的修补办法,依据伸缩缝的类型和缺陷程度,进行修补或更换。

1) 锚固修补

松动的保护角钢或平板以及松动的底板可以重新锚固。当它们松动程度严重时,应将其替换掉。松动的保护角钢或平板以及松动的底板可以采用以下措施重新锚固。

(1) 安装附加锚具。化学锚具不应采用膨胀楔形锚具,因为它在车轮冲击作用下会松动。

(2) 浇注钢筋或植筋,使底板、保护角钢或平板与混凝土中钢筋重新连接牢固。

2) 密封层和密封条的替换

大多数密封层和密封条只有很短的寿命,一旦退化就应该将其替换掉,采用优质的替换材料。当其软性填缝料老化、脱落时,在充分扫清原缝隙泥土后,重新注入新的填缝料。铺装层破坏,应将其凿除后重新铺筑。当采用混凝土浇筑时,要采用快硬水泥并使新旧接缝保持平整,要注意铺筑部分初期养护。图 4-21 所示为伸缩缝两侧面层损坏时的修补方法。

3) 钢板伸缩缝的焊缝修补

对于钢板伸缩缝,若钢板与角钢焊接破裂,则应清除秽垢后重新焊牢;若梳齿断裂或出现裂缝,则应采取焊接方法进行修补。图 4-22 所示为梳齿断裂的修补示意图。

图 4-21 伸缩缝两侧面层损坏时的修补方法

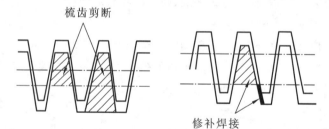

图 4-22 梳齿断裂的修补示意图

4) 整个伸缩缝的替换

在伸缩缝严重损坏、广泛分离和渗漏,或混凝土桥面板或桥台台背广泛开裂和碎裂的地方,可以建议用新的伸缩缝进行整体替换。常常需要拆除和重建桥面板端部,以便安装足够的锚固件。图 4-23 所示为伸缩缝整体替换施工图。

图 4-23 伸缩缝整体替换施工图

5) 锈蚀处理

可以通过喷相关溶剂(加有防锈剂)处理不可触及的锈蚀区域,然后使用润滑剂或油脂涂抹整个表面,或者采用适当的标准防锈措施。

6) 施工注意事项

修补或更换桥面伸缩缝时,通常采用限制车辆通行,半幅施工,半幅通行车辆;或白天使用盖板,夜间施工时禁止通行的交通方式,因此伸缩缝的修补或更换施工要注意抓紧时间,尽量缩短施工工期,保证修补质量。

四、排水设施

1. 桥面排水设施的病害与损伤

为迅速排除桥面上的雨水,防止渗入梁体引起腐蚀而影响桥梁结构的耐久性、稳固性,确保城市桥梁的正常使用,除在桥面铺装内设置防水层外,采用有效的桥面排水设施也相当重要。以城市高架桥为例说明,桥面排水设施大致分为以下三种:由排水槽、盖等组成的桥面排水设施;由排水管、支撑构件等组成的从桥面到集水设施间的导水设施;通向地下或河海的集水设施。图 4-24 所示为排水设施名称参考图。

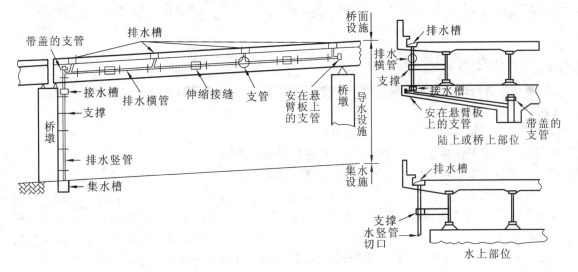

图 4-24 排水设施名称参考图

桥面排水设施的缺陷,对桥梁的结构安全影响较大,如降雨时引起车辆滑移。

2. 排水设施的养护

排水设施日常养护主要包括以下内容:

(1) 保证路面纵坡、横坡完好,保证泄水孔通畅,迅速排除桥面上的雨水;

(2) 保持桥面铺装内设置的防水层使用性能良好,防止雨水渗入梁体引起腐蚀而影响桥梁结构的耐久性、稳固性;

(3) 及时修补或更换损坏的排水槽等设施,避免因桥面留水而造成交通事故;
(4) 经常疏通排水管,及时清除管内的淤泥等,确保排水通畅;
(5) 及时维修导水设施的支撑构件,防止由于支撑构件的损坏而影响排水;
(6) 排水设施和导水设施之间连接可靠,确保排水系统整体的工作性能;
(7) 立交桥经泄水管排水,其他地方不得往桥下排水。

图 4-25 所示为排水设施养护图。

图 4-25　排水设施养护图

五、桥梁支座

1. 支座的作用与形式

支座是桥跨结构的支撑部分,用于连接桥梁的上部结构和下部结构。桥梁支座主要有三个作用:
① 将桥跨结构的支承反力传递给墩台;
② 允许上部结构在温度变化作用下产生桥梁轴向伸缩变形;
③ 允许上部结构在恒载及活载作用下产生转角变形。

桥梁支座按其作用分为固定支座(用来固定上部结构或梁的位置,只能转动而不能移动)和活动支座(在温度变化和垂直荷载作用下,上部结构可以自由转动和自由移动)。一般,简支梁一端设置固定支座,另一端设置活动支座;连续桥梁则多由一个固定支座和若干个活动支座所组成。现在小跨径的简支梁桥多采用板式橡胶支座,不区分固定支座和活动支座。常用桥梁支座按其材料可分为:
① 钢支座(铰轴支座和滚轴支座)——支座的传力通过钢的接触面,变位主要通过钢和钢的滚动实现;
② 聚四氟乙烯支座(滑动支座)——以聚四氟乙烯板和不锈钢板作为支座的相对滑动面;
③ 橡胶支座(板式橡胶支座、盆式橡胶支座、四氟乙烯橡胶支座)。

在 20 世纪 60 年代以前,桥梁基本采用钢支座。随着化学工业的发展,橡胶支座的应用越来越广泛。新建的公路及城市混凝土桥梁,绝大部分都使用板式橡胶支座和盆式橡胶支座。

2. 支座病害及原因

桥梁支座的病害包括支座本身的病害和支座垫板(块)的病害。

1) 桥梁支座本身的病害

各种形式的支座,其本身情况不同,其病害也不同:

① 钢支座的滑动面磨耗大、不平整,钢轴承有裂纹或切口,滚轴有偏移和下降;

② 支座螺母松动或螺栓脱落,支座地脚螺栓剪断;

③ 固定支座的固定锚栓剪断;

④ 活动支座不灵活或实际位移不正确;

⑤ 钢辊轴式支座辊轴(或摇轴)的实际纵向位移偏大或发生横向位移;

⑥ 橡胶支座出现橡胶老化、变质现象,梁丧失自由伸缩能力;

⑦ 橡胶支座纵向剪切变形或转角位移过大,超出最大规定值,支座损坏;

⑧ 支座脱空,尤其是板梁或异性板的橡胶支座脱空,造成脱空支座偏移和梁体受力不均;

⑨ 聚四氟乙烯支座或盆式橡胶支座的聚四氟乙烯板滑出支座,支座滑动干涩。

2) 桥梁支座垫板(块)的病害

① 桥梁支座的底板翘起、扭曲或者断裂;

② 支座砂浆垫块裂缝;

③ 桥梁支座座板混凝土已压坏、剥离、掉角等。

桥梁支座损坏的原因是多方面的,既有设计方面的原因,也有施工、维修、养护等方面的原因,如表 4-33 所示。

表 4-33 桥梁支座损坏原因一览表

支座损坏的原因	具 体 内 容
设计时缺乏足够的考虑	类型的选定错误、布置错误; 材料选定错误,或者施工没有按要求执行; 支座边缘距离不够; 支座支承垫块加强钢筋不足; 对螺栓、螺母等的脱落估计不够
施工制作时不完备	铸件等材料质量管理不善,质量较差; 金属支座的油漆、防腐防锈处理不可靠; 砂浆填充不可靠,或者水泥砂浆强度不足
维修、养护、管理不善	滑动面、滚动面夹杂异物; 因防水、排水装置的缺陷,向支座漏水、溢水,使支座锈蚀; 螺母、螺栓松动或脱落,又没有及时修理
其他因素	桥台、桥墩产生不均匀沉陷、倾斜与水平变位以及上部结构位移,影响支座的正常使用

3. 支座的养护

桥梁支座的主要作用是将桥跨结构上的恒载与活载反力传递到桥梁的墩台上去,同时它又能保证桥跨结构所要求的位移和转动,以便使结构的实际受力情况能与设计时所采用的计算图式相吻合,因此要求及时、有效地进行日常养护,以保证支座的正常使用和完好,并防止支座损坏的扩大。支座的日常养护工作要求主要如下:

① 板式橡胶支座可抽样检查,检查其是否老化并做好记录。

② 对固定支座及盆式橡胶支座应检查锚栓的坚固程度,支承垫板应平整且紧贴支座。

③ 滚动支座滚动面定期更换润滑油(每年一次),在涂油之前,应先清洁滚动面。

④ 钢支座每三年敲铲油漆一次(包括盆式橡胶支座的钢圈部分),清除锈迹,打磨光洁,并重新涂刷防锈油漆保护。

⑤ 对各种橡胶支座,应经常清除墩、台帽上的污水和垃圾,宜用高压冲水枪冲水,每年9～10月实施一次。

⑥ 支座各部应保持完整、清洁,每年应检查一次。

4. 支座的维修与加固

当桥梁支座出现缺陷或发生故障时,首先要进行原因分析,然后及时进行维修或更换,以保证结构的安全和正常运营。

1) 一般维修

在支座日常检查和养护过程中,若发现以下病害情况,则应采取相应的措施进行维修:

① 滚动面不平整,辊轴有裂纹或切口,以及个别辊轴大小不合适时,必须予以更换。

② 梁支点承压不均匀时,应进行调整。调整时可采用千斤顶将梁上部顶起,然后调整支座的位置。在矫正支座位置以后,降落上部构造时,为避免桥孔结构倾斜,应徐徐下落,并注意千斤顶的工作状态是否均衡,调整顶升时可采用楔子,以保证上部结构能恢复原位。

③ 支座上板翘起、扭曲、断裂时,应予更换或补充。焊缝开裂应予维修、加固。支座更换时,也同时采用前述顶升法施工。

④ 如要抬高支座,则可采用捣筑砂浆垫层,加入钢板垫层或预制钢筋混凝土块的办法。

⑤ 橡胶支座已老化、变质而失效时,需要及时更换。

2) 顶升处理支座方法

当支座脱空需要矫正或更换支座时,通常需要将梁体顶升。以下为常用顶升处理方法。

① 整体抬升的起重气袋法。起重气袋是采用耐磨、耐老化、耐疲劳的优质橡胶与抗弯强度钢丝帘布经特殊加工制成的,其要求的操作空间很小,工作压强小,抬举量大,使用操作方便。在处理支座脱空时,使用起重气袋,可以很顺利地整体抬升半幅桥或整幅桥,使支座调整简单、方便。

② 液压千斤顶顶升更换支座法。利用支座前搭设的排架,以排架横梁作支承,用千斤顶将主梁顶起,然后放置新支座,使梁与支座紧密接触。

图 4-26 所示为支座病害(部分)及支座更换。

5. 其他设施养护

1) 防护设施

防护设施的养护主要包括如下内容:

(a) 钢支座裂缝　　　　　　　　(b) 橡胶支座剪切变形

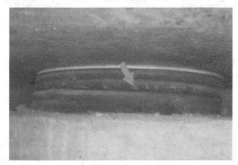 

(c) 橡胶支座腰鼓变形　　　　　　(d) 支座更换

图 4-26　支座病害（部分）及支座更换

① 防护设施色彩应鲜艳、醒目。

② 经常检查栏杆的连接件、焊缝等，保持桥梁栏杆处于良好的工作状态。

③ 桥梁的防撞栅、防护栏、防护网、遮光板应保持完整、美观、有效，变形后应立即维修。

④ 保持防撞墙、防撞墩处于良好的工作状态，损伤较大时应立即修理；防撞墩混凝土裂缝大于 3 mm 且小于 5 mm 时，可做灌浆封闭处理；表面露筋，钢筋未变形、拉断，可做防腐处理后，用水泥砂浆修补；防撞墩混凝土裂缝大于 5 mm 时，可清除被撞坏的混凝土，重新浇筑混凝土；不得用砖砌筑代替原结构；被毁坏的钢结构应及时恢复，严禁用塑料管仿制。

⑤ 检查分隔带的排水通道是否阻塞，保持排水畅通。

⑥ 清除中央分隔带或分隔带内的杂物，保持整洁、美观。

2) 声屏障与灯光装饰

为减少车辆行驶产生的噪声对周围居民正常生活的影响，城市高架桥梁设置了声屏障。声屏障及灯光装饰养护的主要内容如下：

① 保持声屏障的清洁和良好的隔音性能。经常清理声屏障周围的垃圾、泥土，保持排水畅通，定期全面清洗。

② 经常检查声屏障的锚固部位，防止由于声屏障的破损而导致交通事故，或危及行人的安全。

③ 对于破损严重的声屏障应及时更换。

④ 检查照明设施是否符合标准，应及时修理、更换不符合标准的照明设施。

⑤ 保证照明设施的电线不外露，接线盒处于良好的工作状态。

⑥ 保证照明设备的锚固支承牢固，对疲劳损伤的部位应特别注意。

⑦ 在台风、暴雨、地震等灾害后，及时对照明设备的检修孔或探孔情况、配电盘及电源线的

引入情况、油漆状况进行检查。

任务 4 桥梁上部结构养护技术

一、钢筋混凝土及预应力混凝土梁养护

钢筋混凝土和预应力混凝土梁具有施工方便、构造简单、经济性好、易于养护的优点。

对于服役期间的钢筋混凝土和预应力混凝土梁式桥,上部主梁结构作为其重要的承重构件,不可避免地会发生退化、产生各种病害。典型的病害有混凝土开裂和钢筋锈蚀。

1. 病害及原因

钢筋混凝土及预应力混凝土梁式桥上部结构的主要病害,因桥梁结构类型、构造形式、使用条件、建造条件、运营荷载等不同,种类和程度及发生的部位不同,产生的影响也不同。混凝土梁式桥的主要病害表现为混凝土缺陷和钢筋锈蚀两大方面。混凝土的缺陷包括裂缝、蜂窝、孔洞、露筋、剥落、白化、层析、保护层厚度不够等表层的缺陷。钢筋锈蚀则主要是普通钢筋锈蚀、预应力钢筋锈蚀和预应力锚具锈蚀等。

混凝土桥暴露在自然环境中,长年累月地受到各种因素的影响,病害是逐步产生和发展的。人为因素主要是超高车辆或船只撞击主梁、超载造成主梁产生裂缝;自然环境中的酸性废气、二氧化碳、较大的湿度和过多的雨水等造成混凝土退化和钢筋锈蚀。混凝土桥中许多缺陷和原因不是一一对应的,不少情况下缺陷是由一个因素诱发的,而其他因素则多为促进缺陷发展的原因,而且各种病害是相互影响、相互促进的。

为了做到对症下药,在发现混凝土桥出现缺陷后,必须及时进行调查、研究,分析缺陷产生的原因,了解缺陷的现状、发展趋势,以及桥梁遭受破坏的程度,对运营使用的影响等,以便及时采取相应措施。

钢筋混凝土及预应力混凝土梁式桥主梁的各种病害(图 4-27 至图 4-34 所示为这几种典型病害的实例)有:①裂缝;②普通钢筋及预应力钢筋锈蚀;③混凝土剥落、剥离;④混凝土层析;⑤混凝土蜂窝;⑥混凝土白化(钙化);⑦保护层厚度不足;⑧混凝土碳化;⑨膨胀性骨料反应;⑩构件撞损。

上述病害在目视检测中,裂缝及钢筋锈蚀易发现。裂缝及钢筋锈蚀也是目视检测中需重点关注的内容。裂缝是构件可能发生失效的特征。检测时可依裂缝类型及尺寸,并与以前的记录进行比较,可大致了解构件退化的原因及程度,若难以目视判断其产生原因,则可利用非破坏性检测或其他方法做进一步诊断。钢筋锈蚀,将减小钢筋断面,降低强度,且钢筋锈蚀,体积膨胀,使混凝土产生裂缝,并将减小钢筋与混凝土间的握裹力。

图 4-27 预应力梁支座根部开裂

图 4-28 普通钢筋及预应力钢筋锈蚀

图 4-29 混凝土成块剥离

图 4-30 混凝土发生层析并剥离

图 4-31 因混凝土浇筑不实造成的蜂窝

图 4-32 桥面板底部及横隔梁白化

图 4-33 跨越路口的桥梁主梁被超高

图 4-34 主梁过度下挠变形

1) 裂缝

裂缝为混凝土桥最常见的退化现象,是导致内部钢筋腐蚀的主要原因。裂缝一般多伴随有钢筋生锈及混凝土白化等退化现象。裂缝宽度无论大小,均对桥梁的耐久性产生影响,结构裂缝尤其影响桥梁使用年限。裂缝也将造成预应力钢筋锈蚀,尤其影响预应力混凝土构件,因为预应力钢筋锈蚀,将造成预应力构件损坏。

裂缝有很多种,不同类型的裂缝产生的原因不同,对结构耐久性和安全性的影响也不同。桥梁施工期主要会产生收缩裂缝、沉降裂缝,受温度影响产生裂缝。使用期,产生受力裂缝,及随时间发展产生耐久性裂缝(纵向锈蚀裂缝、冻融循环作用引起的裂缝、膨胀性骨料反应引起的裂缝、盐类及酸类侵蚀引起的裂缝)。另外各种因素往往共同作用于混凝土桥梁结构上,没有特别的主次因素之分。

(1) 产生混凝土裂缝的原因总结如下:

① 车辆超载而导致梁体底部弯曲开裂和剪切开裂;
② 墩台的不均匀沉陷引起裂缝;
③ 支座失效,产生裂缝;
④ 混凝土施工养护不善而引起干缩开裂或层裂;
⑤ 水灰比不当和振捣不实,产生梁体收缩裂缝;
⑥ 温度变化或者冻融效应产生裂缝;
⑦ 大体积混凝土浇筑时,水泥水化反应导致自体收缩裂缝;
⑧ 施工接缝处混凝土龄期不同产生裂缝;
⑨ 强风或地震等外在环境冲击力导致裂缝;
⑩ 钢筋锈蚀膨胀导致裂缝;
⑪ 预应力锚固区或牛腿部位的局部高应力产生裂缝;
⑫ 在徐变等材料本质特性的共同作用之下,混凝土的拉力与剪力和钢筋握裹力抵消后,净拉力或剪切作用力大于混凝土材料的抗拉力或抗剪强度,产生裂缝;
⑬ 梁刚度不足,产生过大挠度,引起裂缝。

图 4-35 所示为钢筋混凝土桥梁的各种开裂原因。

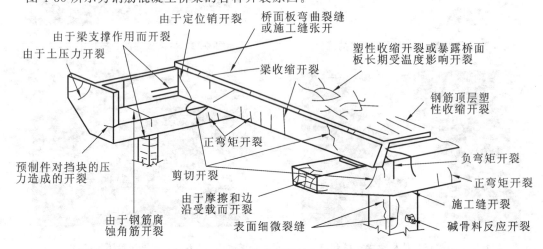

图 4-35 钢筋混凝土桥梁的各种开裂原因

在不同因素作用下,裂缝形态有所不同。常见的有横向裂缝(由荷载、收缩及温度作用引起)、剪切裂缝、斜裂缝(由荷载作用或结构错位移动引起)、X形交叉裂缝(由于地震作用)。

(2)裂缝可分为结构裂缝与非结构裂缝两种。

① 结构裂缝。结构裂缝由静荷载及活荷载造成,包括弯曲裂缝及剪力裂缝。

剪力裂缝:一般发生于大梁支点附近的梁腹底部。

弯曲裂缝:发生于构件最大张力区位,呈垂直状,往压力区发展。一般于构件的跨径中点底部,如梁底或桥面板底,或连续梁在桥墩处的构件上部,最易发现弯曲裂缝。

② 非结构裂缝。非结构裂缝虽不影响构件的安全,但如果裂缝深入构件的内部,也可能损及构件。非结构裂缝有温度裂缝、干缩裂缝、大体积裂缝、施工缝的裂缝、钢筋锈蚀裂缝。

温度裂缝:温度高低变化引起的热胀冷缩裂缝。

干缩裂缝:混凝土养护期间发生收缩而引起的裂缝,一般发生于预应力梁的梁腹。

大体积裂缝:浇筑大体积混凝土后,混凝土内部、外部温差造成的裂缝。

施工缝的裂缝:施工缝是混凝土施工无法避免的情形,施工缝处裂缝将随时间推移而扩大,并导致钢筋锈蚀。施工缝附近,因混凝土龄期不同或不等量收缩,此处混凝土密实性较差,腐蚀因子较易侵入。施工缝裂缝一般为应力裂缝,造成钢筋锈蚀范围也较广,也可能造成构件退化。预应力梁与现浇桥面板间、桥梁护栏与桥面板间、箱型梁底板与腹板间、预制预应力与现浇横隔梁间常见施工缝裂缝。

钢筋锈蚀裂缝:钢筋生锈后体积膨胀,推挤混凝土,产生裂缝或扩大裂缝。

对于不同梁式桥结构,裂缝发生部位和种类不尽相同,表4-34列出钢筋混凝土简支梁的常见裂缝,表4-35列出了预应力混凝土梁、悬臂梁与连续梁的常见裂缝。

表4-34 钢筋混凝土简支梁的常见裂缝

序号	裂缝种类	图示	主要特征与发生原因
1	网状裂缝		① 发生在各种跨度的梁上; ② 裂缝细小,宽度为 0.03~0.05 mm,用手触及有凸起的感觉; ③ 无固定规律; ④ 多为混凝土收缩引起的表面龟裂
2	下缘受拉区的裂缝		① 多发生于梁跨中部,梁跨度越大,裂缝越多,为受力裂缝; ② 自下翼缘向上发展,至翼缘与梁肋相接处停止; ③ 裂缝间距为 0.1~0.2 m,宽度为 0.03~0.1 mm; ④ 跨度小于 10 m 的梁的裂缝少而细小(宽度在 0.03 mm 以下)

续表

序号	裂缝种类	图示	主要特征与发生原因
3	腹板上的竖向裂缝		① 当梁跨径大于 12 m 时,其裂缝多处于薄腹部位,梁的半高线附近的裂缝宽度较大,一般为 0.15~0.3 mm; ② 当梁跨径小于 10 m 时,其裂缝较细小,且多数裂缝由梁肋向上延伸,越向上越细,上端未到腹板顶部; ③ 设计不当,施工质量不好,养护不及时,或温度变化及周围环境的影响所致
4	腹板上的斜向裂缝		① 腹板上的斜向裂缝是钢筋混凝土梁上出现的最多的一种裂缝,且多出现在跨中两侧,离跨中越远裂缝倾斜角越大,反之越小,倾角为 15°~45°,第一道裂缝多出现在距支座 0.5~1.0 m 处; ② 裂缝宽度一般在 0.3 mm 以下; ③ 设计上的缺陷,主拉应力较计算大,混凝土不能负担而产生裂缝,施工质量不好会加速裂缝的产生和发展
5	梁侧水平裂缝		① 近似水平方向的层裂缝; ② 施工不当引起,分层浇筑时间隔时间太长
6	梁底纵向裂缝		① 沿下翼缘主筋方向的裂缝; ② 混凝土保护层过薄,或掺入氯盐等速凝剂所造成

表 4-35 预应力混凝土梁、悬臂梁与连续梁的常见裂缝

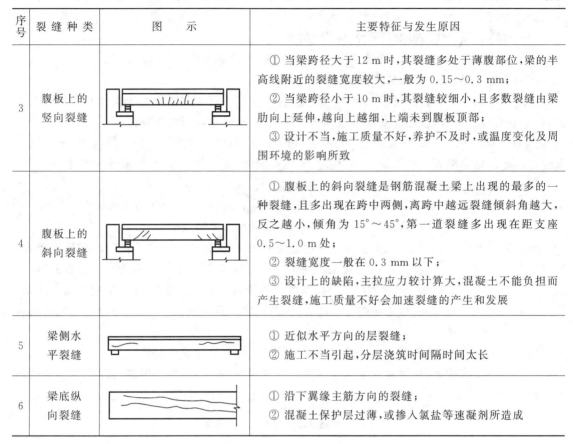

序号	裂缝种类	图示	主要特征与发生原因
1	先张法梁梁端锚固处的裂缝		① 裂缝均起始于张拉端面,宽度约为 0.1 mm,长度一般只延伸至扩大部分的变截面处; ② 由于在两组张拉钢筋之间梁端混凝土处于受压区,梁端易发生水平裂缝; ③ 锚头处应力集中,在锚头的楔形作用下,锚头附近产生细小水平裂缝
2	后张法梁梁端(或其他部位)锚固处的裂缝		① 通常发生在梁端或预应力钢筋锚固处,裂缝比较短小,裂缝走向与钢丝束方向垂直,锚固处的裂缝与梁纵轴多成 30°~45°; ② 运营初期有所发展,但不严重,以后会趋于稳定; ③ 主要由于端部应力集中,混凝土质量不好所致

续表

序号	裂缝种类	图示	主要特征与发生原因
3	腹板收缩裂缝	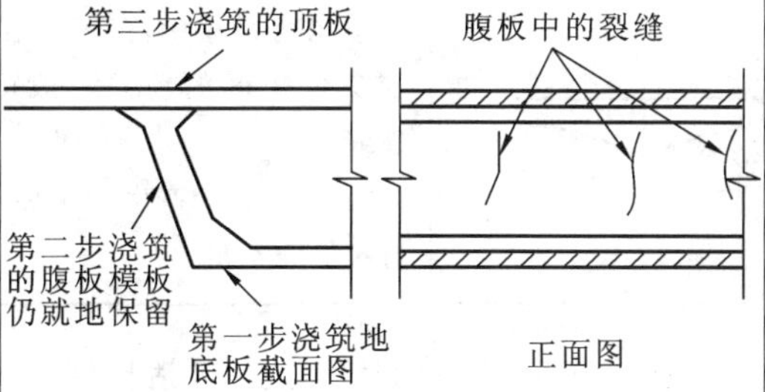	① 大多在脱模后的 2~3 h 内发生,裂缝通常从上梁肋到下梁肋,整个腹板裂通,宽度一般为 0.2~0.4 mm,施加预应力后大多会闭合; ② 多因混凝土收缩和受温度影响所致
4	悬臂梁剪切裂缝	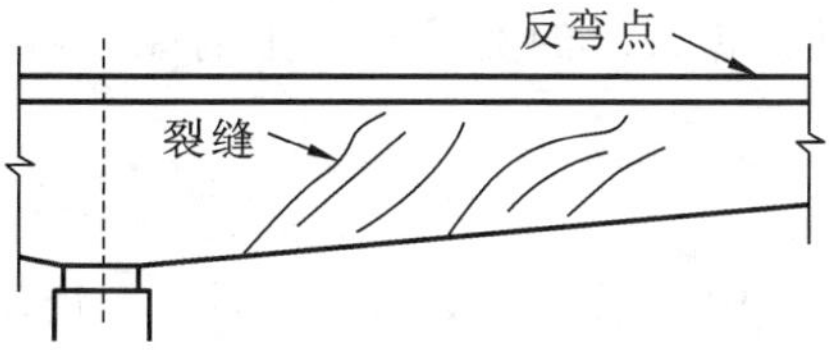	① 剪切裂缝出现在腹板上,看起来近似 45°角倾斜,一般出现在支点与反弯点之间的区域; ② 裂缝产生的主要原因包括预应力不足、超载的永久荷载、二次应力、温度作用等; ③ 设计中缺乏对多室箱梁腹板剪力分布的认识,横截面未考虑实际变形,没有检算力筋截断处的左右截面受力
5	悬臂箱梁锚固后接缝中的裂缝	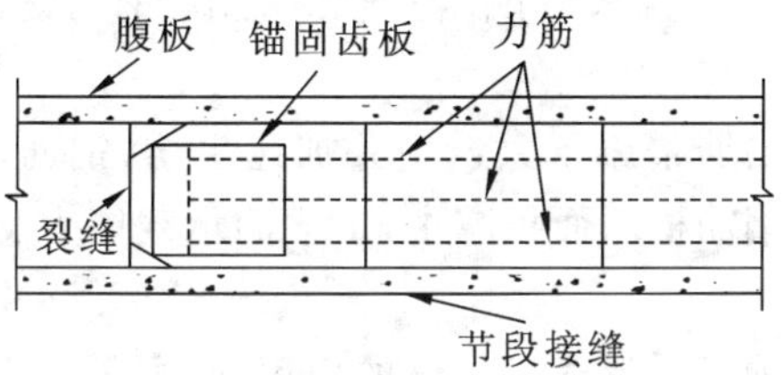	① 悬臂箱梁在连续力筋锚固齿板后面的底板会产生裂缝,且裂缝有可能向着腹板扩展,裂缝与梁纵轴成 30°~45°; ② 裂缝产生的原因是预应力筋作用面很小,产生局部应力,或者由于顶底板中力筋锚具之间的水平方向错开的距离太小
6	底板裂缝		箱梁底板发生不规则裂缝,由腹部与底板受力不均所致
7	箱梁弯曲裂缝	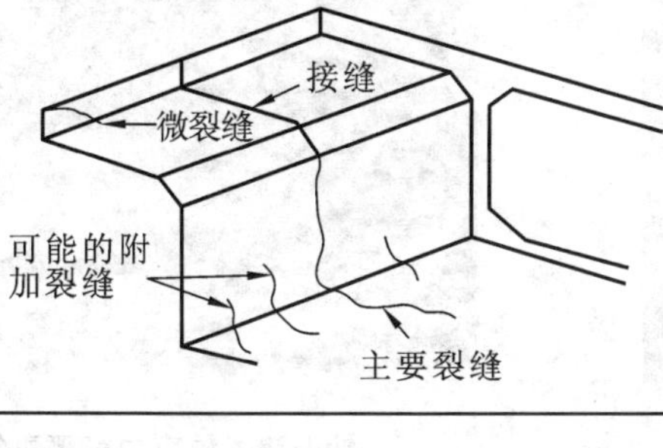	① 混凝土抗拉能力不足导致裂缝的产生,在分段式箱梁中,一般出现在接缝内或接缝附近,梁底裂缝宽度可达 0.1~0.2 mm; ② 弯曲裂缝一般很小,结构不受损伤,但在外荷载(汽车动力荷载等)反复作用下,裂缝有可能会扩大

续表

序号	裂缝种类	图示	主要特征与发生原因
8	连续梁弯曲裂缝	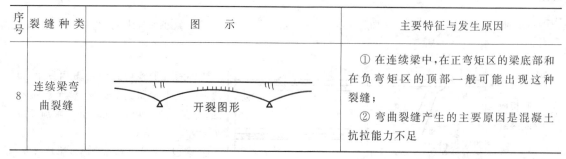开裂图形	① 在连续梁中,在正弯矩区的梁底部和在负弯矩区的顶部一般可能出现这种裂缝; ② 弯曲裂缝产生的主要原因是混凝土抗拉能力不足

检测中应注意裂缝类型(包括发生的位置及走向)以及裂缝尺寸(包括长度、宽度及深度)是否随时间推移而不同。桥梁检测发现裂缝时,应详细检测、记录裂缝的发生位置及走向,判断其是否为结构裂缝,并记录裂缝的长度、宽度及深度,与以前的记录比较,判断该裂缝是否为死裂缝,裂缝继续发展是否将危及构件。在详细分析裂缝的类型和产生的原因后,方可采取适当的维修和加固措施。

2) 普通钢筋及预应力钢筋锈蚀

混凝土具有高碱性,因此钢筋混凝土构件中的钢筋能受到保护而不生锈。若混凝土产生裂缝致使氧气、水汽侵入,则钢筋会生锈。

滨海地区的桥梁,若不加厚保护层,受海水的长期侵蚀,则混凝土构件中的钢筋会腐蚀,导致混凝土构件损坏。图4-36所示为钢筋锈断,图4-37所示为预应力筋严重锈蚀,图4-38所示为后张预应力筋严重锈蚀,图4-39所示为预应力锚头锈蚀。桥梁检测中,钢筋锈蚀为检测重点之一,需要进行较为详细的记录。

钢筋锈蚀使混凝土承受拉力而裂开,钢筋暴露于大气中并加速生锈,钢筋锈蚀造成外层混凝土剥落(见图4-40)。受力主筋锈蚀后,钢筋横断面积减小,主梁的承载能力急剧减弱,严重影响结构物的耐久性。

造成钢筋锈蚀的主要内在原因有:①钢筋受湿气及氧气的作用;②混凝土中性化;③钢筋表面氯离子含量高。

造成钢筋锈蚀的主要外在原因有:①混凝土构件开裂;②主梁受损,混凝土剥落;③施工时预留保护层太薄,混凝土碳化深度较大;④后张预应力结构灌浆和封锚不合格,导致锚下积水或空洞。

图4-36 钢筋锈断

图4-37 预应力筋严重锈蚀

图 4-38 后张预应力筋严重锈蚀

图 4-39 预应力锚头锈蚀

图 4-40 钢筋锈蚀造成外层混凝土剥落

钢筋锈蚀可分为两种情况：一种是混凝土开裂后导致的钢筋锈蚀，即先裂后锈；另一种是保护层太薄或露筋而引起的钢筋锈蚀。钢筋锈蚀引起体积膨胀，进而导致混凝土开裂或表面混凝土成块脱落，即先锈后裂。

主梁混凝土保护层保护作用失去后，其中的钢筋就很容易锈蚀。先锈后裂的情况较少发生，当保护层太薄或混凝土层意外受损露筋时会产生先锈后裂的现象。

调查显示，有的防撞墙内侧钢筋网几乎无保护层，在大气环境作用下钢筋锈蚀得相当严重。钢筋锈蚀，导致表面混凝土开裂甚至成块脱落，混凝土开裂或脱落又使原来处于混凝土保护层下的钢筋暴露于空气中，如不加以维修、养护，形成恶性循环，这对桥梁产生的危害也是不可忽视的。

3）其他病害

对于钢筋混凝土和预应力混凝土梁式桥上部结构中的基本构件来说，其他病害主要为混凝土的表面缺陷：蜂窝、麻面（混凝土表面局部缺浆、粗糙，或有许多小凹坑，但无钢筋外露现象）、孔洞（混凝土内部有空隙，局部没有混凝土）、露筋（主要由于主梁受到意外撞击造成混凝土崩落，使得钢筋外露）、剥落（混凝土表面水泥砂浆流失，造成粗骨料外露的现象，严重者造成骨料松脱、白化、层析（构件受氯气或盐水侵袭，构件内的钢筋锈蚀引起体积膨胀，导致钢筋与外层钢筋附近的混凝土分离）等。

4）混凝土桥面板缺陷

在钢筋混凝土桥面板上所见到的缺陷，一般和混凝土梁的缺陷相似。目前桥面板常发生混凝土脱落现象，主要表现为桥面板的受拉缘产生的裂缝随着时间的推移而发展，形成龟甲状的裂缝，混凝土逐渐失去连续性，部分混凝土发生下陷或脱落。图 4-41 所示为桥面板损坏的过程。

钢筋混凝土桥面板的缺陷种类及其产生原因如图 4-42 所示。

2. 一般性养护

1）养护目的及内容

养护目的：保证桥梁的安全，尽可能长久保持桥梁结构的耐用性与承载能力，保持桥梁应有

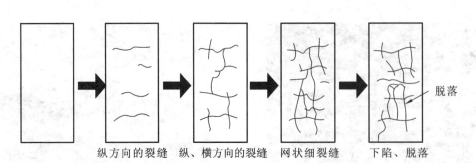

图 4-41　桥面板损坏的过程

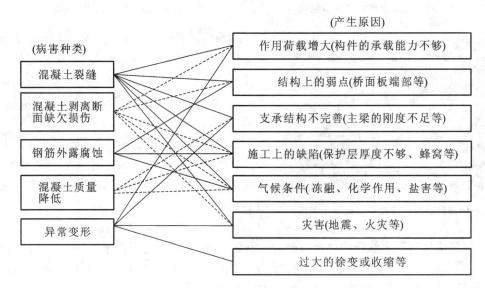

图 4-42　钢筋混凝土桥面板的缺陷种类及其产生原因

的运营水准。

养护包括一般性养护、维修和加固。一般性养护工作有时与维修和加固工作类似或相同，但是前者在概念上更简单，范围也小得多。维修和加固通常由专业桥梁施工队或承包商来完成，需要使用复杂或非常规的设备，工作程序一般比较复杂。

一般性养护工作包括以下几个方面：清除表面污垢；修补混凝土孔洞、剥落、表面风化、非结构受力影响产生的裂缝；给裸露钢筋除锈、修复其保护层；对纵横梁连接件的钢板开裂、脱焊、锈蚀进行处理等。

钢筋混凝土梁体常见病害的处理方法如下：

① 由于渗水、洪涝等，梁体产生污垢，可采用清水或中性洗剂刷洗，不宜用化学试剂清洗；

② 处治梁体混凝土孔洞、蜂窝、麻面、表面风化、剥落，应先将松散部分清除，再根据情况用高标号混凝土或水泥砂浆填补；

③ 若梁体发生露筋或保护层剥落等现象，则应先将松动的保护层凿去，并清除钢筋锈迹，当损坏面积不大时可用环氧砂浆修补，当损坏面积过大时可喷射高标号水泥砂浆或用专用修补砂浆修补；

④ 梁（板）体的横纵向连接板件、钢板、钢筋等构件开裂、开焊、断裂等，可采取更换、补焊等

措施;

⑤ 钢筋锈蚀是钢筋混凝土常见病害,了解钢筋锈蚀的程度和原因,进行必要的评估,以便采用合理的修补方法;

⑥ 裂缝也是钢筋混凝土常见病害,分析裂缝的成因,可为裂缝的危害性评定及裂缝修复提供依据。若不分析裂缝的成因就进行裂缝处理,往往达不到理想的效果。

2) 具体修补技术

选用哪种技术修补钢筋锈蚀取决于锈蚀产生原因、锈蚀程度、锈蚀钢筋所处位置和相邻区域钢筋锈蚀的原因。

(1) 在修补前应该对钢筋锈蚀程度进行必要的评估:

① 没有明显锈蚀——应至少在几个代表性区域进行混凝土取芯,以确定碳化深度或氯化物可能存在的区域,如果没有碳化或氯化物轮廓等其他明显问题,则无须采取进一步措施。

② 完好混凝土的局部锈蚀——在完好混凝土表面有明显的瑕疵,如局部不密实。对此应该做上面第①点所述检查,以确定锈蚀的程度和产生原因。

③ 整体劣质混凝土中的广泛锈蚀——如果详细检查结果显示钢筋锈蚀问题是广泛的,则应检查相关的环境侵蚀和结构的代表性区域。在受影响的区域可以通过电势电流检测确定阳极(锈蚀区域)的锈蚀程度。

(2) 修补注意事项。

修补钢筋锈蚀和防止钢筋潜在锈蚀的处理方法很多,修补时应注意以下三个事项:

① 混凝土修复要彻底并且应该用适合的材料。

锈蚀开始处的诱发条件应予以根除。在锈蚀面上直接用水泥浆修补一般是不会有效的。事实上,使用简陋的水泥浆和环氧树脂修补会加剧锈蚀。

② 专利产品的使用。

市场上有许多专利产品,对它们的价值必须有客观的认识,对其进行全面的了解。

③ 工人和承包商的素质。

从事该项工作的人员应当细致、值得信赖且有能力,操作过程中需要有掌握修理技术和熟悉材料的人员进行指导。选择承包商时,综合考虑其信誉和技术专业化程度以及标的价格。

(3) 针对钢筋不同的锈蚀情况,详细说明其相应的修补技术。

① 有氯化物但无明显锈蚀。在有较多氯化物生成但暂无锈蚀的地方,氯化物轮廓和混凝土龄期可用来估计其钝化时间,根据这一估计,可定出适当的重新检测时间间隔,或者采取措施限制氯化物进一步发展。以下是四种控制氯化物发展的方式:

硅烷涂层——在混凝土表面用硅烷涂刷,能阻止水侵入(因而也能阻止氯化物侵入),而允许混凝土中水蒸气逸出。在受潮汐和波浪作用的地方涂刷硅烷效果不好。涂刷硅烷后应以适当间隔重检,以判断这种处理方法是否恰当。

混凝土包装——对于有时浸润在水中的混凝土区域,需要包裹一层适用于水下的混凝土层。在发生重大锈蚀现象之前,用这种方式进行处理是比较经济的。如果氯化物正在聚集,则不可避免地要进行重大修补。

阴极保护——可以应用各种类型的外加电流系统阻止锈蚀,这需要相应的专业技术和经验来实施。

去除氯化物——把纸浆浸泡在电解液中,然后将它喷洒在混凝土表面,在混凝土表面电解液的范围内形成一层网状加强层,这一层作为阳极,混凝土内的钢筋成为阴极,在两极之间加上电压,将氯化铁从钢筋和混凝土表面除去。要保证成功去除氯化物,需要在混凝土表面设计统一的控制系统,以防止产生的热量损坏混凝土。这种方式也适用于钢筋周围pH酸碱度较高的地方。

② 碳化严重但无明显锈蚀。根据混凝土龄期和由简单酚酞测试确定的碳化深度,来确定重新检测的时间。一旦碳化到达钢筋位置,锈蚀就是不可避免的。为阻止锈蚀可采用以下三种方法。

● 涂刷粉底和涂料。

现在广泛采用的方法是在受影响的混凝土表面涂一层良好的水泥粉底,再涂刷一层丙烯酸涂料,可以有效地阻止二氧化碳的侵入。涂刷粉底和涂料后应以适当间隔重检,来检查这种方法的有效性。

● 重新碱化。

用一种适当的电解液,让钢筋区域恢复碱性水平。一旦碱性水平回升,就应考虑涂刷粉底和涂料,防止二氧化碳再次侵入,或者以适当的间隔安排重新碱化的处理过程。

● 在钢筋处锈蚀但外观无明显锈蚀,有时在混凝土表面出现问题之前,受某种因素的影响甚至没有发现碳化现象或氯化物,这通常意味着使用了劣质混凝土而导致结构早期锈蚀,不久将在表面变得明显,这时主要监视其发展状态,并在适当时机加以修补。应注意,不要把钢筋纹路或在浇筑时已有的锈迹误为锈蚀问题。

③ 完好混凝土中的局部锈蚀,应采取以下措施进行处理。

结构分析:确定是否需要修补,采取什么方法加强,以及是否需要支护。

修补混凝土前的准备工作:应该沿钢筋敲掉混凝土保护层直到没有锈蚀的地方。若有必要,则应切除部分钢筋,再全截面焊入。钢筋应吹干净,钢筋背面也应清洗干净,应使用掺防锈剂的清水清洗。

涂刷富锌漆:在整体完好混凝土中由于局部缺陷而引起锈蚀的地方,采用喷砂打磨钢筋,再涂刷富锌漆。

新旧混凝土之间的黏结:如果混凝土表面已经进行了适当的凿毛处理,所有松散材料已清除,就不必要采用黏结层。混凝土黏结时不允许存在污染。

④ 整体退化混凝土中的广泛锈蚀。修补混凝土退化和钢筋锈蚀广泛的地方,应根据详细检测结果,综合考虑工程的经济性,再采取合适的措施。

采用富锌漆:当环境侵蚀导致的钢筋锈蚀只是发生在局部区域时,可采用富锌漆;在混凝土退化及锈蚀广泛的地方,存在许多阳极以及阴极之处,不可采用富锌漆。

管理修补计划:在每个锈蚀变得明显的地方实施混凝土修补。修补后定期进行检测直到达到修补目标。在含有氯化物的地方,可先对残留区域或相邻区域进行修补,然后可以涂刷硅烷。这样将缩短重新处理的时间,以及减少失效处的数量。已发生碳化的混凝土,涂刷粉底和丙烯酸可以在初始修补后用来减少重新修补地方,使重新处理间隔时间极大地加长。

替换方案和结构包裹:从构件的完全替换到用钢或混凝土包裹,这些必须由结构工程师按具体情况做出选择。

⑤ 针对锈蚀修补的各种选择。

采用高质量水泥的混凝土除了用于钢筋锈蚀修补的区域,也用作结构包裹或替换中的新混凝土。施工工艺取决于修补尺寸和粘贴方法,粘贴方法取决于具体情形,但应保证高质量混凝土非常密实地填充所有空洞。在采用浇注或泵送混凝土的地方,可能需要外部振动,配合比设计应保证 100 到 150 mm 坍落度且没有离析,以及最大水灰比为 0.4,各种情况下的选择如下:

保护性的粉底:对较小的修补是有用的,且不需要模板。这种类型材料用特别工具拌和到一定的黏稠度,直接手工或用抹刀抹到相应地方。

采用无收缩水泥灰浆:在可安装模板,且最大的修补厚度不超过 70 mm 的地方,可以采用无收缩水泥灰浆。使用的砂浆都应具有低收缩、高碱性、热性能和机械性能与标准混凝土相容,具有对氧、水、氯化物、二氧化碳以及其他侵蚀物质的较低渗透性,同样应不包含某些加速剂,如氯化物等。

小范围的现场搅拌混凝土:对于稍大一些的混凝土量,可以考虑采用小型混凝土搅拌器现场搅拌。注意混凝土的配合比、水灰比、骨料尺寸。混凝土凝固所花的时间取决于所采用的水泥类型和塑性剂。

商品混凝土:在修补量很大的地方,可以采用商品混凝土。所采用的混凝土每立方米应最少含有水泥 410 kg,最大水灰比为 0.4。

⑥ 预应力钢筋锈蚀的修补。

一旦探测到预应力钢筋锈蚀,就应该对结构加以支护,必须进行详细的结构分析和评估。预应力管道内的水和其他污染物,如氯化物,应通过排水、管道重新压浆等加以清除。

3. 混凝土裂缝的修补

修补裂缝的目的在于使结构恢复因开裂而减弱的功能,保证结构的耐久性。一般较浅、较短的裂缝对梁的强度影响不大。当裂缝较多且宽度较大时,梁的刚度相应降低,同时钢筋受到有害物质的侵蚀,结构物的寿命也会缩短。《城市桥梁养护技术规范》提出,钢筋混凝土及预应力混凝土构件,应视裂缝的大小,分别采用下列方法处理:①裂缝宽值在允许的范围内,应进行封闭处理,一般涂抹水玻璃或环氧树脂;②当裂缝宽大于表 4-36 所列的相应最大裂缝宽度限值时,应采取压力灌浆法灌注环氧树脂胶;③当裂缝发展严重时,应查明原因,采取合理的加固措施。

表 4-36 钢筋混凝土与预应力混凝土梁式桥的最大裂缝宽度限制

结 构	裂缝部位		最大裂缝宽度限值/mm
普通钢筋混凝土梁	主筋附近竖向裂缝		0.25
	腹板斜向裂缝		0.30
预应力混凝土梁	梁体	竖向裂缝	不允许
		纵向裂缝	0.20
	横隔板		0.30

修补裂缝的主要材料为环氧树脂和水泥,修补材料及其配合比在不断地变化和改进,表 4-37 列出了几种用于修补混凝土的环氧材料配合比。修补的常用方法有表面封闭、压力灌浆等。

表 4-37 修补混凝土的环氧材料配合比

材料名称	配合比(按质量百分比计算)											
	环氧胶液		环氧胶泥		环氧砂浆			环氧沥青砂浆			环氧混凝土	
	1	2	3	4	5	6	7	8	9	10	11	12
环氧树脂 E-44	100	100	100	100	100	100	100	100	100	100	100	100
乙二胺(EDA)		6~8		10		10		10~12	12	12		8~10
间苯二胺(MPDA)	16			15		15~17	12				15~17	
邻苯二甲酸二工脂		10~20		20~25		10~15	10	10		10		
304号聚酯胺树脂	20~30		30		20~30						30	20
690号活性溶剂	15~20	15~20				15~20	15~20				15~20	20
甲苯							10~15		10			
丙酮	0~5	0~5										
石英粉				70	100~200		150				100~150	
细砂						450	550	450	200	450		375
水泥			400	400~650				100	150		300~400	125
煤沥青								20	20	50		
石棉纤维									10	15		
石子											500~700	适量

备注:① 第 1、2 两种配合比的环氧胶液适合做新旧混凝土的结合剂;
② 第 3、4、5、6、7 五种配合比适用于一般混凝土表层缺陷及裂缝的修补工程;
③ 第 6、8、9、10 四种配合比适用于潮湿环境内的混凝土缺陷及裂缝的修补工程;
④ 第 11、12 两种配合比适用于一般混凝土表层缺陷的修补工程。

1) 表面封闭

对于宽度较小的裂缝,常采用封闭处理的方法。现以环氧胶泥封闭为例,介绍封闭处理裂缝的施工工艺。

① 扩缝:为了得到较好的封闭效果,在细小的裂缝处凿出 V 形槽,V 形槽顶宽 20~25 mm,槽深 15~20 mm。槽面应尽量平整。

② 清渣、吹风:用钢丝刷清除槽内及其周边的松脱物,凿去浮渣,再用大功率吸尘器将 V 形槽清理干净,使槽内混凝土面无灰尘、油污。

③ 涂刷清胶(环氧胶液):为了提高环氧胶泥与混凝土之间的黏结力,在封闭裂缝之前,用毛刷蘸上配制好的清胶,沿 V 形槽口内均匀涂刷一层清胶,在垂直方向可静力灌注,使部分清胶灌入裂缝中。

④ 环氧胶泥封闭:等清胶半干时,用配制好的环氧胶泥封缝并压实、抹平。

2) 压力灌浆

压力灌浆是指以一定的压力对混凝土结构物上产生的裂缝用灌注泵注入液状的环氧树脂系列黏结剂(或水泥砂浆)。压力灌浆适用于裂缝宽度较大(大于 0.2 mm),深度也较大的裂缝的修补。压力灌浆施工应按以下工艺流程进行。

① 裂缝预处理:用刮刀、扁铲沿裂缝将黏附在混凝土表面的灰浆、尘土铲去,并沿缝开凿V形槽,用高压空气将槽内灰尘等吹干净。若有油污,则用丙酮清洗。

② 将粘贴压浆嘴的粘贴面用砂纸擦亮,清洗干净,并检查开关是否完好,然后在裂缝表面每隔 20 cm 左右骑缝粘贴压浆嘴。每条裂缝至少要有一个进浆孔和一个排气孔。

③ 封闭裂缝:用环氧胶泥(或水泥砂浆)将压浆嘴及裂缝表面封闭密实,使裂缝形成密闭性的空缝。

④ 密封检查:为保证密闭空缝的密闭性及能够承受灌浆压力,应检查封缝的密封效果。检查封缝的密封效果的方法是:待封缝的环氧胶泥或水泥砂浆固化后,沿缝涂一层肥皂水,并从压浆嘴向缝中通入压缩空气,无冒泡现象即表示密封效果良好,否则应予修补。

⑤ 配制浆液:灌浆材料应当黏结力强,可灌性好。水泥类材料一般仅用于宽度大于 2 mm 的裂缝灌浆。环氧树脂黏结强度高,在现场根据气温和裂缝的部位、宽度、走向选用合适的浆液配方,配制压力灌浆液。每次不宜配制过多的灌浆液,以免短时间内使用不完,导致灌浆液黏度变高而无法施工,造成浪费。灌注泵有手摇式、脚踏式和电动式,其中电动式施工方法稍有不同。表 4-38 所示为注入施工方法。

表 4-38 注入施工方法

手摇式及脚踏式灌注泵	① 密封面的底面处理——沿裂缝在适当的宽度内除去游离石灰和灰尘,使用冲洗剂等进行清洗。 ② 注入导管的布置——沿着裂缝以油灰状环氧树脂系列黏结剂黏结固定。 ③ 密封——将凿成 V 形的裂缝部位,用油灰状的环氧树脂系列黏结剂密封,注入导管以外部位也进行密封。而且通常需进行养护,直到能承受注入压力为止。 ④ 按所规定的配合比制作液状的环氧树脂系列黏结剂。由导管的端部顺次注入,从相邻导管看到树脂流出后,密塞导管养生 24 小时左右。 保持平均注入压力,手摇式为 4 kg/cm²、脚踏式为 15 kg/cm²。 ⑤ 修饰——切断注入管,用研磨机等将表面修饰平整。 注:使用环氧树脂时应考虑其耐久性
电动式灌注泵	① 密封面的底面处理——沿着裂缝将宽度 10~15 mm 的地方用钢丝刷清除附着物,用毛刷及布将其粉末清除干净。 ② 密封。 当裂缝宽度较小时,将松香和石蜡的混合料加热至 80~100 ℃,制成密封料。 每间距 5~10 cm,垂直于裂缝贴上胶带,将液态的松香和石蜡用绘画毛笔沿裂缝涂敷 10~15 mm 宽,涂敷后立即将胶带揭下,当作注入口。 当裂缝宽度较大时,预先在裂缝中打进钉子,用油灰状环氧树脂系列黏结剂密封,密封后将钉子拔掉,当作注入口。 ③ 压注——在压注之前,用纸杯和量具等检查主剂、硬化剂的配合比,再安上活塞,向各筒内装入主剂、硬化剂。 在注入口安上喷嘴,打开阀门进行压注。 对下一个注入口以液体状环氧树脂密封,依次进行压注。 ④ 修饰——注入剂养生后,用钢刀片铲除密封料

在实际的养护、小修中,可采用高强无收缩灌浆料,利用液面高差压力进行压浆,以替代压浆泵式压浆,其工艺已较成熟,能降低成本,方便施工。灌浆料是由高强黏结材料、复合外加剂和特制细骨料配置而成的一种专用灌浆材料,由于其流易性好,施工时可不采用压浆泵。具体施工步骤如下:

① 处理密封面,即凿毛混凝土表面,清除浮物,去除油污、铁锈,并提前 4 h 用清水湿润。

② 支设模板,并在高于修补处 1～2 m 的部位设置进料斗,用软管连接进料斗和模板的注入口。模板必须严密,防止漏浆。

③ 按照规定配置灌浆料,充分搅拌,搅拌时间控制在 90 s 以内。

④ 通过进料斗灌注灌浆料,必要时采用引流和捣振保证灌浆料充实,搅拌好的灌浆料应在 30 min 内使用完。

⑤ 浇注后,24 h 内不得振动,24 h 后可拆模,终凝后洒水养护 3 天,每天洒水 2～6 次。

3) 化学材料封缝

当裂缝开裂尺寸不大时,可采用化学涂料复涂,以使高分子材料深入裂缝中,只要有水,即可沿水渗透,达到封闭的效果。

4. 维修与加固

1) 维修与加固原则

桥梁维修、加固的工作量一般较大,只有通过充分的比较和考虑,才能决定桥梁是否需要采取维修和加固措施,混凝土和预应力混凝土梁式桥的维修、加固的一般原则是:桥梁承载能力不足,按照现行需要通行的车辆进行验算发现其不能满足强度要求;由于重型车辆的增加,原有桥梁承载能力不足而发生损坏现象;为使整条路线上或其一路段内桥梁承载能力保持一致,对个别载重能力较弱的桥梁,按目前载重要求进行加固。

加固的基本要求如下:

(1) 注意经济性。一般来说,当加固费用比新建费用节省一半时,应优先考虑加固。

(2) 不中断交通或尽量减少中断交通。

(3) 对已发现的缺陷要一次性加固好,不留后患。

(4) 对原结构的损伤尽可能减至最小。

(5) 技术可靠、耐久、养护方便。

加固基本原则如下:

(1) 采用实际计算应力与容许应力进行大小比较的分析法。若实际荷载作用下构件所产生的计算应力大于材料实测容许应力,则需加固;反之,则仅采用维修、养护措施即可。

(2) 桥梁局部产生破损,如裂缝、剥落等,若破损严重,已不能满足强度要求,则应尽快对受损构件进行加固;若破损不严重,对强度要求没有影响,则可以不必加固。

(3) 桥面宽度不足,影响车辆通过能力时,应进行拓宽加固。

(4) 桥梁局部或整体刚度不足,已影响正常使用时,为提高其刚度,需进行加固;

(5) 因战争或遭受特大自然灾害,桥梁受损需进行抢修,以及为保证重车临时通过桥梁时的安全,需对桥梁进行临时加固。

2) 桥梁加固方法的选用

桥梁加固是一种通过加大或修复桥梁构件来提高局部或整座桥梁承载能力或通过能力的

措施。因此,桥梁加固工作一般以不更改原建筑形式为原则,只有在复杂的情况下,才更改其结构。如仅加固仍不足以满足交通运输的需要,必须进行桥梁的部分或全部重建,则重建桥梁需考虑到将来的发展,并按现行规范进行设计与施工。

桥梁加固一般有如下几种:

(1) 扩大或增加原结构构件截面,以提高原结构的强度和刚度。

(2) 以新的结构代替旧的应力不够的结构。

(3) 改变原结构的受力体系,减小原结构受力。

(4) 对原结构施加外应力(如预应力),以改变原结构的受力图形,达到提高桥梁刚度和强度的目的。

目前,较成熟的主梁维修、加固的方法主要有如下几种:①增大截面和增加配筋加固法;②锚喷混凝土加固法;③粘贴钢板(筋)加固法;④改变结构受力体系加固法;⑤体外预应力加固法;⑥增设纵梁加固法(拓宽改建);⑦碳纤维布加固法。

桥梁加固可以采用各种不同的方式,视旧桥的情况、承载能力的减弱程度以及今后的使用情况利用恰当的加固方法。当采用扩大或增加桥梁构件截面的方法进行加固时,应特别注意新加部分与原有部分的结合,使其成为一个整体。不管采用何种加固方案,都应考虑投资少、工效快、不中断交通、技术上可行、有较好的耐久性等方面的要求。

3) 增大截面和增加配筋加固法

当梁的强度、刚度不足,稳定性和抗裂性不好时,通常采用增大构件截面和增加配筋(见图4-43)、提高配筋率的加固方法。

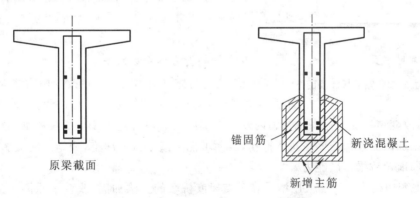

图 4-43 增大截面和增加配筋加固法

在梁底面或侧面,加大钢筋混凝土截面(新配主筋),使梁体截面加大,可提高梁的承载能力。增大截面和增加配筋加固法特点如下。

① 为加强新旧混凝土的结合,需对旧梁面进行凿毛处理,凿除工作量大,常需在桥下搭设脚手架;

② 对 T 形梁可采用底面及侧面同时加大,或底部马蹄形加大两种加固形式;

③ 加固效果显著,适用于梁桥及拱桥对拱圈的加固;

④ 增大构件截面和增加配筋来提高主梁承载能力的加固法,一般多用于板梁桥的加固。对于板梁桥,主要考虑增设板梁底面的加强主筋和增大截面;对于 T 形梁桥除考虑增设梁底主筋和增大截面外,还须考虑设置套箍。

4）锚喷混凝土加固法

借助高速喷射机械,将新混凝土混合料连续地喷射到已锚固好钢筋网的受喷面上,凝结硬化而形成钢筋混凝土,从而增大桥梁的受力断面,加强结构的整体性,使其能承受更大的外荷载作用。

5）粘贴钢板加固法

粘贴钢板补强法是采用环氧树脂系列黏结剂将钢板粘贴在钢筋混凝土结构物的受拉缘或薄弱部位,使之与结构物形成整体,用以代替需增设的补强钢筋,提高梁的承载能力,达到补强效果的一种加固方法。这种加固法具有如下优点:

① 不需要破坏被加固的原有结构物,加固工程几乎不增大原结构的尺寸;
② 尽管工程质量要求很高,但是施工时并不需要由高级的专门技术人员操作;
③ 能在短期内完成加固工程,较快地恢复桥梁通车;
④ 几乎可以不改变具有历史价值建筑物的原有艺术特点。

许多试验结果表明,粘贴后钢板与原有结构能够共同作用。因此,补强设计时,钢板可作为钢筋的断面来考虑,将钢板换算成钢筋,原有构件承受恒荷载与活荷载,增加的钢板承受原有构件承受不了的那部分活荷载。另外,采用的钢板厚度必须比计算出的厚度大些,根据施工要求,大多使用4.5~6 mm厚的钢板。

当交通量增加,主梁出现承载力不足,或纵向主筋出现严重腐蚀的情况时,梁板桥的主梁会出现严重的横向裂缝。采用黏结剂及锚栓,将钢板粘贴、锚固在混凝土结构的受拉缘或薄弱部位,使其与结构形成整体,以钢板代替增设的补强钢筋,达到提高梁的承载能力的目的。图4-44所示为梁板底部粘贴钢板加固图。

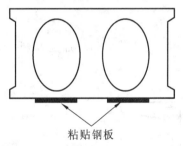

图4-44 梁板底部粘贴钢板加固图

6）改变结构受力体系加固法

改变结构受力体系加固法是通过改变桥梁结构体系,以减小梁内力或应力、提高承载能力的一种加固方法,其加固效果较好。目前,改变结构受力体系也是国内外用来解决临时通行超重车辆的一种加固措施。改变结构受力体系加固法大都需要在桥下操作,因而可能会减小桥下净空,或施工时会影响通航,必须综合考虑通航及桥梁排洪能力。

(1) 简支变连续梁加固法。用增设临时支架或桥墩的方法加固,改变了原简支梁的受力体系,支点处将产生负弯矩,故必须进行受力验算。采用简支变连续梁加固法(见图4-45)将多跨简支梁的梁端连接起来,变为多跨连续梁,可以改善结构的受力状况,提高桥梁的承载能力。其基本做法如下:掀开桥面铺装层,将梁顶保护层凿除,使主筋外露,并将箍筋切断拉直;沿梁顶增设纵向受力主筋,钢筋直径和根数依梁端连接处所受负弯矩大小配置;浇注梁顶加高混凝土和梁端接头混凝土;拆除原有支座,用一组带有加劲垫板的新支座代替原有的两个支座;重新做好桥面铺装,恢复通车运行。

(2) 加劲梁或叠合梁加固法。如图4-46所示,加劲梁或叠合梁加固法即采用加劲梁或叠合梁以增强主梁的承载能力。这是常用的改变桥梁结构体系的一种加固法。加劲梁或叠合梁的形式有多种。

采用加劲梁或叠合梁加固,应根据加固时结构体系转换的实际受力状态,分清主次,进行合理的抽象和简化,得出计算图式,进行补强计算。因实际结构比较复杂,各种结构部分之间存在着多种多样的联系,而决定联系性质的主要因素是结构各部分的刚度,故新旧结构体系可依据相对刚度大小分解为基本部分和附属部分,以分开计算其内力,如分成主梁与次梁、主跨与附跨,并注意略去结构的次要变形,从而获得较简明的力学图式。

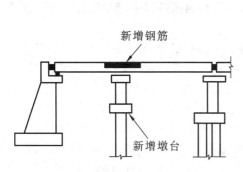

图 4-45 简支变连续梁加固法

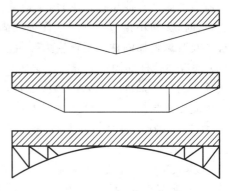

图 4-46 加劲梁或叠合梁加固法

(3) 改桥为涵加固法。对于跨径较小的桥梁,在不影响通航和排洪能力的情况下,可采用改桥为涵的方法进行加固。图 4-47 所示为改桥为涵的构造示意图。

7) 体外预应力加固法

体外预应力加固法是指对钢筋混凝土或预应力混凝土梁(板)受拉区施加体外预应力的加固方法。它应用预应力原理,以梁身为锚固体,通过张拉,对梁的受拉区施加压力,以抵消部分自重应力,减少在活荷载作用

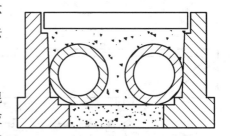

图 4-47 改桥为涵的构造示意图

下的应力增量(对梁起卸载作用),从而避免梁上出现裂缝或减少产生裂缝的条件,提高梁的耐久性。体外预应力加固可作为重车通行的临时加固手段,也可作为永久性提高桥梁荷载等级的措施。

体外预应力加固法的优点是:①加固效果好,工作可靠,在自重增加很小的情况下,能够大幅度改善原结构的受力状况,调整原结构的受力形式,提高承重结构的刚度与抗裂性能;②由于承重结构自重增加小,故对墩台及基础受力状况影响很小,可节省对墩台及基础的加固;③对桥梁运营影响较小,可在不限制通行的条件下加固施工;④既可作为桥梁通过重车的临时加固手段,又可作为永久性提高桥梁荷载等级的措施。

(1) 体外预应力加固考虑的主要问题。采用体外预应力加固法加固桥梁结构时,应考虑的主要问题有施加预应力的常用方法、预应力损失的估计和减少预应力损失的措施及预应力加固的计算等。

① 施加预应力的常用方法。采用体外预应力加固法加固钢筋混凝土或预应力混凝土梁(板),其加固件一般采用粗钢筋或钢丝索等钢材。施加预应力的常用方法有纵向张拉法、横向张拉法和绞紧钢丝束等。使用纵向张拉法,若施加的预应力较大,则可采用手拉葫芦、千斤顶张拉或电热法张拉。横向张拉法基本原理是,在钢拉杆中部施加较小的横向外力,从而可在钢拉杆内获得较大的纵向内力。使用横向张拉法时,由于横向张拉外力一般并不大,采用螺栓、丝杠、花篮螺丝等即可。采用撬棍等工具绞紧钢丝束也可产生预拉应力。

② 预应力损失的估计和减少预应力损失的措施。预应力损失是影响预应力加固的适用范围和加固后工作状态的重要问题。预应力损失可由加固件本身和承受加固件作用的结构两方面的变形而产生,主要的产生因素是:基础的徐变和地基沉降,被加固构件的收缩和其他变形;加固体本身的徐变、加固件结点和传力构造的变形、温度应变等。

预应力加固件在使用过程中,由于地基沉降、温度应变、新浇混凝土徐变等将产生较大预应力损失,这时,为减小预应力损失以保证加固效果,必须在加固过程中,预留构造措施,以便在使用过程中及时调整加固件的工作应力数值。

(2) 预应力拉杆加固钢筋混凝土梁板。钢筋混凝土梁板是受弯或以受弯为主的横向受力构件。其预应力补强加固一般采用预应拉杆,常用的拉杆体系有三种,即水平的预应力补强拉杆、下撑式预应力补强拉杆及组合式预应力补强拉杆。各种拉杆体系的结构和加固原理分述如下。

① 水平的预应力补强拉杆加固法。对于钢筋混凝土或预应力混凝土的T形梁或工字梁桥,可采用在梁断面的受拉侧,即在梁底下加设预应力水平拉杆的简易补强方法进行加固。

② 下撑式预应力补强拉杆加固法。将水平的补强拉杆在接近支座处向上弯起,锚固于梁板支座的上部,弯起点处增设传力构造,再施加预拉应力。在桥下净空许可的条件下,可采用如图4-48所示的下撑式预应力补强拉杆加固梁式钢筋混凝土梁法。

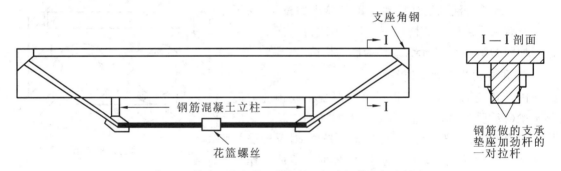

图 4-48　下撑式预应力补强拉杆加固梁式钢筋混凝土梁法

这种加固法的预应力补强拉杆用钢材做成,拉杆弯起点设立柱,立柱用钢筋混凝土或混凝土做成。立柱一般设在1/4跨径的地方。

预应力加固件的斜拉杆,装在被加固的梁的两端,在钢筋混凝土梁上凿一块安放垫座的区域,割去一部分梁的钢筋箍和竖钢箍,将用角钢或槽钢做成的支承垫座安放在凿好的区域。斜拉杆的一端插入支承垫座内用螺帽扣紧,另一端在立柱下面用一对节点板与水平拉杆结合。装好之后,用花篮螺丝把加劲的水平拉杆拧紧。为减小对桥下净空的影响,预应力补强拉杆也可布置在主梁腹部的两侧(中和轴以下)。图4-49所示为下撑式补强拉杆的布置形式。

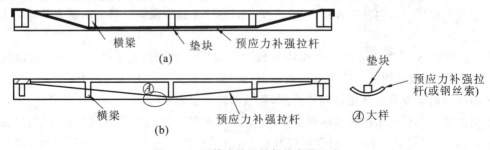

图 4-49　下撑式补强拉杆的布置形式

为使补强拉杆锚固于梁腹板,形成整体,锚固的方法有多种,例如用夹具锚固、用钢板套箍锚固,如图 4-50 所示。

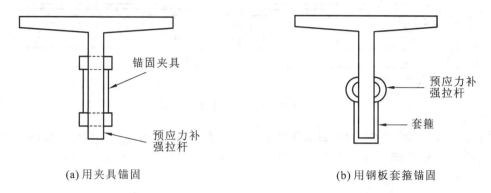

图 4-50 补强拉杆锚固于梁腹的方法

由于下撑式预应力补强拉杆布置较为合理,拉杆中施加预应力后,通过拉杆弯起点的支托构件传力,于梁结构产生作用力,起到卸载的作用。这种加固方法的优点是可对受弯构件垂直截面上的抗弯强度和斜截面上的抗剪强度同时起到补强作用。此法加固效果显著,构造妥善时可大大提高原结构的承载能力。

③ 组合式预应力补强拉杆加固法。组合式预应力补强拉杆加固法,即既布置水平的预应力补强拉杆,又布置下撑式预应力补强拉杆来加固钢筋混凝土梁,如图 4-51 所示。

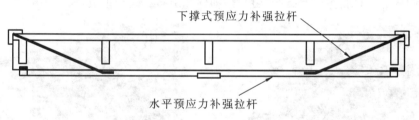

图 4-51 组合式预应力补强拉杆加固钢筋混凝土梁

组合式预应力补强拉杆加固法具有下撑式预应力补强拉杆加固法同时提高抗弯、抗剪强度的优点,在必要时还可将通常安设的两根拉杆增加到四根(两根为水平拉杆),从而可更大幅度地提高承载能力。

可根据具体情况选用上述加固方法。从补强的内力种类来看,当梁板跨中受弯强度不足而斜截面上抗剪强度足够时,可考虑采用水平的预应力补强拉杆及其他两种拉杆;当梁板支座附近斜截面抗剪强度不足时,应采用下撑式和组合式预应力补强拉杆。从要求补强的数量大小来看,承载能力提高幅度较小时可采用水平的预应力补强拉杆或下撑式预应力补强拉杆,要求补强加固后承载能力提高较大幅度时,宜采用组合式预应力补强拉杆。

8) 增设纵梁加固法(拓宽改建)

在墩台地基安全性能好并有足够承载能力的情况下,可增设承载力大和刚度高的新纵梁。当基础承载能力不足时,增设纵梁加固,必须同时对基础采取加固措施。新增主梁与旧梁连接,共同受力,从而达到提高桥梁承载能力的目的。新增主梁位于两侧的情况下,兼有加宽的作用。图 4-52 所示为增设纵梁加固法。

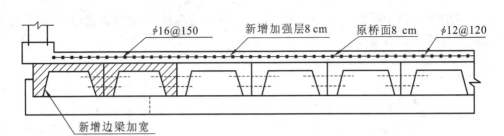

图 4-52　增设纵梁加固法

为保证新旧梁能够共同工作,必须注意做好新旧梁之间的横向连接。横向连接的方法有企口铰接、键槽连接、焊接及钢板铰接等。新增梁与旧梁牢固连接,有利于荷载的横向分布。

9) 碳纤维布加固法

碳纤维材料成功应用于土木工程的加固与补强,使土木工程加固技术研究更上了一个台阶。碳纤维材料是一种新型建材,因其质轻、耐腐蚀、片材很薄、抗拉强度高而被广泛应用。碳纤维布加固法被视为梁式桥加固补强、提高承载能力,尤其是当高度受限制时的首选加固方法,其施工工艺也很简单。

(1) 碳纤维材料及相关黏结材料。加固混凝土构件所用的碳纤维布,是由碳纤维长丝经编织制成的柔软片材。碳纤维复合材料是以碳纤维为增强材料,以合成树脂为基体复合而成的一种工程材料。用于土木工程结构的碳纤维以聚丙烯腈(PAN)纤维为原料经高温碳化而成。用于桥梁加固的碳纤维材料主要是碳纤维片材,即碳纤维布和碳纤维板,如图 4-53 所示。

(a) 碳纤维布

(b) 碳纤维板

图 4-53　碳纤维材料

碳纤维布按碳纤维丝布置方向可分为单轴向碳纤维布和双轴向碳纤维布,可用于不同受力状态的混凝土构件的补强加固,如弯曲、剪切、扭转等受力构件。一般碳纤维布的厚度为 0.11~0.43 mm,幅宽为 20~100 cm,卷材长度为 50~100 m。黏结材料是指将连续纤维状的碳纤维结合在一起,同时又与混凝土表面黏合的系列材料,主要包括底层涂料、整平材料和浸渍树脂三类材料。

① 底层涂料(底涂胶)。在处理好的混凝土表面上,涂一层很薄的底涂胶,底涂胶浸入混凝土,既可以增强混凝土表面强度,又可以改进黏结性能,从而使混凝土与碳纤维布黏合牢固。因此要求底涂胶必须具有很低的黏度,以及与混凝土良好的黏结性能,以便于涂刷在混凝土表面后,底涂胶能渗入混凝土结构中。为保证性能,应尽量避免使用溶剂型胶。

② 整平材料(找平胶)。碳纤维布只有与所加固补强的混凝土表面紧密接触,才能产生良好

的补强效果。但混凝土表面的锐利突起物、错位和转角部位等可能使碳纤维布产生损伤,并导致碳纤维布强度降低。混凝土表面小的模板错位及混凝土气孔很难通过基底处理一道工序彻底处理好。因此,在涂敷的底层涂料指触干燥后,必须用找平胶进行找平,同时将矩形断面直角打磨后补成圆弧状。

找平胶应具有优良的力学性能,以及良好的施工性能与触变性能。在施工过程中,找平胶应易于操作,且不随时间的延长出现明显的变形。一般普通环氧树脂的黏结强度和强韧性都达不到找平胶的要求,不应调配使用。

③ 浸渍树脂(粘贴主胶)。浸渍树脂在黏结材料中起着至关重要的作用,它连接底胶与碳纤维布。它的黏度控制在一定范围内,有利于浸渍树脂顺利地将碳纤维布黏附于混凝土表面,经碾压,浸渍树脂很容易浸透碳纤维布,形成一个复合性整体,共同抵抗外力作用。

浸渍树脂不仅应具有良好的渗透性以利于浸透碳纤维布,同时还应具有一定的初黏力,防止粘贴的碳纤维布塌落而形成空洞或空隙。并且浸渍树脂本身应具有良好的触变性,易于施工且不会发生明显的滴淌现象。另外,胶粘剂与碳纤维的相容性和黏结力必须极好,才能使碳纤维布和混凝土形成预定的复合材料。

④ 防护材料(罩面胶)。罩面胶的主要作用是使施工表面美观和保护碳纤维布。防护材料要求能涂敷在碳纤维布表面,并不脱层,不掉落,能长期在冷、热、干、湿的空气中稳定。丙烯酸体系、聚氨酯体系、不饱和聚酯体系、有机硅、有机氟体系等材料都可作防护材料。

碳纤维布加固补强施工过程中,胶是一层一层叠加上去复合而成的,与混凝土直接接触的只有底涂胶,找平胶与底涂胶、碳纤维布粘贴主胶黏结,而粘贴主胶与底胶、找平胶、碳纤维布和罩面胶黏合。因此不同胶粘剂之间的相容性、黏结性问题应予以充分考虑。一般来讲,同一类型的胶粘剂相容性较好,不同类型的胶粘剂相容性就需预先做实验加以论证。

(2) 碳纤维布加固补强特点。

① 不增加恒载不增大断面尺寸。

采用碳纤维布加固补强,对整个结构质量及桥下净空的影响可忽略不计。同时,碳纤维布可以多层粘贴。根据补强的要求,碳纤维布可以在一个部位重叠粘贴,充分满足补强的要求。这一优点是传统补强方式所难以比拟的。

② 可适应不同构件形状,成型很方便。

斜、弯、坡及异形结构的加固补强,采用传统的方法,施工难度极大。采用碳纤维补强法,因碳纤维布可以随结构外形变化任意施工,可降低施工难度,减少施工成本,缩短施工工期,产生巨大的社会及经济效益。

③ 施工简便。

特别是当箱梁内部的作业空间受到限制时,碳纤维布加固法是可选择的一种方法。碳纤维布加固工艺简便,无须大型设备、模板、夹具及支撑,操作起来简单易行,因而施工时所需工作面小。

④ 采用碳纤维布加固补强,对原结构不产生新的损伤。

碳纤维布加固补强时采用环氧树脂系列的黏结材料进行粘贴,不需要设置锚固螺栓及凿混凝土等,因而不会对已经损伤的结构产生新的破坏,更可避免钻孔时损伤结构内原有钢筋和预应力索而引起新的问题。

⑤ 能有效地封闭混凝土的裂缝。

碳纤维布(片)粘贴在混凝土的表面,不仅封闭了混凝土的裂缝,其高强、高模量的特性还约束了混凝土结构裂缝的生成与扩展,改变了裂缝的形态,使宽而深的裂缝变成分散的细微裂缝,从而提高了混凝土构件的整体刚度。

⑥ 碳纤维布(片)具有优良的耐化学腐蚀性。

碳纤维布(片)是一种复合材料,几乎无腐蚀性和磁性,具有较好的耐热性,不仅能经得起水泥碱性的侵蚀,而且当应用于经常受盐害侵蚀等腐蚀性环境时,其寿命也较长。因而碳纤维布加固法,在不利环境下较其他方法更显出其优异性。

⑦ 不影响结构的外观。

碳纤维布(片)的厚度很薄,粘贴固化后其表面还可以涂刷一层与原有结构外观颜色一致的涂料,而不影响结构的外观。

(3) 碳纤维布加固补强受力性能。

与其他加固方法相比,采用碳纤维布加固旧桥能最小限度地改变原有结构的应力分力,保证在设计荷载范围内与原结构共同受力;将抗拉性能优良的碳纤维布用黏结材料粘贴到梁体底面或箱梁内壁上,使其与原结构一起参与受力,即碳纤维布可以与原结构内布置的钢筋共同承受拉力,以提高旧桥的承载能力。

沿桥梁的主拉应力方向(或与裂缝正交方向)粘贴碳纤维布,两端分别设置锚固端,据此可约束混凝土表面裂缝、防止裂缝再扩展,从而达到提高构件抗弯刚度、减小构件挠度、改善梁体受力状态的目的。

目前可用于旧桥结构加固用的碳纤维有单向碳纤维布、单向碳纤维交织布、双向碳纤维交织布及单向碳纤维层压材料等,要根据不同的结构部位和受力特性方向等,选择相应的碳纤维材料进行加固。

碳纤维布加固混凝土构件,在提高其受弯承载力的同时还可能影响受弯构件的破坏形态。当碳纤维布用量过多时,构件的破坏形态将由碳纤维被拉断引起的破坏转变为混凝土被突然压碎破坏。与此同时,由于碳纤维为完全弹性的材料,它与钢筋的共同作用会减弱钢筋塑性性能对构件延性的影响。碳纤维布用量过多,构件延性将有所降低。因此,碳纤维布用于钢筋混凝土梁式桥的加固补强时,应根据实际情况合理使用。

试验研究证实,碳纤维布能够提高混凝土梁抗剪力,碳纤维布的作用机理与箍筋类似,能明显改善构件的变形性能,增强构件的变形能力。

碳纤维布与混凝土基层界面,可分为两个界面区,即混凝土基层与黏结树脂界面区、黏结树脂与碳纤维布界面区。黏结性的本质是接触面间的相互作用,宏观上表现为液态聚合物浸润表面后形成的机构锁结,微观上表现为分子扩散后相互缠结作用,或化学键作用,或静电吸引作用等。

二、圬工拱桥养护

圬工拱桥通常是指采用抗压能力强的圬工材料(石块和素混凝土)砌筑拱肋的拱式桥梁。较老的圬工结构多用砂浆和单块石料砌筑而成,几乎没有抗拉强度。石块可以从天然石料中切割下来或由其他材料人工合成。过去常用石灰砂浆砌缝,因为石灰砂浆比水泥砂浆软,能使荷载均匀地通过砌缝分配。现有的圬工拱桥一般跨度小、承载等级较低、桥龄较长,是养护的重点。

1. 病害及原因

1）砌块和砌缝的损坏

砌块和砌缝损坏可能是由于渗水通过结构时将水泥或黏结材料冲刷掉了。

破损也可能是湿干状态反复作用造成的。从背后填料或基础毛细吸上来的水中溶解了土中的盐分,砖石和砂浆吸上来的水流过墙面,溶解了墙中的盐类,然后水流过与空气直接接触的任何墙面,水分蒸发之后,溶解在水中的盐就形成结晶盐,结晶盐会造成墙面剥落。石灰砂浆比水泥砂浆更容易出现这类问题。

2）开裂或位移

（1）影响因素。如果开裂或位移是最近出现的则是非常重要的,区分这些裂缝与桥梁的稳定性和承载能力是否相关是非常重要的。圬工桥台、挡土墙或翼墙,由于过度沉降或基础不均匀沉降极易出现开裂。影响圬工拱桥稳定性的因素如下：

① 桥墩和桥台的横向不均匀沉降——会引起拱圈沿纵向开裂,并使拱圈沿纵向断开；

② 桥墩和桥台基础的位移和沉降——会引起拱圈横向开裂和路面沉降；

③ 桥墩和桥台的侧向沉降——会引起拱圈对角线方向开裂,这种裂缝从拱圈一侧的起拱点开始一直扩展到拱顶；

④ 主拱圈的挠曲变形——会在 $L/4$ 附近的拱上挡土墙处开裂；

⑤ 由于填土的侧压力引起的拱上挡土墙的外倾,特别是当车辆荷载作用在靠近护墙位置时——会引起沿拱圈边缘的纵向开裂；

⑥ 翼墙的移动——会引起开裂,如果靠近路面会使路面遭到破坏。

（2）拱圈的径向裂缝。拱圈的径向裂缝是拱桥中常见的裂缝,经常发生在拱顶部位,其方向与拱轴线垂直。拱顶附近的径向裂缝是由正弯矩引起的。裂缝下宽上窄,沿竖直方向向上延伸。这种裂缝还会引起拱顶下沉。

圬工拱桥产生径向裂缝的主要原因有截面整体性差、荷载等级提高、温度变化、混凝土收缩及墩台水平变位。

（3）拱圈的纵向裂缝。拱圈宽度较大的圬工拱桥,常见拱圈出现纵向裂缝,这种裂缝通常在桥面中线附近顺跨径方向延伸,严重时会贯通全桥。这种裂缝产生的主要原因如下：

① 拱圈截面过宽而不能适应热胀冷缩；

② 横向联系比较薄弱、荷载横向分布很不均匀；

③ 拱圈的砌筑质量差,不能有效错缝。

3）砌块和砌缝的磨损

磨损主要发生在拱脚处,带有冲刷颗粒的水会对软石料造成磨损。

4）生物侵蚀

拱上填料,或台后填料,或挡土墙后面的填料中会有充足的水和养分,可满足大量植物的生长需要。苔藓和藤蔓等附在砖石墙面时会对墙面产生化学侵蚀。生长在缝隙中的根和茎会形成边界力,这个力会破坏石块与石块之间的连接。在石块上打洞的软体动物,其分泌物也会侵蚀石块。

2. 一般性养护

圬工拱桥养护工作的主要内容如下：

① 保证圬工表面清洁、完整，并预防其表面风化；

② 保证排水设施完整和处于完好状态；

③ 检查各部分所发生的损坏（如裂缝、空洞、变形、位移等），并修理表面轻微损坏。检查的重点内容是：暴露的表面是否退化、侵蚀和碎落；圬工材料间的接缝是否开裂或移动；挡土墙、耳墙、桥台和拱桥拱肩之间填充材料的排水是否通畅；垃圾和植被是否堆集；拱圈的顺直和几何形状是否异常。

圬工拱桥一般性养护的具体措施如下：

① 灰缝及石料的保养。

砖、石拱桥要注意灰缝的保养，如有脱落或植被生长，应及时清除脱落灰浆或灰缝内的植被及根系，同时除去受影响的石灰砂浆，换上新的弱石灰混合砂浆。重新勾缝最好在冬天进行，如果在夏季进行，则应每天隔2~3 h轻微喷一些水。

② 排水设施的养护。

如发现堵塞的排水孔或管，或者排水口附近的翼墙有凸出的变形（该变形有可能是排水不畅造成的），则应使用较小直径的钢钎及时将其疏通。

③ 圬工拱桥检查中如发现拱圈变形、侧墙有异样，则应查明原因，并加以修理与加固。

3. 维修与加固

1) 圬工拱桥的维修

圬工拱桥的维修工作主要是修理拱圈和拱上结构砌体的个别损伤部分，如裂缝、局部变形等，以恢复损伤结构的整体作用。

（1）压浆法修补裂缝。

砖、石拱桥受各种因素的影响，容易产生裂缝，且圬工拱桥一经开裂，往往容易发展，这时可用压注水泥砂浆或其他化学浆液的方法进行修补。但处理受力裂缝时，压浆法修补裂缝必须和相应的加固措施结合，以达到标本兼治的效果。

（2）修理防水层。

为防止渗漏，砖、石拱桥均应做防水层。如发现没有防水层或防水层损坏失效，则应挖开拱上填料，重做防水层，同时设置好桥面的排水系统，再在桥面上加铺黑色路面，防止桥面水渗漏入圬工砌体内。

（3）增加圬工拱桥的横向刚度。

圬工拱桥横向刚度较小，纵向产生裂缝时，应采取增加横向联系的维修措施：

① 在无横隔梁的桥中，先探明原主梁钢筋的位置，在不破坏钢筋的情况下，钻孔、穿横向钢拉杆，将主梁连成整体；

② 在有横隔梁的桥中，若横隔梁刚度不够，则应增设横向钢拉杆或钢筋混凝土横隔板。

③ 采用钢纤维混凝土浇筑整体桥面板，增强桥梁整体性；

④ 肋拱因横向刚度不足，肋间结构产生断裂或两肋分离时，除对裂缝进行粘贴钢板、勾缝补强处理外，还应在肋的四分点至拱顶的区段内增设预应力钢筋混凝土横系梁，以加强两肋间的

横向刚度。

如圬工桥梁纵向裂缝超过规定的限值,则可在拱顶、1/4 跨径处和拱脚附近各加一道横杆,以防止纵向裂缝发展,并应立即查明原因以采取进一步的加固及防治措施。

(4) 拱圈面层风化修复。

拱圈内腹及两侧出现大面积的严重风化剥落、表层松散老化和灰缝脱落时,应进行全面修复,可采用在拱圈内壁挂钢丝网,并喷射水泥砂浆的维修方法。清除受侵蚀的拱圈面层,去除松散的表层和退化的砂浆,并用水冲净,当其处于潮湿状态且无水珠时,在灰缝内嵌入水泥砂浆或环氧砂浆,再利用水泥喷枪喷 1~3 cm 厚的 M10 以上水泥砂浆。必要时在拱内圈设置钢丝网,并增大喷射高强水泥砂浆的厚度到 4~5 cm,以增强喷涂层强度。

(5) 圬工拱桥维修的注意事项。

圬工拱桥的修复宜采用与原桥相同的建桥材料,青砖、料石、素混凝土、混凝土预制块等不宜掺杂使用。

圬工拱桥由于拱圈变形、受力不均、基础不均匀沉陷、墩台位移致使跨径变化,或施工不当等致使拱圈产生裂纹、变位、碎裂等病害,必须根据病害产生的原因分别采用合适的维修、加固措施,具体如下:

① 肋脚与墩台帽接触的顶面、两侧产生轻微裂纹(缝)时,可用环氧砂浆灌浆勾缝;严重的或有继续发展的趋势,则用粗钢筋、型钢锚入墩台帽内,且锚入长度要有足够深度,将钢筋或型钢用环氧黏结剂黏附于拱肋脚顶面、侧面,其长度不小于 50 cm,外用环氧混凝土覆盖,并在拱脚段加强横向连接。如墩台帽面层出现被肋脚压碎现象,则可连肋脚两侧横向锚入短节粗钢筋,并浇筑梯形混凝土,扩大肋脚断面。

② 拱顶附近出现一道贯穿拱宽的裂缝,且裂缝两侧有明显的高差,则应作为墩台下沉问题进行处理。同时可在缝内先压注水泥砂浆或其他化学浆液,再用水泥砂浆勾缝作为临时处理措施。若裂缝继续发展,则可暂在拱腹内浇筑一层较厚的锚杆钢丝网水泥混凝土内衬。同时应查明裂缝产生的原因,采取相应的措施处理。

③ 拱顶区段出现 1~2 道贯穿拱宽的裂缝,缝的两侧无明显的高差,但拱顶有较小的下降,则应作为墩台水平滑移或转动问题进行处理。可在拱脚处加设顺桥向预应力拉杆,用环氧树脂类化学浆液处理裂缝,减小桥孔上的静载。此法仅适用于不通航河道上的桥梁。

④ 拱顶上凸且拱腹出现贯穿全拱宽的较细小裂纹和压碎裂纹,一般由墩台滑移和台后土压力过大所致,此时需减小台后土压力,增加桥孔上的净重以及用钢筋混凝土加厚拱顶和拱脚断面等,使拱圈基本归位后再用环氧树脂类化学浆液处理裂缝,并加以勾缝。

⑤ 墩台及基础情况基本正常,仅拱圈出现不同程度的碎裂、边角断裂、脱落等破坏现象,一般由材料退化、施工质量欠佳或超载所致,应将填料更换为轻质填料,增强桥面铺装的纵横向刚度,并及时修复破损的拱圈,同时限制载重。

⑥ 拱圈出现顺桥方向的裂缝,墩台帽或帽梁也断裂,多由墩台基础上下游的沉降不均所致,应以处理基础为主。先处理裂缝,然后在帽梁、墩台两侧加设顺水流方向的体外预应力钢筋,张拉后用砂浆加以覆盖。也可在拱圈跨中的 1/4 处加设三道(或多道,视具体情况而定)钢板箍(钢板宽 6~8 cm)或钢拉杆,用螺栓在拱底及拱侧钻孔锚固,并注意将锚固点设在拱圈厚度 1/3 处,锚固孔用膨胀水泥砂浆填塞。

⑦ 干砌拱圈个别拱圈石压碎或小区段外凸,可将变异部分挖出,清除修补面上的附着杂屑

并冲洗干净后压入不低于 C30 的混凝土中。四分点区段有轻微外凸拉直时,可在该区段内钻出几个梅花形孔洞,压入 1∶2 水泥砂浆充填拱背,在拱腹进行局部勾缝。当拱顶段出现下沉时,除钻孔压浆充填拱背处,在拱腹的一定长度内还宜铺挂一层钢丝网并喷涂 2~5 cm 厚的水泥砂浆。采取这些措施前应将其与拆除重建进行技术经济比较。

⑧ 侧墙产生水平方向的分离,则应开挖拱腔,将填料改为轻质填料或半刚性材料以及加厚侧墙断面。如在垂直方向产生位移,则可能是拱圈发生了较大变形,或跨径增大,在做好相应处理措施后对侧墙裂缝进行灌浆勾缝。

⑨ 拱的拱圈石、灰缝出现间断裂缝,或个别拱圈石有下坠趋势时,可用水泥砂浆嵌入缝并勾缝,对即将坠落的拱圈石两侧用环氧砂浆嵌入勾缝。若已设有伸缩缝,则可通过切锯排除其中阻塞物体。如墩台下沉、变位导致拱圈破坏,则应以处理墩台为主。

2) 圬工拱桥的加固

(1) 桥面与填料区加固。

当地基承载能力较弱或桥台不够稳固时,可采用减轻拱上建筑自重的办法,可对拱桥进行加固改造。改造时,可以采用以下几种方法:

① 采用轻质的拱上填料、纵向穿孔等方法,减轻拱上建筑自重,对拱顶下沉过多或拱顶正弯矩过大可收到明显的效果。

② 改造拱上建筑。将拱式拱上建筑改为轻型的梁板式拱上建筑。

③ 改变结构体系。将简单体系拱桥(无铰拱或两铰拱)改为钢筋混凝土刚架拱或桁架拱。

减轻拱上建筑自重时,应当注意拱中轴向力减小而恒荷载弯矩增大造成偏心力矩过大的问题,重视施工过程中拱中弯矩的变化,避免在施工过程中因某些截面受力过大造成桥梁垮塌。

(2) 拱圈加固。

主拱圈是拱桥的主要承重结构,加强主拱圈是拱桥加固中常用的方法。加固方法有由拱圈下部加固和由拱圈上部加固两种。

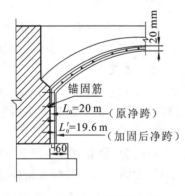

图 4-54 由拱圈下部加固

① 由拱圈下部加固(见图 4-54)。对于跨径较小的拱桥,采用搭架施工的办法在拱腹用 20 cm 厚钢筋混凝土加固,布置主筋(纵向钢筋)和横向分布钢筋,主筋延伸到台前,通过锚固筋与桥台连成整体。用环氧砂浆(采用环氧砂浆是为了减重,也可用钢筋混凝土)将钢筋粘贴在拱腹上。环氧砂浆厚度一般为 15~20 mm,包括钢筋在内的全部厚度为 6 cm 左右。

用钢筋混凝土或环氧砂浆也可以加固拱圈,在进行加固前,要人工凿毛加固部位,也可用手提砂轮机装钢丝球打磨,然后用高压水或吸尘器清理干净。加固钢筋可先焊接成钢筋网,钢筋网要紧贴拱肋,以减小环氧砂浆的厚度。主筋的两端应伸入拱座内,保证有足够的锚固长度。这种加固方法可以明显增强拱肋承受正弯矩的能力。用钢筋混凝土或环氧砂浆加固拱肋或拱圈,均需搭设支架。如果采用锚喷混凝土加固,则可不用搭设支架。

② 由拱圈上部加固。采用由拱圈上部加固的方法时,无须搭设支架,且可显著提高拱脚区段的截面刚度。在受力方面,有变截面无铰拱的特性。与等截面无铰拱比较,变截面无铰拱脚的负弯矩随拱脚刚度的提高而增大,对拱顶的正弯矩有卸载的作用,这种加固方法有利于改

善拱脚、拱顶两个控制截面的受力状态,提高拱桥的承载能力。其施工工艺如下:

a. 开挖拱背填土,露出主拱圈,并清除泥土,洗净拱背。

b. 放样。在钻孔之前,现场施工技术人员先按图放样,标定钻孔位置。

c. 用电锤或凿岩机钻孔,钻头直径应在 22 mm 以上,注意按图施工,钻孔的位置和斜度都要准确。

d. 清孔。用水清洗孔眼,清除孔中的粉尘和碎渣。清孔后用水泥砂浆填满孔眼,并在初凝之前插好锚固钢筋。

e. 洗刷拱背。为使新旧混凝土能较好地黏结,应用钢刷将拱背混凝土表面刷洗干净,并用水冲洗。对于光滑的混凝土表面,还应进行人工凿毛。

f. 绑扎钢筋。刷洗后,可绑扎分布钢筋和主筋。钢筋位置应正确并防止在浇筑混凝土时移动。全部绑扎好之后可再冲洗一次拱背。

g. 在拱背上刷水泥浆,然后再浇筑 C30 混凝土。注意混凝土的密实度和拱背的外形。

h. 混凝土的养护。浇完混凝土之后应注意洒水养护,使混凝土表面经常处于湿润状态。洒水养护时间不得少于 7 天。

3) 墩台加固

圬工拱桥墩台的位移对结构的影响很大,对于出现水平推移的墩台,必须进行加固,否则会导致拱圈的失效及坍塌。墩台加固的主要方法有设置水平拉杆法和桥台顶推法。

(1) 设置水平拉杆法。为防止拱脚位移及减小拱脚水平推力,可采取设置水平拉杆法,提高拱的承载能力,当然也可以在拱圈根部凿开混凝土,外露钢筋后焊接钢拉杆铆座,装置拉杆螺栓铆固拱脚。采用此方法加固,会使桥下净空大幅度减小,将会影响通航,故此方法仅用于一般不通航河道上的桥梁。

(2) 桥台顶推法。在软土地基上建造的拱桥,常因桥台变位过大而影响上部结构的正常使用,此时,可用桥台顶推法消除桥台的变位,解决因桥台变位产生的病害。

用桥台顶推法消除桥台的变位时,可以采用直接顶推拱脚加固法(见图 4-55)。此法是在顶推端的拱脚部位,用高强钢筋混凝土浇筑一道包围整个主拱圈的刚性横梁,使主拱圈在顶推过程中及顶推以后受力均匀,同时也便于安放千斤顶,在顶推前,应使拱脚与拱座完全脱离,推力

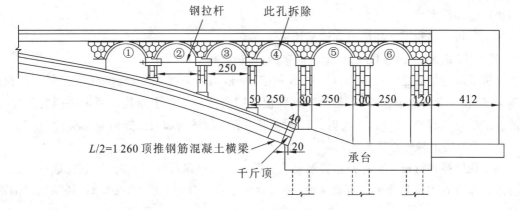

图 4-55 直接顶推拱脚加固法(单位:cm)

由安在拱脚的千斤顶传递。同时还要拆除第一孔腹拱,使拱上建筑与桥台脱离,其主要施工流程如下:

① 千斤顶的合力中心应与拱脚截面(如为组合截面,则为换算截面)的重心轴重合,以利于在顶推过程中释放拱脚负弯矩、减少拱顶正弯矩,达到较理想的受力状态;

② 拆除第一孔腹拱之前,应用钢拉杆将支承该孔的腹拱墩拉住,使其能承受腹拱的恒荷载单向推力;

③ 顶推施工应缓慢进行,保证千斤顶同步作业,逐级顶推;

④ 必须保证顶推后桥台不再发生变位,此法才能奏效。对于尚未稳定的桥台,在用桥台顶推法消除桥台的变位之前,应先加固桥台,或在设计顶推施工时,考虑加固桥台。

用桥台顶推法消除桥台的变位时,也可从台后采用顶管法顶推加固(见图4-56)。具体操作时可以一端推,也可以两端推。采用此法的前提是桥台已稳定,否则桥台会再次位移,导致顶推不成功。

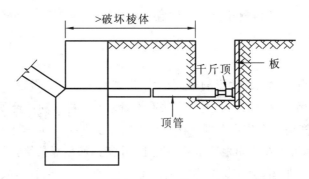

图4-56 从台后采用顶管法顶推加固

4)拱桥改建及拓宽

圬工拱桥只有在不得已的情况下,才采用改建的方法。改建的情况有两种:

(1)局部拆砌,纠正变形部位。

(2)墩台完好,但需要提高荷载等级,而拱圈损伤严重、利用价值不大时,可采取全部拆除,重新按新标准砌筑拱圈的方法进行改建。在拆除过程中应注意安全,并对称地拆除,以防受力不均而产生塌桥事故。

圬工拱桥可以利用下列两种方法来加宽:

(1)直接靠着原有拱圈建造一个新的拱圈,以加宽桥梁的行车道。

加宽部与老拱圈之间可留出3~4 cm的空隙,以防新老拱圈变形、沉降不一而引起拉裂。加宽时,还须将老桥侧墙拆除,于是两个拱圈便共同支持一个拱上结构。两个拱圈缝隙处要用软的防水层遮盖起来。同时,施工时往往还须采用前面所述的加固法加固老拱圈。

(2)设置挑出悬臂盖梁来加宽旧石拱桥。

挑出悬臂要进行设计验算并布置钢筋。悬臂上一般不仅可布置人行道,而且也可布置部分车行道。靠设置挑出悬臂来加宽桥梁时,必须验算原有桥台的承载力,必要时,还须同时加固旧墩台。

在拱上铺设有足够宽度的钢筋混凝土板进行加宽,这种方法适用于跨径较小的拱桥,或者基础和下部结构都很坚固,但拱圈不能承受由于加宽而产生的额外荷载的桥梁。当基础承载能力不足时,可采取相关加固措施。

三、钢结构梁养护

钢结构梁跨度大、质量小、承载高、施工方便等优点,被广泛应用于桥梁上部结构,如钢板梁、钢箱梁、钢桁架梁、钢拱结构等。这里主要讨论钢结构梁的主要损伤、退化形式及其养护、维修、加固方式。钢结构梁所遭受的主要损伤、退化形式:防腐涂层失效;钢构件腐蚀;钢构件开裂;异常变形;连接松动。

1. 防腐涂层

1) 概述

钢桥防锈就是防止钢材在大气环境中发生锈蚀。防锈系统(措施)的应用可防止锈蚀的形成,并延缓锈蚀的发展。目前,成熟的钢材防锈方法如下。

① 提供一种耐久的防护层,以阻止氧气和水汽接触钢材。

② 阻止对钢基材的侵蚀。

③ 根据原电池原理,提供一个牺牲阳极装置。

④ 由外部装置提供附加电流来抑制阳极反应。

⑤ 安装除湿机,吸入潮湿空气,加热蒸发。

桥梁中钢构件的防护系统一般采用油漆方式。当构件由更多的单个小构件组成时,如栏杆可采用电镀方式。在大部分面积难以油漆的情况下,可采用阴极防护方式。

油漆老化的主要原因是紫外线照射。油漆退化还与梁所处环境、材质、构造形式相关。例如在板梁的下翼缘、边梁上翼缘的下面、桁架下弦杆的结点处、上弦杆的顶面、在铆钉头部、焊接部位及梁端四周都会发生。油漆老化,会变脆,敲击时会变为碎片。油漆防护系统破坏程度的提高形式依次是粉化、龟裂、开裂、爆皮、锈斑,油漆层最终沿锈蚀部位全部开裂、剥落。

2) 防腐涂层恶化的种类和原因

钢结构防腐涂层恶化因素(见表4-39)可以分为内部因素和外部因素。表4-40列出了油漆退化现象及其原因。

表4-39 涂层恶化因素

内 部 因 素	外 部 因 素
调漆料(干性油与树脂)的化学组织结构 颜料的影响	紫外线 水分 温度与湿度 海盐微粒 大气污染物质

表 4-40　油漆退化现象及其原因

油漆退化	现　象	主要原因
变色	涂层原来的颜色变化	颜料的种类； 紫外线、热、酸、碱和污染物的影响； 铅元素防锈涂料受硫化氢气体的影响（变黑）
褪色	有光泽色颜料变淡，失去本来颜色的状态	紫外线的影响等； 硫化氢气体的影响（对淡色影响较大）
白垩化	构成涂层表面的展色剂风化、失去黏结颜料的力，表面出现白粉状化合物，逐渐消耗下去的状态	颜料和展色剂的种类； 紫外线和风雨等的影响
膨胀	涂层下的水分或浸透的水分让涂层像船帆那样膨胀起来	涂层下面含锈； 水分及在被涂面粘有溶水性物质
开裂（小裂纹及大裂缝）	随涂层脆化，由于应变和冲击产生裂缝； 小裂纹为涂层表面的轻微裂纹； 大裂缝为达到被涂底面的裂缝	厚涂料； 涂层干燥不充分； 涂料系列（与涂层的硬度有关）
剥离	涂层的黏结性能变差，从底面或从涂层的层间剥离的状态	涂料的种类； 涂上层涂料的间隔时间； 大气污染物质（SO_2 等）； 风向、温度、湿度和结露的影响； 焊接处附近残留碱性物质
因碱性引起的涂层恶化（主要在桥面板漏水处附近）	由于从桥面板混凝土裂缝处漏水，其附近的涂层局部剥离或生锈的状态（在边梁部位及梁端部位较常见）	桥面板漏水； 混凝土的碱性； 涂料的黏结性； 基体表面不良

3）涂层退化的检查

仅以外观观察法来掌握涂层退化的发展过程较难实现，而使用脚手架对钢桥油漆整体进行详细检查，在经费等方面存在困难，有些钢桥涂层的退化部位数年得不到治理，某些部位集中地发生锈蚀，以致在结构应力方面形成危险状态。油漆退化往往被认为与桥梁通行车辆的使用功能没有直接的关系，因而遭到漠视。但根据钢桥养护管理经验，及早检查，发现油漆退化情况，采取适当的措施，可以大幅度地减少维修费用。一般对钢桥涂层的检查包括养护人员日常巡查、定期检查和特殊检查。

（1）日常巡查。巡查是指采用目视及简单工具调查并发现缺陷，一般以城市次干道以上钢结构桥梁的涂层恶化状态为检查重点，包括对栏杆、钢梁、桁架腹杆、排水附属物和桥面板局部等状态的检查。发现缺陷或异常,确定有无详细检查的必要。巡查的内容包括检查涂层是否变色,是否有膨胀、剥离和锈蚀等现象。

(2) 定期检查。根据涂层退化的状况及部位进行定期检查。定期检查可分为常规定期检查和结构定期检查,如表 4-41 所示。

表 4-41 涂层的定期检查

项目	常规定期检查	结构定期检查
方法	从桥梁检测支架或船只等处目视(或用望远镜观察)	目视检查; 划格试验; 对于膨胀、开裂和剥离,除了用肉眼观察外,还应用放大镜(8~10 倍)观察可能漏掉的小裂纹; 对于锈蚀状态,依据点锈、鼓包锈和板锈等表象,破开涂层进行检查,以区分点锈与涂层下夹有砂粒和灰尘等异物的情形
周期	田园、城市道路地区,规定每年一次; 河流上、海滨工业地区和强污染地带,规定每年两次	从上一次涂刷经过了七年; 不到七年,但巡查中发现恶化显著
重点部位	梁端四周(伸缩缝附近); 箱梁和板梁的下面; 边梁上翼缘下面; 桥面板漏水部位四周	常规定期检查的重点部位; 巡查发现恶化的部位; 下翼缘上面及角隅部位; 箱梁和桥墩等里面的漏水、积水部位的四周; 由火灾引起的热影响部位的四周; 由撞击等磨损的部位; 焊接部位的四周

(3) 特殊检查。遭受火灾和撞击等意外灾害后,应随即进行详细检查。检查频率按需要进行调整。可参照结构定期检查的内容,但在火灾后,从涂层的受热变化现象决定必须替换的受热恶化涂层的范围较为困难。对于判断为涂层缺陷者,其变色、膨胀、皱纹、开裂、剥离和烧掉等,可从外观上查明,也可做试验确定。

4) 涂层维修

依据涂层检查及其综合评定结果,对于需要修补的涂层,在补修之前要查明其退化原因,并判断其原因是由外部因素引起的还是由内部因素引起的,以便在修补时确定底层涂层的处理程度、新旧涂层的适合性、涂料种类等,同时还应兼顾现场作业的可行性,制订有效的修补计划。

(1) 选定修补方法。

修补大致可分为全面重新涂刷和局部重新涂刷两种方法。选择时应考虑涂层的退化状况、经历年数和环境等。

① 全面重新涂刷。

为了使防锈效果长期地保持下去,常倾向于在出现初期退化时,全面重新涂刷。当然,也需要考虑经费预算。

② 部分重新涂刷。

只重新涂刷部分退化显著的部位。例如,混凝土桥面板裂缝漏水,钢构件涂层受到侵害,伸缩接缝附近涂层退化,这时应对这些部位重新进行涂刷。

(2) 涂层基底处理。

① 清底方式的选择。

在重新涂刷时要确切判断旧涂层的退化程度和生锈状况,选定与实际状况相称的清底方式。表 4-42 列出了基底处理的类别和适用的清底标准。

表 4-42 基底处理的类别和适用的清底标准

旧涂层状态	处理程度	处理方法	适用的清底方式
腐蚀特别显著部位(桥面板龟裂、由该处漏水等引起的腐蚀部位之类的小范围严重生锈)	将腐蚀物和旧涂层等完全除掉,显露出基底,并把它清理干净	喷砂法	第一种
涂层恶化,腐蚀严重的状态	将旧涂层及锈除掉,显露出基底,并把它清理干净	兼用旋转钢丝刷和旋盘喷砂机等电动工具以及刮刀、钢丝刷和砂纸等手工工具	第二种
涂层几乎全部是完好有效的活性涂层,但看出部分损伤和生锈等现象	留着活性涂层,但除掉锈和破坏的涂层等处	兼用旋转钢丝刷和旋盘喷砂机等电动工具以及刮刀、钢丝刷和砂纸等手工工具	第三种
涂层是活性涂层,但变色和白垩化附着物等较多的状态	除掉表面的粉化物及污秽,并清理干净	使用钢丝刷和砂纸	第四种

处理基底,必须充分掌握清底方式的使用范围:

第一种清底方式,主要适用于在工厂作业。在现场采用喷砂法会产生环境污染和阻碍交通等问题。

第二种清底方式,采用喷气式钢凿、真空管式除垢器、旋盘式研磨机和旋转钢丝刷等电动工具,清除恶化涂层和锈等。在使用电动工具处理有困难的角隅部位、缝隙部位和铆钉头等处,则使用锤子、敲打棒、刮刀、细凿子、搔子和金刚石等手工工具进行处理。

第三种清底方式,使用手工工具和电动工具等,在不太损伤活性涂层的条件下,除掉损坏的涂层和锈,并清除污垢和附着物等。

第四种清底方式,使用钢丝刷、砂纸和有机溶剂等,在不损害涂层(底涂)条件下,除掉涂层表面的粉化物和附着物等。

② 基底处理与涂料的适应性。

重新涂刷使用的涂料无论怎样好,若不把被涂刷的钢材表面处理得适应于所使用的涂料,则不能充分发挥涂料的效果。因而有必要在判断基底处理可能达到的程度之后,再选定涂料。并且应该注意"由于底漆的防锈效果、湿润性、干燥时间和别种涂料的关联性等因素,解决基底适合与否"的问题。表 4-43 列出了清底方式与相关涂料系列。

表 4-43　清底方式与相关涂料系列

清底方式	可能使用的涂料
第一种	氯乙烯系列 氯化橡胶系列 环氧树脂系列
第二种	酸醛系列 酞酸树脂系列 氯化橡胶系列
第三种	酞酸系列 酸醛系列 油性胶系列
第四种	油性系列

(3) 涂料系列的选定。

涂料可大致分为底层用涂料、中层用涂料和表层用涂料。在涂料重叠涂刷时，各层之间所要求的机能大致如下：

① 最下层(底层涂料)，要与钢本身牢固地黏结，以发挥较佳的防锈效果；

② 中层涂料，补助底层涂料的防锈效果，帮助底层涂料密结；

③ 最上层(表层涂料)，要对涂层所处的外部条件具有较大的抵抗力，在保护底层的同时呈现出必要的色彩等及较好的耐候性能。

涂料相互组合适合情况如表 4-44 所示。

表 4-44　涂料相互组合适合情况

下层涂料＼上层涂料	油性系列涂料	酞酸树脂系列涂料	酚醛系列涂料	环氧树脂系列涂料	氯化橡胶系列涂料
油性系列涂料	○	○	△	×	△
酞酸树脂系列涂料	○	○	○	×	△
酚醛系列涂料	△	○	○	×	△
环氧树脂系列涂料	△	△	△	○	×
氯化橡胶系列涂料	×	×	×	×	○

注：表中符号"○"表示适当的组合；符号"△"表示在一定条件下所涂涂料可能相互组合；符号"×"表示所涂涂料不可行或表示不适当的组合。

2. 锈蚀

1) 概述

锈蚀是影响钢桥健康状况的主要因素。锈蚀引起构件截面减小，承载力减弱，尤其是因腐蚀产生的"锈坑"将使钢构件的脆性破坏的可能性增大。除了影响安全性之外，还严重地影响着钢构件的耐久性,使其维护费用昂贵。

锈蚀是钢材和外界介质相互作用而产生的损坏过程。生锈和腐蚀在这种情况下含义是一致的。只有钢材没有保护层或其外保护层磨损掉了,钢材才会腐蚀和生锈。锈蚀有以下两种类型。

① 化学腐蚀:钢材直接与大气或工业废气中含有氧气、碳酸气、硫酸气或非电介质液体发生表面化学反应而产生的腐蚀。

② 电化学腐蚀:由于钢材内部有其他金属杂质,它们具有不同的电极电位,与电介质或水、潮湿气体接触时,产生原电池作用,使钢材腐蚀。

在实际桥梁工程中,绝大多数钢材锈蚀是电化学腐蚀或化学与电化学腐蚀同时作用的结果,只要有氧气和水汽的存在就会发生腐蚀。两块钢材之间的表面状态与环境的变化,以及水汽电解作用会在两者之间建立电解电池反应。不同的金属相接触或相接通,也会形成电解电池,从而导致腐蚀发生。

通常情况下,钢材所产生的铁锈形成了很差的表面防护,不能起阻止腐蚀继续发生的保护膜作用。铁锈要比其母材的体积大,当铁锈在裂缝中膨胀时,就会导致局部屈曲。铁锈不具有其母材的强度,且呈脆性,因此铁锈取代原有金属后导致结构承载力丧失。强烈的腐蚀会产生局部的锈坑,会增加对刻痕敏感的钢构件发生脆性破坏的可能性。

钢材腐蚀发展速度由环境因素和材料参数决定。耐候钢,含有少量的合金元素,从而使其能适应外部环境,并在钢材表面产生附着锈层。这层防护膜可以防止氯化物的侵蚀。

对于钢构件的锈蚀,重要的是评定其大小、位置等。进一步地,应评定由于锈蚀引起结构有效截面的损失和识别锈蚀原因。钢结构同圬工、混凝土和其他结构材料的连接应予以特别注意。衬垫和摩擦面需要予以特别关注,其接触面不可见。耐候钢质量检查的内容包括锈蚀保护膜的附着和不透水性。

2) 钢结构锈蚀处理措施

(1) 锈蚀程度分级。

钢桥锈蚀程度一般可分为五级,如表 4-45 所示。

表 4-45　钢桥的锈蚀程度分级

锈蚀程度		症 状 描 述
A 级	良好	构件基本没有锈蚀,涂层漆膜还有光泽;构件可有少量锈点
B 级	局部锈蚀	构件基本没有锈蚀,面漆有局部脱落,底漆完好;个别构件有少量锈点,或构件边缘、死角、缝隙、隐蔽部分有锈蚀
C 级	较严重	构件局部腐蚀,面漆脱落面积达 20% 左右,底漆也有局部锈透,其基本金属完好,应进行维护准备工作
D 级	严重	构件锈蚀面积达 40% 左右,面漆大片脱落,但基本金属没有破坏,应立即进行维护工作
E 级	特别严重	基本金属已锈蚀,应立即测量构件断面削弱程度,计算是否需要更换或采取加固等措施

(2) 锈蚀病害治理。

对于锈蚀,如果不甚严重,则一般采取除锈、重新涂装的办法,包括旧漆膜处理、表面处理、涂层选择、涂层施工。如果锈蚀程度已经达到 E 级,即出现基本金属锈蚀,断面出现削弱,这时仅重新涂装是没有用的,则必须采取外贴钢板补强截面的方法。这里主要介绍针对 A 至 D 级锈蚀的处理方法。

① 旧漆膜处理。

漆膜处理方法有碱水清洗法、火喷法、涂脱漆剂、涂脱漆膏等。

② 钢材表面处理。表面处理是保证涂层质量的基础,表面处理包括除锈和控制钢材表面的粗糙度。除锈可以采用手工工具处理、机械工具处理、喷砂处理、化学剂处理(酸洗、碱洗等)。桥梁钢结构主要采用喷砂,并辅以手工和机械工具除锈。

手工除锈:古老而简便的常用方法,即用铲刀、刮刀、钢丝刷、砂轮、砂布和手锤,靠手工敲铲、砂磨除去钢材表面旧漆膜和铁锈、油污和积灰。手工除锈操作方便,不受结构尺寸条件所限,但劳动强度大、效率低、质量难保证。

机械除锈:采用风动和电动工具——磨光机、风枪(敲铲)、风动针束除锈机来除锈。机械除锈比手工除锈的质量和效率高,劳动强度也小一点。

喷砂除锈:质量可靠,除锈比较彻底。喷砂是利用空气压缩机将石英砂喷射于钢材面上除去黑皮和铁锈,也可以用钢砂、钢丸喷射(投射)于钢材面上,效果更好,且能降低沙尘弥漫程度。喷砂除锈质量虽好,但劳动条件较差。

除锈是涂层防腐主要的一关,处理质量十分关键。表面除锈的质量标准有美国 SSPC、英国 BS4232、德国 DIN18364、瑞典 SIS 等,国际上常用 SIS 标准。SIS 标准将表面处理方法分为两类:St 表示手工或电动工具处理,手工除锈之前应清除表面污垢、油脂,铲除厚锈;Sa 表示喷砂处理。它还将处理程度分为 0(未处理表面)、1(轻度处理表面)、2(中度处理表面)、2.5(近完整处理表面)、3(完整处理表面)五级,并有标准彩色样品图做对照。

手工除锈表面处理不宜低于 St 3 级,只有对附着力强的油漆涂层允许放宽到 St 2 级;喷砂除锈在无腐蚀性环境下不低于 Sa 1 级,一般除锈处理要达到 Sa 2 级,重腐蚀环境下表面除锈处理最低要达到 Sa 2.5 级,具体如表 4-46 所列 SIS 标准的相关规定。

表 4-46　SIS 标准的相关规定

除锈方法	等级	操作	要求
手工或电动工具	St 1	用钢丝刷清理	
	St 2	用铲、刷、磨工具将疏松氧化皮、浮锈及污油和污垢除去后,再用毛刷、压缩空气等将表面清理干净	处理后表面具有淡淡的金属光泽
	St 3	同上处理,但更为彻底	处理后表面具有较明显的金属光泽
喷砂	Sa 1	采用快速轻度喷砂,将疏松氧化皮、浮锈及污垢除去	
	Sa 2	采用中度喷砂,除去绝大部分氧化皮、浮锈及污垢,再用毛刷、压缩空气将表面清理干净	处理后表面呈金属灰色
	Sa 2.5	采用较彻底喷砂,完全除去氧化皮、浮锈及污垢,再用毛刷、压缩空气彻底将表面清理干净,仅允许有极少量点锈或纹锈存在	处理后表面呈近似灰白色金属面
	Sa 3	非常彻底喷砂处理,完全除去氧化皮、浮锈和异物,再用毛刷、压缩空气彻底清理表面	不留任何异物,处理后表面呈均匀白色金属光泽

经表面处理之后的钢材,将产生凹凸面,称为表面粗度。表面粗度与采用的表面处理方法和喷砂材料有关,表面粗度影响涂层漆膜防腐蚀的能力。表面粗度高,涂层膜的附着性较好,但将减小钢材表面凸点之间的涂层厚度,容易产生针孔,减弱了涂层的防锈能力;反之,如表面粗度低,将减弱涂层的附着性,喷砂材料愈细,表面粗度愈均匀,除锈率也愈好。

③ 涂层选择。

涂层选择包括涂层材料品种选择、涂层结构选择和涂层厚度确定。涂层材料品种选择取决于使用条件,在一般大气条件下及工业大气侵蚀下,可选用防锈漆;在有腐蚀性介质环境中应选用防腐漆;涂层应有较好的耐候性能。

涂料(油漆)分为底漆和面漆。中涂漆成分介于两者之间,现较少使用,而直接将面漆涂刷于底漆之上。底漆中粉料多,基料少,成膜粗糙,与钢材表面的黏结性好,与面漆结合性好。面漆中粉料少,基料多,成膜有光泽,既能保护底漆和抵抗大气及有害介质作用,又有美观之效果。表 4-47 列出了常用防锈面漆。目前的趋势是,使用更多的合成树脂来提高涂层的抗腐蚀能力。

此外,还有简化钢材基层处理方法,即在带锈钢铁表面上直接涂刷带锈底漆(或叫不去锈涂料)。带锈底漆有稳定型和转化型两大类,转化型带锈底漆涂刷在钢铁表面能抑制锈蚀的发展,且能逐步将铁锈转化为有益的保护物质,但实际上因锈层不一,所以其转化反应效果不一,不是用量不足就是过剩,影响底漆的附着力。

表 4-47 常用防锈面漆

名 称	型 号	性 能	适用范围	配套要求
醇酸磁漆	C04-42 C04-2	耐候性好和附着力较强,漆膜坚韧,有较好光泽和机械强度	适用于室内外钢结构	先涂 1~2 道 C06-1 铁红醇酸底漆,再涂 2 道 C06-10 醇酸底漆,后涂面漆
灰醇酸磁漆	C04-45	耐候性好,弱透水、透气性,漆膜呈现美术花纹,坚韧	可作为大型室外钢结构表面用漆,如桥梁、高压线塔用漆	先涂 F53-1 红丹酚醛防锈漆或 F53-9 防锈漆 2 道,再涂该面漆 3 道,漆膜总厚度大于 200 μm
酚醛磁漆	F04-1	附着力较好,光泽强,耐候性较 C04-42 差,漆膜坚硬	适用于室内钢结构	与红丹酚醛防锈漆等配套使用
过氯乙烯磁漆	G52-1	耐候性、耐酸碱性良好,附着力较弱,配套得好可以弥补	适合于防工业大气,适用于室内外钢结构	与 G06-4 或 X06-1 配套使用
过氯乙烯清漆	G52-2			
环氧耐酸漆	H52-3	附着力强,耐盐水性能良好,有一定耐酸、耐碱腐蚀能力,漆膜坚韧耐久	适合于防工业大气,适用于室内外钢结构	与 X06-1 和 H06-1 配套使用
环氧硝基磁漆	H04-2	耐候性良好,有较高的机械强度,耐油性好	适合于防工业大气,适用于湿热气候室内外钢结构	与环氧底漆配套使用

续表

名　称	型　号	性　能	适用范围	配套要求
纯酚醛磁漆	F04-11	漆膜坚硬,耐水性、耐候性和耐化学性均比 F04-1 好	适用于防潮和干湿交替处钢结构	各种防锈漆可配套使用
灰酚醛防锈漆	F53-2	耐候性较好,有一定耐水性和防锈能力	适用于室内外钢结构,多作面漆用	与红丹或铁红类防锈漆配套使用
沥青清漆	L01-6	耐水性、耐腐蚀性能良好,耐候性能差	适用于室内钢结构作防潮、防水、耐酸保护层	底漆兼作面漆,至少涂刷 2 道
沥青耐酸漆（铝粉沥青漆）	L50-1（加铝粉）	附着力较强,耐酸性腐蚀,加铝粉后耐候性能改善	L50-1 适用于室内钢结构防腐蚀,加铝粉后可用于室外耐酸钢结构防腐	底漆兼面漆,一般涂 1～2 道
醇酸烟囱漆	C83-1	耐候性较好,有一定耐热性	适用于钢烟囱表面和一般的耐热构件	底漆兼面漆,一般涂 2 道
黑酚醛烟囱漆	F83-1	短时间内能耐 400 ℃ 高温而不易脱落	适用于钢烟囱表面和一般的耐热构件	底漆兼作面漆,一般涂 1～2 道

面漆的色彩除应体现桥梁结构的特点,还应与环境相协调。对于已有钢结构涂层的维修处理,选择涂料时要考虑其与旧漆膜的结合性。涂层使用耐久年限,与表面处理质量和涂层结构的合理性有关,涂层涂刷周期一般按 10～15 年来设计,4～6 年钢结构表面就要重做一次防护涂层是不太经济的。例如法国埃菲尔铁塔涂刷普通红丹底漆,平均 13 年涂刷一次。

涂层结构由底漆、腻子、2 道底漆（或中涂层）和面漆组成。

第一层,底漆——保证可靠的黏结,起防锈、防腐、防水作用。

第二层,腻子——起平整表面的作用。

第三层,2 道底漆——在较高要求工程中采用,起填补腻子细孔的作用。

第四层,面漆——保护底漆,并使表面获得要求的色泽,起装饰效果。

第五层,罩光面漆——有时为了增加光泽,改善耐腐蚀性等,在面漆外再涂一层罩光清漆或面漆。

钢结构中全面统刮腻子是很少的,一般采用 2 道底漆和 2～3 道面漆结构,底漆道数增加可起填平基层作用,也可保证漆膜总厚度。漆膜厚度影响防锈效果,增加漆膜厚度是延长使用年限的有效措施之一。漆膜厚度一般应不小于 125 μm,腐蚀性环境中漆膜应加厚。漆膜厚度很难准确控制,故重要工程对各层漆膜厚度应通过实验测定。

④ 涂层施工。

涂层质量与作业中操作有很大关系,一般涂刷操作中要注意下列事项:

a. 除锈完毕应清除基层上杂物和灰尘,在 8 h 内尽快涂刷第一道底漆,如遇表面凹凸不平,应将第一道底漆稀释后往复多次涂刷,使其浸透入凹凸毛孔深部,防止孔隙部分再生锈。

b. 避免在 5 ℃以下、40 ℃以上、太阳直晒、湿度 85%以上等情况下涂刷涂层,否则易产生起泡、针孔和光泽下降等缺陷。

c. 底漆表面充分干燥以后才可涂刷次层油漆,间隔时间一般为 8~48 h,第二道底漆尽可能在第一道底漆完成后 48 h 内施工,以防第一道底漆漏涂引起生锈;对于环氧树脂系列涂料,如漆膜过度硬化则易产生漆膜间附着不良,必须在规定时间内涂刷第二层涂料。

d. 涂刷各道油漆前,应用工具清除表面砂粒、灰尘,对前层漆膜表面过分光滑或干后停留时间过长的,适当用砂布、水砂纸打磨后再涂刷上层涂料。

e. 一次涂刷厚度不宜太厚,以免产生起皱、流淌现象;为求膜厚均匀,应做交叉覆盖涂刷。

f. 涂料黏度过大时才使用稀释剂,稀释剂在满足操作需要情况下应尽量少加或不加,稀释剂掺用过多会使漆膜厚度不足,密实性变差,影响涂层质量。使用的稀释剂必须与漆类型配套。

g. 一般来说,油基漆、酚醛漆、长油度醇酸磁漆、防锈漆用 200 号溶剂汽油、松节油;中油度醇酸磁漆用 200 号溶剂汽油与二甲苯(1:1)混合剂;短油度醇酸磁漆用二甲苯;过氯乙烯漆采用溶剂性强的甲苯、丙酮。稀释剂用错会产生渗色、咬底和沉淀离析缺陷。

h. 螺栓连接处、边角处等易发生涂刷缺陷,易生锈,一般应通过加涂来弥补。

涂层缺陷原因及处理方法列于表 4-48 中。

表 4-48 涂层缺陷原因及处理方法

缺陷	现象	原因	处理方法
流痕	垂直面部分油漆流下,结成厚膜	① 一次涂刷量太多; ② 油漆黏度太低; ③ 在光滑涂面上涂刷; ④ 稀释剂挥发太慢	① 调整涂刷量; ② 调整黏度; ③ 用砂纸磨粗; ④ 换挥发快的稀释剂; ⑤ 泄流部分磨平后重涂
橘子皮	产生橘皮状凹凸皱皮	① 油漆黏度太高,稀释剂溶解性不好或挥发太快; ② 温度、湿度不合适,曝晒; ③ 漆刷太厚,油漆质量不好	① 适当调低黏度,使用规定的稀释剂; ② 避免曝晒,有良好的施工环境; ③ 调整漆厚,用优良油漆; ④ 砂纸磨平后重新涂刷
刷纹	随漆刷运行方向留下凹凸刷纹	① 使用粗短毛刷施工,刷毛过硬; ② 油漆本身流展性不良(展性油分过少); ③ 被涂刷物粗糙,吸漆性过好	① 改用优良漆刷; ② 选用流展性好的油漆或配合少量树脂凡立水或调薄剂; ③ 用同一油调薄,先刷一层; ④ 用砂纸磨平重涂
气泡	涂料混入空气留在漆膜中变成小泡	① 强劲搅拌油漆,未待空气进出即予涂刷; ② 稀释剂挥发太快或被涂刷物温度太高; ③ 油漆黏度太高	① 不激烈搅拌;搅拌后待气泡消除再涂刷; ② 使用挥发较慢的稀释剂,控制施工温度; ③ 适当调稀; ④ 用砂纸研磨或除去漆膜重涂

续表

缺陷	现象	原因	处理方法
针孔	涂面有针状小孔	① 被涂面上有灰尘、水及油分附着； ② 油漆中有油、水分存在； ③ 稀释剂挥发太快； ④ 底层漆未干透	① 表面处理干净； ② 防止油、水混入油漆中； ③ 换挥发慢的稀释剂； ④ 待底层完全干透后，再做上层涂层； ⑤ 用砂纸磨后重涂刷
白化	涂层发白、混浊现象	① 空气湿度太高，空气中水分凝结于涂面发白、混浊； ② 夜间气温下降，水分凝结于涂面上； ③ 被涂物温度较气温低	① 避免下雨天或温度高时施工，用挥发性慢的稀释剂； ② 油性或环氧类油漆干燥慢，应避免傍晚施工； ③ 被涂物温度升高后再施工
发黏	漆膜呈现发黏现象	① 基层面上有油、酸、碱、盐等未清除干净； ② 头道未干，就刷二道； ③ 煤气作用或水汽冷凝于漆表面	① 清除杂质，处理好基层； ② 控制操作时间，干后再刷下一道； ③ 已刷漆面应避免水汽、煤气作用； ④ 长时间放置还黏，除去漆膜重涂
颜色分离	涂面的颜色浓淡不匀	① 稀释剂用量太多； ② 油漆搅拌不匀； ③ 涂层厚度不均匀； ④ 调色不均匀	① 调整用量； ② 充分搅拌均匀； ③ 不做过厚涂层，不用劣质漆刷； ④ 两色以上调和时要充分搅拌，做适应性试涂； ⑤ 用砂纸研磨后重新涂刷
剥离	底层漆剥离	① 上层漆渗入底层漆； ② 底层漆与上层漆配套不当； ③ 底层漆与上层漆涂刷间隔时间太短； ④ 在过分光滑的金属面上涂层	① 不过分调稀； ② 避免异种油漆叠加涂刷； ③ 待底层充分干燥后，再涂上层； ④ 用砂纸、砂轮磨粗后再涂层； ⑤ 除去剥离漆膜，打磨后重新涂刷
吐色	底层漆颜色被上层漆溶化，透出面漆	① 有机类红色颜料及沥青层上做浅色面漆； ② 未干底层漆膜上做上层涂层	① 快速喷刷一层薄膜，使稀释剂快速挥发，然后再涂刷上层油漆； ② 待底层干透再做上层； ③ 再加一层油漆
干燥不良	漆层在规定时间内不干	① 气温太低、温度太高或不通风场所施工； ② 涂面上有水分或油迹； ③ 过分厚涂	① 改善涂刷环境； ② 完整表面处理； ③ 按标准厚度施工； ④ 经长期暴露还不干，除去漆膜重刷

续表

缺　陷	现　象	原　因	处理方法
龟裂	涂层表面产生裂纹	① 涂膜太厚； ② 下层油漆未干； ③ 温度急剧下降； ④ 上层与下层涂层配料配套不当	① 避免过分厚涂； ② 待下层干透后再涂上层； ③ 发生气候变化时，停止施工； ④ 慎重选择涂层材料，避免异种油漆叠加涂刷； ⑤ 应除去龟裂漆膜，重刷涂层
失去光泽及光泽不均	漆膜失去光泽或部分无光泽	① 粗糙基上涂刷； ② 涂膜厚度不匀	① 做加层涂刷油膜； ② 做均匀涂层； ③ 做加层涂层至出现均匀光泽
起泡	漆膜产生气泡、浮肿现象	① 因生锈抬起漆膜； ② 被涂面有水分或涂料器具内有水分存在	① 做好表面处理与防锈涂层； ② 做好表面处理与器具处理； ③ 要除去起泡漆膜，重做涂层

3. 开裂

1）概述

大量研究表明，在低应力工作状态下的钢桥事故多数与结构存在的缺陷或裂纹有关，往往发生在低温季节。钢桥中的裂纹主要是由于疲劳产生的，在一定的条件下会导致脆性断裂。脆性断裂一般是在没有明显征兆和无塑性变形的情况下贯穿全构件的开裂破坏。导致疲劳裂纹的基本因素如下：

① 应力幅，与活荷载大小相关；

② 应力循环次数，与交通状况及桥梁构造相关；

③ 构造细部的疲劳强度。

疲劳引起的裂纹经常出现在拉应力较集中的部位、焊接的搭件上或焊缝端点上。裂纹可能会由于超载、车辆的撞击或由于腐蚀使截面抗力减小从而产生或加剧。制造细节的低质量造成的应力集中和使用较差断裂韧性的材料也是裂纹产生的原因。

将焊缝表面打磨光亮、平整有助于提高其抗疲劳特性。一旦在焊接接头处出现裂纹，它会沿连续路径发展到整个构件，从而可能导致脆断。

螺栓连接和铆接同样会发生疲劳裂纹，但是其中某一构件上的裂纹不会传到其他构件上去。由于撕开作用以及各连接件间的锈胀力作用，螺栓连接和铆接接头易开裂或撕裂。由于灰尘、杂物的覆盖，可能很难发现裂纹，在检测之前应对可疑处的表面进行清理。

通过调查大批公路、铁路钢结构梁发现，以下疲劳损伤较常见。

（1）正交异性钢桥面板：纵肋与横梁连接处易发生疲劳开裂，尤其在连续梁中墩处易发生疲劳开裂，因为此处局部拉应力与主梁拉应力相叠加。它的寿命取决于：

① 纵肋制造精度；

② 焊缝质量；

③ 横梁与纵肋的刚度;

④ 主梁上翼缘的拉应力大小。

(2) 横梁与主梁腹板连接处:横梁与主梁腹板一般都采用刚性连接,在活荷载作用下连接处产生交变弯矩,因此引起疲劳裂纹。

(3) 风致涡激振动引起的疲劳损伤:斜拉桥拉索、拱桥吊杆、桁架桥风架等长细构件自身固有频率较低,在风的作用下可能产生横向涡激振动,使根部产生疲劳损伤。

(4) 扭曲引起的疲劳裂纹:现场调查发现,由于横梁弯曲导致主梁腹板扭曲,腹板与上翼缘连接处产生很大的循环应力。下平联连接板在竖向加劲处的空隙部位容易造成腹板扭曲,并产生很大的循环应力。主梁腹板的竖向加劲随主梁一起扭转,由于加劲部分刚度较高,因而引起加劲端部发生折角而开裂。

(5) 主梁腹板受压区的呼吸疲劳:主梁腹板受压区由于制造误差会有一定的初始偏心,在压力作用下会发生鼓胀,从而引起周围焊缝开裂。

(6) 主梁受拉翼缘贴板端头开裂:要充分重视钢材中的裂纹(包括平行于应力方向和垂直于应力方向的裂纹),有些平行于应力方向的裂纹也会受某种因素的影响而转化为垂直裂纹,产生较大的破坏作用。应仔细观察任何裂纹,并记录其在构件和结构上所处的位置及长度、宽度(若可能测量的话)和方向。

2) 开裂原因分析

就断裂力学的观点而言,钢结构的疲劳破坏是从裂纹起始、扩展到最终断裂的过程。疲劳裂纹近似沿最大主应力的垂直方向扩展,其扩展速度早期较慢,在结构中较早地对裂纹进行探测比较困难。

一般认为疲劳失效通常起始于高应力区,如几何突变处、受拉残余应力区和尖锐的不连续处(按裂纹处理)。在循环应力作用下,疲劳裂纹始于此处并逐步扩展。最终失效发生在剩余截面不能承受荷载峰的情形时。疲劳破坏与静力强度破坏是截然不同的两个概念。疲劳破坏与塑性破坏、脆性破坏相比,具有以下特点:

● 疲劳破坏是钢构件在反复交变应力作用下的破坏形式,而塑性破坏和脆性破坏是钢结构在静载作用下的破坏形式。

● 疲劳破坏经历了裂缝起始和扩展的漫长过程,最终破坏有两种可能,即韧断和脆断,而脆性破坏往往在无任何先兆的情况下瞬间突然发生。

● 就疲劳破坏断口形貌而言,一般具有明显的疲劳区和瞬断区。疲劳区记载了裂缝扩展和闭合的交替过程,颜色发暗,表面有较清晰的疲劳纹理,呈沙滩状或波纹状。瞬断区真实反映了当构件截面因裂缝扩展削弱至临界尺寸时脆性断裂的特点,瞬断区晶粒粗亮。疲劳是一个十分复杂的过程,从微观到宏观,疲劳破坏受到众多因素的影响,尤其是对材料和构件静力强度影响很小的因素,对疲劳影响却非常显著,例如构件表面缺陷、应力集中等。

影响钢结构疲劳破坏的主要因素是应力幅、应力循环次数和构造细节,而与钢材的静力强度应力无明显关系,尤其是焊接钢结构。

(1) 应力幅 $\Delta\sigma$。应力幅 $\Delta\sigma$ 为每次应力循环中最大应力 σ_{max} 与最小应力 σ_{min} 之差,即

$$\Delta\sigma = \sigma_{max} - \sigma_{min}$$

应力幅可分为常幅和变幅。常幅指所有应力循环内的应力幅保持常量,不随时间变化;变幅指所有应力循环内的应力幅随时间随机变化。除应力幅 $\Delta\sigma$ 外,应力比 $\rho = \sigma_{min}/\sigma_{max}$ 也是标志

疲劳应力水平的特征参量。对于焊接接头,影响疲劳强度的主要因素是应力幅 $\Delta\sigma$ 而不是 σ_{max}。原因如下:焊接由于在焊缝及其附近主体金属内通常存在残余应力,有时其数值高达屈服点 f_y 值,故在反复荷载作用下的实际应力循环,最大拉应力是从 f_y 开始,即 $\sigma_{max}=f_y$,然后下降 $\Delta\sigma$ 到 $f_y-\Delta\sigma$。因此无论是何种应力幅,都可用 $\Delta\sigma=\sigma_{max}-\sigma_{min}$ 表示,且只要应力幅相等,不论其平均应力水平有无差异、名义最大应力是否大小一样,其疲劳强度均相同。

(2) 应力循环次数。应力循环次数是指在连续反复荷载作用下应力由波峰到波谷的循环次数。在不同应力幅作用下,各类构件和连接产生疲劳破坏的应力循环次数不同,应力幅越大,循环次数越少。当应力幅小于一定数值时,即使应力无限次循环,也不会产生疲劳破坏,即低于通称的疲劳极限。

(3) 构造细节。应力集中对钢结构的疲劳性能影响显著,而应力集中程度与构造细节密切相关。疲劳裂纹常常起始于下列细节部位:①焊缝的根部或焊趾;②构件的截面突变、倒角;③冲孔或钻孔、刻槽等;④剪切边或切割边;⑤高接触压力下的表面;⑥张紧索的根部。

焊接常常存在气孔、夹渣、咬肉、未焊透等缺陷,并在钢构件中形成较高的焊接残余应力,使得某些焊接细节具有较低的疲劳强度。

复杂接头由于传力路径变化,常常导致较高应力集中,它们对极限状态影响很小,但对疲劳强度影响很大。除了上述细节设计因素外,疲劳裂纹也可能由冶炼、制造和施工等方面的原因引起:

① 材料不连续(如空洞、偏析、夹渣、分层、裂纹等)或焊接缺陷;

② 由机械损伤而形成的刻痕或擦痕;

③ 构件锈损处;

④ 环境因素,如在某些热和化学环境中,如果表面没有防护,则疲劳强度会降低。

3) 钢构件开裂的防范

从影响疲劳性能的三个因素可知,应力幅及应力循环次数与外来作用相关,因此,限制过桥交通量和车辆重量能够防止疲劳开裂。另外,对于结构钢,疲劳抗力曲线(S-N 曲线)斜率一般为 3.0,应力幅减少 10% 时,可提高桥梁使用寿命 30%,因此对桥梁进行有效的管理与限载是防范疲劳开裂的最有效措施。

影响疲劳性能的另一个因素是细节分级,因此,减小应力集中也可以提高和改善疲劳性能。依靠精心地选材、设计、制作、安装和使用,再加上焊接之后使用一些特殊工艺,可以达到提高和改善疲劳性能的目的。

4) 疲劳裂纹的修补

在裂纹较小或活荷载应力较小的地方,不需要采取措施。断裂力学裂纹分析将决定裂纹是否可忍受或应该加以修补。在某些情况下,可以通过在裂纹端部钻孔来阻止其进一步扩展。孔洞必须有足够大的直径,《城市桥梁养护技术规范》规定这种孔洞的直径应不小于板厚。加螺栓盖板可以恢复开裂断面的截面积,以及减小活荷载应力。开裂也可由重新焊接加以修补。但应在咨询专家意见之后才能进行。通常在现场结构上实施,完成起来比原焊接要困难得多。尽管能够采取像锤击和烘烤技术来消去不良应力,但是,低劣的重焊仍可能诱发再次开裂。

4. 异常变形

1) 异常变形的类型与原因

钢材虽有强度高、韧塑性好,尤其是冷弯性能好的特点,但板厚与构件尺寸相比显得很小,组合形成的桥梁结构是薄壁结构,它受外力作用后容易产生各式各样的变形。如果再受原材料以及加工、制作、安装、使用过程中的缺陷和不合理的制作工艺等因素的影响,钢结构的变形问题就更加突出。因此,对钢结构异常变形的检查和评估应引起足够的重视。

(1) 钢结构变形类型。钢结构的变形可分为整体变形和局部变形两类。整体变形是指整个构件的外形和尺寸发生变化,出现弯曲、畸变和扭曲等;局部变形是指构件在局部区域内出现变形。例如,构件凹凸变形、端面的角变位、板边褶皱波浪形变形等。

整体变形与局部变形在实桥结构中有可能单独出现,但更多的是组合出现。无论何种变形都会影响结构的美观,降低构件的刚度,使其稳定性变差,尤其是附加应力的产生,将严重减弱构件的承载能力,影响到整体结构的安全。

(2) 钢结构变形成因分析。钢结构的形成和使用过程为材料→构件→结构→服役。其间发生变形的原因可以概括如下:

① 钢材的初始变形。

钢结构所用的钢材常由钢厂以热轧钢板和热轧型钢供应。热轧钢板厚度为 5~120 mm;热轧型钢包括角钢、槽钢、工字钢、H 型钢、钢管、C 型钢、Z 型钢,其中冷弯薄壁型钢厚度在 2~6 mm。钢材由于轧制及人为因素等原因,时常存在初始变形,尤其是冷弯薄壁型钢,因此在钢结构构件制作前必须认真检查材料,矫正变形,变形不允许超出钢材规定的变形范围。

② 加工制作中的变形。

加工制作中的变形包括冷加工产生的变形、制作与组装带来的变形、焊接变形三种。

冷加工:剪切钢板产生变形,一般为弯扭变形,窄板和厚板变形大一点;刨削以后产生的弯曲变形,窄板和薄板变形大一点。

制作与组装:由于加工工艺不合理、组装场地不平整、组装方法不正确、支撑不当等原因,引起的变形有弯曲、扭曲和畸变。

焊接:焊接过程中的局部加热和不均匀冷却使焊件在产生残余应力的同时还将伴随产生焊接残余变形,通常有纵向和横向收缩变形、弯曲变形、角变形、波浪形变形和扭曲变形等。焊接变形产生的主要原因是焊接工艺不合理、电焊参数选择不当和焊接遍数不当等。焊接变形应控制在制造允许误差限制以内,否则应予以矫正处理。

③ 运输及安装过程中产生的变形。

运输中不小心、安装工序不合理、吊点位置不当、临时支撑不足、堆放场地不平,尤其是强行安装,均会使结构构件变形明显。

④ 服役期间产生的变形。

钢构件在使用过程中产生的异常变形一般是由弯曲、压曲、扭曲、拉伸或这些变形任意组合而形成的变形。

永久弯曲变形可能发生在荷载作用的方向并且经常与弯曲杆件有关,但车辆的撞击力可使任何杆件发生永久弯曲变形。

永久压曲变形通常是沿垂直于荷载作用方向产生的,通常与受压杆件有关。主梁、板梁以及箱梁的腹板和受压翼板可能会因压曲产生局部永久变形。杆系可能会因为超载的超应力,或因温度膨胀造成压曲,也可能由于撞击损伤而造成屈曲,组装在一起的杆件或薄板也会因此而压曲。压曲,有的可能只产生弹性变形,应力移去后会恢复原状;有的产生塑性变形,应力移去后无法恢复原状。当超静定杆件压曲时,其承受的荷载会转移到其他构件上而造成其他构件超载。

永久扭曲变形表现为梁沿其纵向轴线的扭转,并且往往是在横向偏心荷载作用下产生的。永久轴向变形往往沿杆件的轴向产生,一般与受轴向拉伸荷载有关。

桥梁使用不当和维护管理不善引起永久变形,主要表现在以下几方面。

① 超载:桥梁自重增加,支座坏死不能自由伸缩而使温度内力增大,支座沉陷引起恒荷载内力变化,过桥车辆加重或者桥面路况不佳造成冲击力加大等,都会使得构件受力超出正常范围。

② 车船撞击:薄壁钢结构截面遭受车船的撞击后易产生永久变形,严重时还会降低结构承载能力。车船撞击表现为:超高车辆在桥下通过时撞击下翼缘或下弦杆,或在桥面上的车辆对撞击主梁和桁架,涨潮时易发生船撞或闷船事故,造成下平联变形甚至断裂。

③ 屈曲:结构或构件丧失了整体稳定性或局部稳定性,可能失稳前变形很小,呈现出脆性破坏的特征,这种破坏的突然性使得失稳破坏更具有危险性。

④ 锈蚀:严重锈蚀将引起构件截面削弱,致使受力偏心,发生永久弯曲变形。板间锈胀造成板件永久鼓包变形。

⑤ 火灾。

2) 异常变形的处理办法

(1) 变形处治原则如下。

① 根据表4-49所列钢梁杆件变形容许限值进行矫正处理。

表4-49 钢梁杆件变形容许限值

序号	变形类别		容许限值
1	板梁、纵梁、横梁及工字梁	竖向弯曲	弯曲矢度小于跨度的1/1 000
2		横向弯曲	弯曲矢度小于自由长度的1/5 000,并在任何情况下不超过20 mm
3		上盖板局部垂直弯曲	$f<d$ 或 $a<B/4$ d——钢板或钢板束的厚度 B——由腹板至盖板边缘的宽度
4		盖板上有孔洞	孔洞直径小于30 mm,边缘完好
5		腹板上有孔洞	工字梁的孔洞直径小于30 mm,板梁的孔洞小于50 mm,边缘完好
6		腹板受拉部位有弯曲	凸出部分直径小于断面高度的0.2倍或深度不大于腹板厚度
7		同上,但在受压部位	凸出部分直径小于断面高度的0.1倍或深度不大于腹板厚度
8	桁梁	主梁压力杆件弯曲	弯曲矢度小于杆件自由长度的1/1 000
9		主梁拉力杆件弯曲	弯曲矢度小于杆件自由长度的1/500
10		主梁腹杆或连接杆件弯曲	弯曲矢度小于杆件自由长度的1/300
11		孔洞	孔洞直径小于杆件高度的0.15倍并不大于30 mm

② 碳素结构钢在环境温度低于-16 ℃,低合金结构钢在环境温度低于-12 ℃时,不得进行冷矫正。

③ 碳素结构钢和低合金结构钢在加热矫正时,加热温度应根据钢材性能选定,但不得超过900 ℃。低合金钢在加热矫正后应缓慢冷却。

④ 当构件变形不大时,可采用冷矫正法和热矫正法;当构件变形较大又很难校正时,应采用加固或更换构件的方法修复。

⑤ 桥梁结构中的受力构件不得采用热矫正方法。

(2) 异常变形的处理方法。

① 冷矫正法。冷矫正法是指用人力或机械力矫正变形,适用于尺寸较小或变形较小的构件。图 4-57 所示为机械矫正示意图。

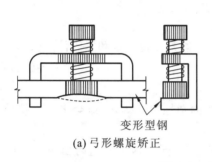 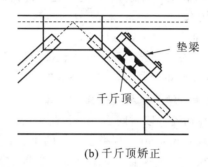

(a) 弓形螺旋矫正　　　　　　　　(b) 千斤顶矫正

图 4-57　机械矫正示意图

手工矫正:采用大锤和平台为工具,适合于尺寸较小的构件的局部变形矫正,也可作为机械矫正和热矫正的辅助矫正方法。手工矫正采用锤击方式使金属延伸,达到矫正变形的目的。

机械矫正:采用简单弓架、千斤顶和其他机械方式来矫正变形。杆件如角钢、槽钢以及工字钢梁翼缘的局部弯曲,可用撬棍矫正。如角钢弯曲较严重,则可用弓形螺旋顶或油压千斤顶来矫正。杆件如有不同方向的弯曲,应先矫正一个方向,再矫正另一个方向。如杆件同时有扭转和弯曲,应先矫正弯曲,再矫正扭转。

采用冷矫正法的前提是杆件和板件无裂纹、缺口等损伤,矫正时机械施力应逐渐增加,等变形消失后,应使压力保持一段时间。

② 热矫正法。热矫正法在我国目前较常见的是采用乙炔和氧气混合燃烧火焰为热源,对变形结构构件进行加热使其产生新的变形,来抵消原有的变形。正确使用火焰和温度是其关键。加热方式有点状加热、线状加热(直线、曲线、环线、平行线和网线)和三角形加热之分。

热矫正方法要根据桥梁实际情况谨慎采用。承受应力的构件加热时会发生应力重分配,影响结构体系的力学性能,因此受力构件禁止使用热矫正法。

③ 更换或加固。屈曲,撞击造成损伤、开裂或退化以及结构计算证明承载能力不足的构件应该予以更换。桁架构件更换过程如下:在适当节间两边临时支撑,在杆子的两端除去联结,再除去杆件,装上新杆件以及换上新的联结件,最终除去临时支撑。在某些情形下,在多梁式桥中更换主梁也是可能的。

承载能力不足的构件可以通过增贴钢板或型钢予以加强。这种方法对细长受压杆件特别有效,因为它的稳定性不受截面积的影响,通过增加截面的回转半径,就可以承受较大压力。附加钢板或型钢可以栓接或焊接到原构件上。

整个桥梁结构的加强可以通过改变结构受力体系,来提高桥梁的承载能力。改变结构受力体系的方法是:增加预应力,相邻桥跨之间建立连续关系,增设组合混凝土桥面板,采用支架、支柱或拉索支撑结构进行支护。

5．连接松动

1）连接松动的类型与原因

钢构件可以采用铆钉和螺栓连接。铆钉通常受热铆上,冷却之后会产生约束力。在松动状况下铆钉是不参加工作的。结构螺栓通常紧固到指定扭矩或紧固到指定圈数。螺栓松动的主要原因如下：

① 初始安装不正确。

② 连接件的拉伸破坏(可能是连接件初始腐蚀而造成的截面损失,或在连接面处由于腐蚀产生膨胀力)。

③ 螺栓的振动导致螺母松动。

④ 接头松动一般出现在螺栓和铆接的接头中,可能是由连接板和紧固件的腐蚀、过度振动、超应力、开裂或单个紧固体失效造成的。

2）连接松动等缺陷的检查与处理

钢桥在运营一段时间后,由于铆合不良、运营时的塑性变形等,可能会出现连接松动、锈蚀、裂纹等缺陷。表 4-50 中列举了铆钉的不良状况。

连接缺陷检测着重于使用阶段的剪断、松动和烂头,同时检查建造时留下的缺陷。检查时应着重下述部位：

① 连接板束较厚处,即长铆钉或螺杆处；

② 已经维修或更换过铆钉与螺栓的连接处；

③ 纵横梁及横梁与主桁连接处；

④ 承受反复应力的连接；

⑤ 易于积水、积灰、积污的隐蔽角落,如各结点处,尤其下弦结点部位。

连接的检查采用目测法或敲击法,或采用目测和敲击结合的方法。工具包括木槌、卷尺、弦线、10 倍以上放大镜、铆钉规、塞规、弦线、卡尺、钢尺等。目视检查时,如发现钉头有流锈痕迹,或油漆开裂,多为钉头松动,再用 0.2 kg 小锤敲击钉头,听音或触摸判别,哑音或手指感到颤动则表明此钉头已松动,应标上颜色记号,做好记录,以备查考。

表 4-50　铆钉的不良状况

序号	具体状况	图　示	容许限度	原　因
1	铆钉松动		无	① 铆合不良； ② 铆合前钢板未夹紧
2	钉头裂纹		无	① 铆钉加热过度； ② 铆钉钢质不良
3	烂头		$D \geqslant d+8$ mm $h \geqslant 0.7$ 倍标准钉头高	年久锈蚀

续表

序号	具体状况	图示	容许限度	原 因
4	钉头部分或全周浮高（用厚 0.2 mm 的塞尺检查）		无	① 钉头和钉杆相接处有圆角；② 钉头未用顶把顶紧或顶把未对正
5	钉头偏心（拉绳检查钉头与铆钉线位置）		$b \leqslant 0.1d$	铆合不良
6	钉头局部缺边		$a \leqslant 0.15d$	① 钉杆过短；② 顶压不正确
7	钉头全周缺边		$a < 0.1d$	① 钉杆过短；② 顶压不正确
8	钉头过小		$a+b < 0.1d$ 或 $c < 0.05d$	① 铆钉壳小和钉杆短；② 钉杆过短或铆钉孔过大

3）连接松动的维修

(1) 检查出连接松动及表 4-50 所列的不良状况时，应及时予以更换，步骤如下：

① 设置保障操作安全的工作台和栅栏。暂时中止行人通过，并尽量减少活荷载。

② 铲除铆钉或螺栓，可采用直径 3~4 mm 的钻头先由钉头中心钻孔，然后轻轻铲除钉头剩余部分，或使用能保证不烧伤钢料的配有平口的特制的焰割工具割除钉头（平常所用的焰割工具不能使用），再用手锤轻轻取出钉杆，操作中应避免伤及主板。

③ 用相同规格的螺栓或铆钉更换，当更换的铆钉数量较多时，也可以采用高强度螺栓代替铆钉，但铆合面应经现场喷砂处理后安装。

④ 更换铆钉时必须具备专用铆钉烧炉、铆枪、风顶把、接钉筒、夹钉钳及过孔锥枢等，并需要由熟练铆钉技工操作。铆合时，应使钉杆切实填满钉孔，每只铆钉一般应在 20 s 时间内完成铆合，铆合速度越快越好。

⑤ 螺栓或铆钉重换后，应检查是否符合要求，同时还要检查相邻的不更换的螺栓或铆钉是否受影响而松动，如有松动的，则应将其拆除并更换。

⑥ 对修复范围加以与全桥相同的涂装防护。

(2) 更换铆钉时的注意事项如下：

① 不可同时铲去大于连接处铆钉总数10%的铆钉数目，如连接处铆钉少于10只，则只能逐个进行更换。

② 拆除铆钉时，应避免相邻铆钉受振动或损伤到钢材，禁止使用刹子铲除钉头，绝对禁止使用大锤猛击杆件。

③ 钻除铆钉时，应用大小合适的钻头，以保证不伤钢料。

④ 旧钉冲出后，要清理钉孔，如果钉孔错位或斜孔偏心超过2 mm，则应采用有圆锥形钻头的手提钻来扩孔。

⑤ 当拆除原有受力铆钉或增加钉孔、扩大钉孔时，除应计算结构原有和加固连接件的承载能力外，还应校核板件的净截面面积的强度。

四、钢-混凝土叠合梁养护

钢-混凝土叠合梁是指采用剪力键将RC板或PC板与钢梁完全结合构成的组合结构。叠合梁有板梁叠合梁、箱梁叠合梁和桁梁叠合梁。钢-混凝土叠合梁的养护包括了钢梁和混凝土板的养护内容，其各自的养护内容可参见本章相关内容，但钢-混凝土叠合梁的力学性能、病害形式及养护方法仍具有其独特的特点。

1. 钢-混凝土叠合梁的力学性能

混凝土板和钢板梁叠放在一起共同承受荷载，混凝土板在钢板梁之上，当承载受弯时，它们各自独立弯曲。混凝土板中性轴以下受拉，钢梁中性轴以上受压，两者均未发挥各自优势。当以剪力键将两者结合成一整体共同工作截面时，混凝土板全截面受压，由中性轴上移，钢梁大部分截面受拉力，受压部分应力较小。此处混凝土板与钢梁是完全结合的，足够的抗剪构件使结合后的截面受弯时符合平截面假定。

在叠合梁设计时假定RC板与钢梁完全结合，符合平截面假定，把混凝土板的截面换算为钢的截面来计算。此外计算时需确定混凝土板的有效宽度。

叠合梁的截面设计与施工过程有关。连续叠合梁在中支点的负弯矩区混凝土板受拉退出工作，有的设计者在此区段仅计钢梁为有效抗弯截面。但实际纵向主筋与分布筋延至混凝土板受压区，钢筋仍然产生与钢梁的组合作用。研究证明，当此处配筋率达到3%以上(有效宽范围内)，而剪力钉的布置在反弯点附近区域且采用与梁端相同方式布置时，钢筋可充分发挥作用且混凝土板裂缝可控制在0.2 mm以下。另外一种使用较多的办法是，施工时将中支点顶高一定量(按计算)，浇筑该区段混凝土，待混凝土达到强度要求后，再落至正常位置，使之产生预压应力。

2. 钢-混凝土叠合梁的养护维修

结合板梁、结合箱梁和结合桁梁，不管是简支梁或连续梁，均为RC板(或PC板)与钢结构由剪力键结合成一整体。因此检查、维修、养护可由上述三部分入手。图4-58所示为简支梁梁端RC板的受力状态及相应的裂纹形态。此外，钢-混凝土叠合梁特有的施工过程，也会形成不同的内力分布特点和缺陷及病害。

结合板除参与梁体总体受力,产生一般桥面板共有的裂纹分布外,同时受剪力钉的局部作用会产生其特有的裂纹形式,如图 4-58(b)所示鱼骨形裂纹,它发生在梁式桥板的端部。在箱梁叠合梁中,由于横向宽度较大,也可能在靠栓钉附近产生纵向或斜向裂纹。预制拼装的结合板的现浇混凝土带区内或预应力板的锚固位置均会产生或可能产生裂纹分布。这些局部裂纹分布易于连续,进而形成破碎带。

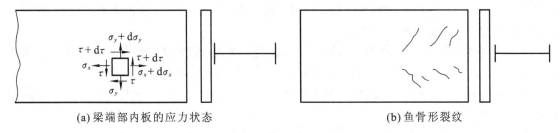

(a) 梁端部内板的应力状态　　　　　　(b) 鱼骨形裂纹

图 4-58　简支梁梁端 RC 板的受力状态及相应的裂纹形态

在钢梁上除产生一般钢结构构造裂纹外,还有焊接剪力钉焊趾裂纹,如图 4-59 所示。结合板贯穿性裂纹和缺欠应及时修补,以免引起钢梁锈蚀。对于较大的破碎带,修补时至少应在无活荷载下进行。全部 RC 板更换应按原设计施工程序卸载进行。当由于承载力不足对钢-混凝土叠合梁进行加固时,应加固 RC 板(或 PC 板)和钢梁,同时应验算抗剪构件即剪力键是否满足要求。

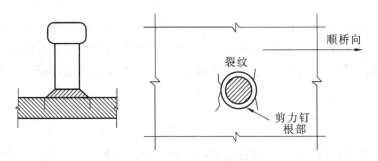

图 4-59　焊接剪力钉焊趾裂纹

3. 具体维护策略

钢-混凝土叠合梁中钢结构及混凝土桥面板的检查、保养及维修除应符合下述各项规定外,尚应满足钢结构以及混凝土结构单独的规定。

钢-混凝土叠合梁桥是通过栓钉等剪力连接件把钢梁和桥面板连成整体而共同受力的,剪力连接件传递钢梁与混凝土桥面板之间的剪力。剪力连接件是保证钢-混凝土叠合梁桥整体工作的关键部件。剪力连接件对混凝土桥面板的作用相当于对桥面板产生纵向劈裂效应。如果出现混凝土纵向劈裂,就会导致整体工作性能降低直至失去叠合作用。钢-混凝土叠合梁桥面板不得有纵向裂缝。应每季度检查一次,检查纵向裂缝的宽度、长度、位置、密度及发展程度等,必要时应拆除部分铺装层观测。当产生纵向裂缝时,应及时采取加固措施。

桥面横向裂缝,可每季度检查一次。在连续组合梁支座及其附近的桥面板,不应有裂缝和渗漏水。有裂缝和渗漏水部位,应重做防水和封闭裂缝。纵向钢筋失效引起的裂缝,应采取纵向受力加固措施。预应力混凝土桥面板中预应力失效产生的裂缝应立即修复、加固。

根据早期的试验研究结果,当梁端相对滑移达到0.1 m时,叠合作用大大降低,因此需要进行修复。钢-混凝土组合梁,应每季度检查一次,支座及梁端区域叠合梁结合面不得有相对滑移和开裂;当梁端相对滑移时,应及时修复。

剪力连接件的作用之一是防止钢梁与混凝土桥面板之间的相对分离即掀起。有掀起时会表现出混凝土铺装层鼓出、破损等现象,出现掀起时也会导致叠合作用减小,应当予以重视。滑移和掀起可由专门的单位进行定期检测。压型钢板叠合桥面板支撑处及板肋不得变形,板肋与连接件附近的混凝土不得有疲劳裂缝。

剪力连接件加固方法是:在桥面板原连接件位置处凿眼,直到能够将剪力连接件补焊到钢梁的翼缘上为止,然后用不低于桥面板混凝土强度等级的细石混凝土将凿眼灌实。

应每年检查一次结构尺寸及线形,不得有超过规定的变形。可采取下列几种方法加固超标变形:

① 加铺或重铺钢筋混凝土桥面层,加铺时应验算增加的自重;
② 钢梁补强;
③ 施加体外预应力。

五、索结构桥梁养护

斜拉桥、悬索桥和部分系杆拱桥大量采用拉索构件作为结构的重要受力部件。此类桥梁养护的共同之处是,拉索养护是全桥养护的重点。以下主要内容围绕斜拉桥和系杆拱桥的养护展开,重点讨论索的病害形式及原因、养护及维修方法,并简要介绍其他特有的病害形式及相应的养护方法。

1. 斜拉桥

斜拉桥是由索、塔、梁三种基本构件组成的组合结构。斜拉桥养护包括经常性检查、定期检测以及特殊检测三种。为了掌握大桥在使用过程中其结构部件的变化、力学性能及空间位移状况,以便及时采取有针对性的对策和措施,确保大桥的安全,有必要对斜拉桥进行健康监测。监测内容包括塔和墩的沉降、主梁的线形、主塔的倾斜、拉索的索力和交通流量。此外,还应定期对拉索锚头、焊缝和高强螺栓进行一次探伤检测。

1) 斜拉索

斜拉索是斜拉桥中对损伤最敏感的构件,斜拉索事故也是斜拉桥面临的主要问题,因此必须对斜拉索进行彻底的防护,保证斜拉索健康工作。斜拉索的主要病害如下:

① 斜拉索PE(高密度聚乙烯)、PU(聚氨酯)护套开裂破坏;
② 早期采用水泥浆灌注技术防护的斜拉索拉索顶部出现空穴;
③ 早期采用水泥浆灌注防护措施的斜拉索水泥开裂;
④ 斜拉索内部高强钢丝锈蚀;
⑤ 斜拉索内部高强钢丝断裂;
⑥ 斜拉索锚头部分锈蚀;

⑦ 斜拉索锚具部分开裂;
⑧ 斜拉索索力偏差过大;
⑨ 斜拉索的异常振动。

(1) 斜拉索检查。

斜拉索的检查项目包括拉索自有段、锚头与锚具、拉索护层,检查要求如表 4-51 所示。

表 4-51 斜拉索检查要求

检查项目	具 体 要 求
斜拉索自由段	① 斜拉索的防护应定期目测检查(可借助简单工具),异常情况做好记录,再组织专门检查,并做出技术状态的评定; ② 每三年必须对斜拉索护层及钢丝锈蚀情况进行全面检查,可用无损探伤或剥开已损坏的护层检查,并评定锈蚀钢丝的实际有效面积; ③ 每年必须对斜拉索索力进行一次测量,并与设计索力和大桥竣工最后一次调索的索力进行比较,了解斜拉索索力变化状况及松紧程度; ④ 必须经常观察斜拉索的振动情况,尤其是风雨振,做好风速、风向、雨量、斜拉索振动状况的记录(包括录像),并检查斜拉索减振措施的有效性,更换失效的减振装置; ⑤ 斜拉索的检查和养护、维修,必须要有详细记录(文字、图片、录像),并归档; ⑥ 斜拉索梁端的护筒及护套的检查应包括锈蚀、开裂、剥落、连接螺栓松动、连接螺栓崩断、护套与拉索的结合部护层的损伤和露丝
锚头与锚具	① 每半年必须对塔端锚头进行一次检查和保养;钢主梁端锚头每半年必须进行一次检查保养,但对在钢梁外侧并由钢盖板罩住的锚头则应每三年进行一次检查保养; ② 锚具的锚杯及锚杯外梯形螺纹和螺母不得锈蚀和变形,锚板不得开裂,墩头应无异常; ③ 锚固结构的支承垫块不得锈蚀及产生位移、变形,梁端锚箱不得锈蚀、产生变形,锚箱与主梁腹板连接的高强螺栓不得松动、锈蚀,该项检查可与钢梁的检查同步,塔或混凝土梁端预埋承压钢板不得锈蚀变形,钢板四周混凝土不得有裂缝、剥落、渗水等现象; ④ 锚箱不得锈蚀、锚箱与钢梁腹板连接的高强螺栓不得松动,锚箱不得产生裂缝
斜拉索护层	① 灌水泥浆的护层应半年检查一次,查看斜拉索表面是否有裂缝和塔端锚头处是否有水和水泥浆渗出,以及近梁端的斜拉索底部是否异常,可随机抽样和将有异常的部位剥开护层检查其内部防护情况 ② 防锈油膏防护应半年检查一次,查看套管老化、开裂,防锈油膏失效及雨水渗入情况

(2) 斜拉索 PE 护套开裂破坏。

以 PE 或 PU 或 PE、PU 复合材料作为防护的斜拉索护套破损开裂或外附的 PU 起皱、剥落,严重的甚至露出内包带或斜拉索钢丝。PE 护套开裂如图 4-60 所示。

PE 护套开裂导致拉索外部腐蚀性介质接触到拉索内部高强度钢丝,最终导致斜拉索断裂。PE 护套出现裂纹可能是以下原因造成的:

① 在斜拉索制造过程中,护套受到损伤。

图 4-60 PE 护套开裂

② 为方便将斜拉索运至工地,将斜拉索卷盘,如果卷盘的直径太小,斜拉索护套在卷盘产生的应力作用下会开裂。

③ 在施工过程中,施工方由于操作失误或重视程度不足,在成品索搬运及安装过程中未采取相应保护措施,导致斜拉索护套表面磨损,甚至被尖锐物体划破。

④ 在运营过程中,环境、温度、交通荷载等作用甚至是车辆意外撞击导致护套开裂。

⑤ 在斜拉索检测过程中,沿斜拉索移动的检测小车摩擦挤压拉索,导致斜拉索护套损伤。

⑥ 由于斜拉索护套 HDPE 老化,导致护套塑性降低,最终护套开裂。

⑦ 采用 PE+PU 双层护套的拉索,由于两者线膨胀系数不同,且不相互亲和,在外力作用下,PE+PU 双层护套的外层 PU 起皱、脱层、开裂,并与内层护套间形成存水腔。

⑧ 夏季施工、灌浆时温度过高,当灌浆后出现短暂低温时,PE 与水泥的热膨胀率不同,护套破裂。

日常检查时,应检查护套是否存在裂缝、老化、剥落、鼓起等现象。当存在开裂时,应检查露丝及锈蚀情况。对采用 PU+PE 双层护套的拉索,应首先检测 PU 的开裂情况,发现 PU 开裂后,应沿开裂处将脱层的 PU 全部剥除,再对露出来的 PE 进行开裂检查。要减少和避免 PE 护套开裂,可以采取以下方法:

① 设计时为 PE 护套多加几重保护,在施工过程中加强对 PE 护套的防护,避免 PE 受损。如吊装斜拉索时,避免斜拉索直接在地面或桥面上拖拉。

② 不采用 PE、PU 复合防护。

③ 将斜拉索下部桥面上 2.5 m 以内可能受到撞击的部分用金属套包裹起来,保护 PE 护套。

护套开裂的整治措施包括如下几点:

① 对斜拉索 PE 护套应每 5 年进行一次专门检查,日常应不定期巡检。检查时,可借助相应缆索爬升设备进行检测。如仅采用望远镜进行观测,则应注意加强对斜拉索上部的观测。

② 如裂缝没有穿透 PE 护套,可先用热补法修复护套,再用专用缠包带对开裂位置进行修补;如果钢丝已有锈蚀,或表面潮湿,裂缝内有锈水渗出,则应沿裂缝处剥开 PE 护套,排出水分,待斜拉索干燥后,再修复防护层,用缠包带进行缠包。进行修补时应注意施工温度,建议于夜晚气温较低时进行施工。

③ 对 PE、PU 复合护套出现 PU 破损的情况,可剥除起皱损害的 PU,清除内层 PE 上的污垢,用热补法修复 PE 缺陷后,再用专用缠包带防护,代替原外部护套。

④ 如发现斜拉索 PE 护套损伤过于严重,不堪修复,应更换斜拉索。

(3) 斜拉索上端空穴。

对于采用水泥浆灌注作为防护体系的拉索,其斜拉索上端往往会出现空穴,斜拉索这部分的高强钢丝暴露在空气中或是浸在水中。上端空穴使斜拉索内的高强钢丝得不到水泥的保护,这一部分的钢丝将首先生锈,严重影响斜拉索的使用寿命。斜拉索上端空穴主要由以下原因造成:

① 斜拉索灌浆时,水泥浆由斜拉索的下端向上压入。但由于压浆压力过大,压浆无法达到斜拉索顶端。

② 水泥浆虽然到达斜拉索顶端,但是由于斜拉索顶端水泥浆离析,浆水分离,浆沉积在下部,而水集中在顶部,水蒸发后形成空穴。

③斜拉索灌浆料收缩。

要预防这种缺陷的发生,可以采用以下方法:

①加强对斜拉索护套的防护,增加护套厚度,防止护套由于压浆开裂。

②在施工过程中,灌浆时,确保水泥浆流出3 min后再停止压浆。

③采用收缩小的水泥灌浆。

④使用添加剂,避免水泥浆离析。

⑤不采用灌注水泥浆的拉索形式。

发现拉索存在空穴后应及时记录,并检查空穴内部高强钢丝是否出现锈蚀,如无锈蚀,则应采用填充材料填充空穴并密封;若拉索内高强钢丝出现轻微锈蚀,则应该先除锈,然后再填充空穴并密封;若斜拉索高强钢丝锈蚀严重,则应尽快更换斜拉索。

(4)水泥开裂。

早期斜拉桥多采用水泥浆填充外部护套和内部高强钢丝间的缺陷,水泥护层开裂(见图4-61)是这类斜拉桥拉索的常见病害。

图4-61 水泥护层开裂

水泥护层开裂增加了腐蚀性介质接近斜拉索高强钢丝的机会,最终导致高强钢丝的锈蚀和断裂。斜拉索水泥护层开裂的原因如下:

①在周期性荷载作用下,水泥由于脆性开裂。

②水泥干燥收缩导致开裂。

水泥护层开裂是所有采用此种防护措施拉索的通病,无有效的整治措施。可在斜换索时采用其他防护形式的拉索。

(5)高强钢丝锈蚀。

缆索钢丝生锈、流淌锈水,锈皮起鼓脱落。钢丝锈蚀如图4-62所示。高强钢丝的锈蚀原因如下:

①在制造斜拉索时过程中,由于空气湿度大,水汽被包裹在护套内部。水汽从成索时起就开始锈蚀钢丝。

②当斜拉索外部潮湿空气通过护套裂缝到达拉索钢丝周围,水汽受冷凝结成水珠,锈蚀钢丝。

③下雨时,雨水落到索面上,并沿斜拉索向下流淌,当遇到护套裂缝时,就通过护套裂缝进入拉索内部,使钢丝锈蚀。

④采用灌浆防护的斜拉索,其斜拉索上部存在空穴,空穴中钢丝受大气以及雨水作用而锈蚀,此外空穴中残留的水汽也会锈蚀钢丝。

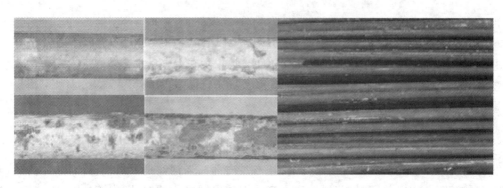

图 4-62 钢丝锈蚀

在日常养护过程中,应加强对斜拉索损伤的监测,及时修补 PE 护套可能存在的裂缝。当发现斜拉索高强钢丝锈蚀时,可采取以下措施进行修复:

① 以热挤高密度聚乙烯作护套的工厂成品索,如护套有裂纹,套内钢丝有轻微浮锈,应清除浮锈,钢丝表面涂防锈涂料或防锈油后热补聚乙烯护套。

② 斜拉索端部锚头部分等应力集中处发现钢丝有应力腐蚀或氢致开裂(如钢丝上有锈蚀凹坑、剥蚀)应立即更换斜拉索。

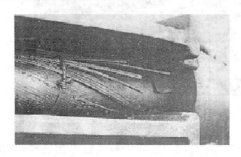

图 4-63 高强钢丝断裂

③ 钢丝锈蚀严重(锈蚀部分达到总钢丝面积的 10%~20%时)的斜拉索或采用灌浆防护的拉索应及时予以更换。

(6)高强钢丝开裂。

高强钢丝断裂(见图 4-63),或是检查时发现检查面一侧的钢丝松动,可以抽动。高强钢丝断裂的原因如下:

① 斜拉索防锈蚀措施失效,导致高强钢丝锈蚀严重,最终锈断。

② 斜拉索承受拉力较大,活荷载比重较大,高强钢丝疲劳断裂。特别是在斜拉索锚头位置,由于构造产生的应力集中,增大了钢丝出现疲劳的可能性。

③ 制造斜拉索时,制作高强钢丝的盘条存在问题。

盘条存在疏松、夹杂、气泡、成分偏析等缺陷,这些缺陷给成品钢丝留下断裂隐患;为追求出材率和连续生产,对盘条采用焊接方式连接,也会在钢丝中留下缺陷。

④ 在制造斜拉索和架设斜拉索施工中,牵引力作用导致钢丝断裂,或因绞扭、勾挂等导致钢丝断裂。

⑤ 在使用中,受到人为损坏(如车撞),斜拉索受极大拉力,钢丝直接拉断。

要防治高强钢丝的断裂,需要做到以下几点:

① 控制所采用的高强钢丝的质量,对高强钢丝的质量进行严格质检。

② 在斜拉索制造、运输、架设期间严格按施工标准进行操作,加强对斜拉索的保护。

③ 加强防锈,对锈蚀斜拉索及时除锈。

④ 当斜拉索钢丝断裂数超过钢丝总数的 2%时,必须对斜拉索进行更换。

(7)锚头锈蚀。

锚头外锚圈或盖板内螺纹、锚头上的结构固定螺纹及孔洞锈蚀。锈蚀轻微时仅存在表面浮锈,但严重时锚头流淌锈水,甚至流入锚头内部导致钢丝锈蚀。锈蚀锚头如图 4-64 所示。锚具锈蚀将导致拉索承载能力减弱。同时严重的锈蚀将固结拉索与锚箱的连接,妨碍拉索的更换。

锚具腐蚀的原因如下:

① 斜拉索安装后没有及时采取防腐蚀措施。

② 未安装锚头盖板,或盖板固定螺栓松动、脱落或不密封,水汽侵入。

③ 锚锭板的防锈蚀措施失效。

④ 拉索锚具与斜拉索自由段连接位置密封不佳,雨水沿 PE 护套进入下锚头。

图 4-64 锈蚀锚头

⑤ 减振器密封圈脱落,导致下锚头进水。

⑥ 斜拉索护套存在开裂,雨水进入斜拉索后,沿钢丝流到下锚头,从泄水口排出,排出的积水导致下锚头锈蚀。

锚具的养护措施如下:

① 在斜拉索架设终调完成后,必须彻底检查张拉端和锚固端的锚头,彻底除锈,涂刷防锈油或涂料。锚头盖板必须牢固可靠,固定螺栓应有振动控制、防松动措施。

② 加强锚头的防腐,如采用热镀锌或重防腐涂装等措施。

③ 加强斜拉索连接筒的密封性。

④ 对开裂护套进行及时修复。

⑤ 定期对锚头进行检查,对发现的锈蚀立即进行除锈,重新涂装,防护层损坏应及时修复。

⑥ 发现锚头锈蚀,应将锚具以及承垫块外的原有防锈材料及锈迹擦净,再涂防锈材料进行防护。

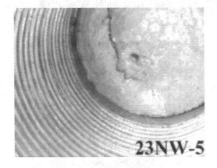

图 4-65 锚具开裂

(8) 锚具开裂。

在高应力下,锚具螺纹或其他部分可能出现裂纹。

锚具开裂(见图 4-65)主要由以下原因造成:

① 锚具存在杂质、缺陷、应力集中,在高应力作用下,出现裂纹。

② 锚具受到斜拉索拉力反复作用,由于疲劳而开裂。

③ 锚具受到腐蚀介质的腐蚀,脆性增加,在高应力作用下开裂。

当发现锚具或其连接螺栓开裂、变形,需对锚具做进一步的探伤,测量索力并做技术鉴定。根据鉴定结果,进行维修或换索。

(9) 索力偏差。

经索力测定,发现实际索力与设计索力相差 10% 以上,或顺桥向与横桥向对称斜拉索索力相差超过 10%。斜拉索的索力偏差的原因如下:

① 结构不均匀沉降以及梁塔的变形。

② 施工控制方法不当,设计计算模式与施工方法存在较大差异。

③ 节段施工时，施工荷载与设计值相差过大，且反馈信息不及时、不准确，使得成桥后节段标高和索力相差过大。

④ 斜拉索张拉时，千斤顶油压表读数误差较大。

⑤ 斜拉索的长度误差较大，或斜拉索的非线性变形不一，导致斜拉索实际长度相差过大。

⑥ 斜拉索的非线性松弛。

当发现索力异常时，应从误差最大或最小的斜拉索开始调整，渐次调整直到所有索力达到设计值。索力调整方案应会同设计方确定。换索时，为避免索力偏差，应注意以下几点：

① 为减小线性变形的影响和提高斜拉索的可靠度，对每根斜拉索都进行预张拉，张拉应参照《公路桥涵施工技术规范》和《城市桥梁施工及验收规范》的相关规定执行；

② 施工前应预先标定千斤顶，索力测量仪器与张拉千斤顶表具应相互校核；

③ 张拉、安装斜拉索时，同侧对称和对岸对应斜拉索的施工时间应尽可能同步。

（10）斜拉索异常振动。

斜拉索在风雨中振幅增大，甚至剧烈摆动，有时伴有波状驰振，严重时甚至两索相碰。剧烈的振动会损坏索的钢套筒、套筒帽及其固定螺栓、斜拉索的防振阻尼橡胶圈及斜拉索的护套。经常发生的振动异常，加剧了斜拉索的疲劳损伤，还增加了行人和车辆的不安全感。斜拉索异常振动主要由以下原因造成：

① 斜拉索出现以下三类振动，即涡振、尾流驰振和风雨振。

② 斜拉索上安装的制振阻尼圈松动或脱落。

减轻甚至避免斜拉索异常振动的措施包括以下三种：

① 改变斜拉索断面形状以达到空气动力学方面的稳定。

② 采用辅助索连接索面，每隔30～40 m将几根斜拉索用辅助索连接起来，在一个索面上布置若干根辅助索，通过增大振动频率以控制振动。图4-66所示为斜拉索辅助索形式。

③ 在斜拉索上安装阻尼减振器进行振动控制。在斜拉索的上端，斜拉索与索孔混凝土间和下端的斜拉索钢套筒或混凝土索孔内安装高阻尼橡胶阻尼圈以增强结构振动的衰减效应。

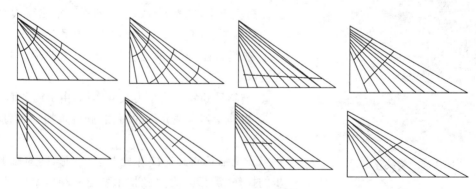

图4-66 斜拉索辅助索形式

2）主塔

主塔是斜拉桥的主要承力构件，每年应对钢筋混凝土主塔进行一次检测，内容包括：混凝土有无裂纹、渗水、表面风化、剥落、露筋和钢筋锈蚀；混凝土有无因骨料硅钙反应引起的整体龟裂现象；预应力钢束锚固区段混凝土由于开裂，沿预应力筋的混凝土表面有无纵向裂纹；拉索、锚固区承压板四周及塔壁牛腿混凝土有无开裂、剥落、锚固钢筋锈蚀等病害。

应定期检查主塔内钢结构(钢平台、钢爬梯、预埋件),敲铲老化油漆,重新涂装,防止锈蚀,并对损坏的钢构件及时进行修复或更换。每年至少一次或在台风过后,对主塔预应力不锈钢护板进行检查,如发现不锈钢护板开裂、翘曲、露出里面的填充材料及钢架,应及时安排抢修以恢复其原貌,同时为锈蚀的钢架除锈并涂上油漆。

主塔的主要病害包括锚箱开裂、桥塔裂纹、施工预埋件外露锈蚀、承台和塔座表面裂纹等。

(1) 锚箱开裂。

焊接结构的锚箱可能由于受到拉索拉力而在焊趾处开裂。锚箱开裂的主要原因如下:

① 锚箱焊接施工空间狭小,焊缝质量不易控制,导致焊缝存在的局部焊接残余应力较大,且材料脆性较高;

② 锚箱结构复杂,存在尖角和转折,导致应力集中;

③ 锚箱受到拉索锚头反复作用,发生疲劳损伤;

④ 锚箱锈蚀,氢致开裂和应力腐蚀开裂。

发现锚箱开裂,应对裂纹进行进一步探测,判断开裂严重程度。由于锚箱结构复杂,位置特殊,需要会同设计方予以研究解决。

(2) 桥塔裂纹。

现象为塔体四周出现竖向裂纹,且随着时间的推移竖向裂缝不断增多、延长。桥塔出现裂纹的原因包括:

① 塔体壁中心和外表面由于水化热的不均匀降温和收缩在内外侧表面产生自约束拉应力;

② 塔体箱形外侧温差和收缩差产生的弯曲应力,使外表面受拉,内表面受压,外表面拉应力增大,内表面应力受拉、压作用相互抵消,因而裂纹出现在外表面;

③ 采用的泵送混凝土收缩量大导致桥塔开裂。

(3) 施工预埋件外露锈蚀。

塔柱施工过程中因滑模、翻模需要,而在结构上设置了提升、吊装支承、塔吊扶墙、施工电梯导轨、脚手固定螺栓等预埋铁件。这些预埋件在施工完成后未清理干净,进而出现锈蚀,影响塔柱外观美观,对混凝土质量产生影响。锈蚀的原因如下:

① 每一节段混凝土浇筑完毕,拆模后,废弃的预埋件未及时清理或修补;

② 无法拆除的预埋铁件未做防锈处理。

预埋件锈蚀可采用如下措施修复:

① 割除塔柱混凝土面上为施工而预埋的所有钢板、铁件、螺栓等预埋件,清除时,应凿除一定深度的混凝土,将预埋件切断一定长度,然后再用与塔柱混凝土相同色泽的水泥砂浆修补好。图 4-67 所示为预埋件修补简图。

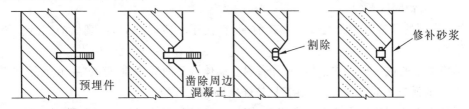

图 4-67 预埋件修补简图

② 确实无法清除的大件预埋钢板,应彻底除锈,并按钢结构防锈要求涂刷与混凝土色泽相近的涂料。

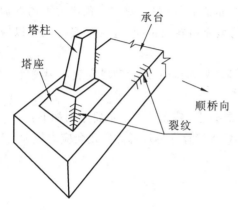

图 4-68 承台、塔座裂纹示意图

(4) 承台和塔座表面裂纹。

现象为裂纹沿塔座棱线分布,双柱式塔柱的承台顺桥向中部表面裂纹。图 4-68 所示为承台、塔座裂纹示意图。

造成承台和塔座表面裂纹的原因如下:

① 塔座棱线两侧有两个夹角较小的临空面,混凝土在该处的水分易散失。且因塔座形状接近漏斗形,棱线处往往是一些缺少骨料的砂浆,抗裂性差。

② 双柱式塔柱随着柱身的不断增高,承台两端受压力增大,承台中部受反弯矩作用,上部混凝土受拉开裂。

③ 养护不及时,塔座水分散失过快,塔体积混凝土水化热高,内外层温差大,表面混凝土受拉开裂。

3) 主梁

斜拉桥的主梁按材料类型可分为叠合梁和预应力混凝土梁两种。

对叠合梁钢结构的养护包括:钢结构的防锈;焊缝的检查;裂纹处理;对高强螺栓的检查和更换;对叠合梁混凝土出现裂纹的,应进行修补。

预应力混凝土主梁的病害主要包括主梁线形变化过大、预应力锚固区周围混凝土开裂以及锚箱开裂。下面主要介绍主梁线形变化过大、预应力锚固区周围混凝土开裂的原因及处理方法。

(1) 主梁线形变化过大。

主梁线形变化过大的表现为主梁波状起伏,桥面开裂严重,合龙段下凹不平。这主要由以下几点造成:

① 主梁施工时,施工控制参数与计算拟定的参数不相符,反馈不及时、不准确;

② 采用挂篮悬臂浇注施工,挂篮支承平台前端下挠,下一节段浇注时又产生前端下挠,随着节段的延伸出现波状起伏;

③ 合龙段模板或支承刚度不够,浇注混凝土时下挠;

④ 主梁收缩徐变与设计情况不符。

当检查发现主梁线形变化过大,应利用换索对线形进行调整,调整方法和步骤须经过设计和验算。

(2) 预应力锚固区开裂。

在主梁底部的预应力锚头混凝土牛腿前端,在使用一段时间后,出现横向裂缝。锚固区开裂的原因有:

① 预应力索的锚头布置在梁体的底部,索在梁体内呈曲线弯曲,张拉后,在曲线拐点出现一向下分力,该处混凝土局部受压,超过其抗拉强度则发生开裂;

② 混凝土未达到抗拉强度即进行张拉,张拉力超过其抗拉强度导致开裂。

对锚固区开裂可采用压力灌浆法灌注环氧树脂,待固化后,在裂纹表面再涂刷一层环氧树脂。当裂缝发展严重时,应经过设计与验算后再加固。

4) 横向限位装置和辅助墩

设置在塔身与梁体之间的橡胶体横向限位装置应每年清除一次周围的污物,检查橡胶体的老化程度并做好记录,对锈蚀的钢件除锈后再进行油漆。岸跨有辅助墩的斜拉桥,必须对主塔与辅助墩的不均匀沉降加强监测,若主塔与辅助墩的不均匀沉降量超过设计限值,则必须进行辅助墩支座调整,支座调整应在原设计单位的指导下进行。

5) 特殊气候下的要求

在特殊气候下,应对斜拉桥进行必要的通行限制:

雾害发生后,在装有交通信息屏的桥梁上应及时显示"雾天慢行"等告示和雾天限制的最高行车速。雾天桥上行车推荐车速如表 4-52 所示。

表 4-52 雾天桥上行车推荐车速

能见度/m	推荐车速/(km/h)			
	干燥路面		潮湿路面	
	直线	弯道	直线	弯道
80	60	40	55	35
50	40	30	35	25
30	20	20	25	15
20	15	15	10	10

当风速大于 19 m/s 时,在装有交通信息显示屏的桥梁上应及时显示诸如"风大慢行,限速行驶"的字样等。表 4-53 所示为大风雨中主桥车速参照值。

表 4-53 大风雨中主桥车速参照值

风速/(m/s)	风中限速/(km/h)	风雨中限速/(km/h)	备 注
19	60	50	风速采用 10 min 内的平均风速
21	50	40	
23	40	30	
25	建议封桥	建议封桥	

当风速大于 21 m/s 时,禁止货运车辆上桥行驶。当在大风中发现斜拉索有明显颤动时,应安排值班人员到现场进行监视或录像,并做好记录。

斜拉桥的避雷装置应保持完善。避雷针接地线附近严禁堆放物品和修建任何设施,地线禁止挖除覆土。并应在每年雨季前检测其防雷性能,及时维护。

2. 系杆拱桥

系杆拱桥是指利用系杆来平衡拱脚水平推力的拱桥,主要由主拱肋、吊杆、系杆、主梁等组成。系杆拱桥按主拱肋组成材料可分为混凝土系杆拱桥、钢管混凝土系杆拱桥以及钢拱肋系杆拱桥。钢管混凝土系杆拱桥在我国比较普遍,但极少有成熟的使用和养护经验以资供鉴。

1) 主要病害

系杆拱桥的主要病害如下:

① 钢管混凝土拱肋涂层损坏或剥落,拱肋及联结系的焊缝出现裂缝;

② 拱座与拱肋交界的转折区及系杆锚固区混凝土开裂、积水;

③ 吊杆两端的锚固部位浸水、锈蚀和开裂、松动等;

④ 防护套管油漆开裂或剥落;

⑤ 冷铸锚头松动、开裂或破损;

⑥ 吊杆在强风中出现明显的振动;

⑦ 吊杆的保护层老化并出现裂纹和破损;

⑧ 吊杆端部及减振器橡胶老化、变质;

⑨ 混凝土结构存在裂缝、渗水、表面风化、剥落、露筋和钢筋锈蚀等现象;

⑩ 横梁预应力束锚头附近出现裂缝,纵横梁固结部分开裂。

2) 系杆拱桥的日常养护

系杆拱桥的日常养护主要有以下工作。

(1) 钢管混凝土拱肋的养护。

① 对钢管混凝土拱肋的焊接部位应注意保持焊接的正常状态。若发现桥梁在使用过程中焊接处有异常情况,则应注意分析裂缝产生原因,并及时进行处理。

② 拱肋发现裂缝后,应由专业技术焊工及时用手电钻在裂纹端钻一直径 2~3 mm 的圆孔,制止裂纹的扩展,然后用碳弧气刨清除裂纹部位。裂纹清除后,用砂轮打磨干净,预热后用 CO_2 保护焊修复。修复完毕应进行无损检查,确认焊缝缺陷不复存在,否则应重新修补。

③ 焊缝修补次数不应超过两次。修复工作进行前,应制订相应修补方案及焊接修复工艺,焊接工艺应进行必要的测试与评定。对重要部位焊缝修复,应征得有关专家认可后方可实施。

④ 应经常检查拱肋的防护层,若发现涂层漆膜有损坏,则应及时进行修复。

⑤ 在确定钢管混凝土的管内有空洞或离析后,可先钻孔注入环氧树脂、水泥砂浆后再封闭钻孔。

⑥ 应检查构件是否扭曲变形、局部损伤、腐蚀生锈。

⑦ 主梁的挠度值出现异常时要及时限制交通,并应查明原因,委托设计部门计算,采取措施进行处理。

(2) 拱座的养护。

① 在拱座与裸露的钢管混凝土交界段以上露出的钢管表面,若涂层出现褶皱、龟裂,在排除涂层质量、气温、老化等原因外,宜再将包裹混凝土向上延长。

② 若拱座的外包混凝土出现褶皱、龟裂、裂纹,但无明显变形,则可暂用水泥砂浆涂抹,加强观察,分析原因。待稳定后再根据情况进行修复(如压浆、封闭或凿除裂损部分进行修复)。

③ 对拱座处的积水要及时排除,保持清洁干燥。

④ 每年冬夏来临之前,对裸管段与有外包混凝土的管段交界处要涂厚油脂。

(3) 吊杆及锚具的养护。

吊杆及锚具的养护主要参考本章相关内容,以下列出了吊杆拱桥养护应格外注意的几点。

① 应经常检查吊杆两端的锚固部位是否浸水、锈蚀和开裂、松动等。

② 冷铸锚头和螺栓是暴露在大气中的,要注意防水、防锈,丝扣部分应经常涂润滑油防腐。应定期对吊索系统涂漆防锈,补刷防锈漆。吊杆两端锚固处及锚头、吊杆出口密封处、防护套等部位,发现有损坏时,应及时处治。

③ 锚头裂缝或破损,应更换该吊杆。

(4) 系杆及防护板的养护、维修。

① 应注意检查系杆锚头防护套外部涂层有无损坏,连接是否松动,防护油脂有否向外渗漏,锚头、防护套是否破坏,钢丝是否疲劳断丝。

② 应定期检查系杆预应力束的应力,如发现应力损失超过设计容许值或各束松紧不均匀,则应予补拉或调整。

③ 系杆要避免横向冲击,注意防水、防锈。若发现系杆及防护板损坏,则应及时处理。如发现油脂渗漏,则应补注防锈油脂,并找出渗漏部位,加以堵塞。对系杆锚头、锚板防护罩、滚珠轴承等,应使其保持在完好状态。混凝土防护板裂缝宽度超过 0.2 mm,应压浆修补。

(5) 钢筋混凝土及预应力混凝土梁的养护。

在检查中若发现混凝土有开裂现象,应注意观察其发展情况。待稳定后,再根据开裂情况,进行修复。当裂缝发展严重时,应查明原因,咨询专家、委托设计或科研单位,采取加固处理措施。若发现混凝土有露筋、剥落等现象,则应及时修补。

任务 5 桥梁下部结构养护技术

一、下部结构的日常养护

桥梁下部结构日常养护的主要内容如下。

(1) 必须采取措施保持桥梁墩台基础附近河床的稳定。桥梁上下游 200 m 的范围内(当桥长的 1.5 倍超过 200 m 时,范围应扩大至 1.5 倍桥长),应做到:

① 河床应适时地进行疏浚。每次洪水过后,应及时清理河床上的漂浮物,使水流顺利宣泄。

② 树立警示牌,使任何人都不得任意挖沙、取土、采石、倾倒废弃物,不得进行爆破作业及其他危及公路桥梁安全的活动。当发现有上述现象时,必须及时制止,并采取相应措施。

③ 不得任意修建对桥梁有害的水工建筑物,若因抢险、防汛需要修筑堤坝、压缩或拓宽河床的,则应事先报经主管部门同意,并采取有效的防护措施。

(2) 必须保持墩台结构表面整洁,及时清除墩台表面的青苔、杂草、灌木和污秽物等。

(3) 桥梁墩台、桩柱排架混凝土结构物表面发生侵蚀剥落、麻面、裂缝、露筋等病害时,应及时采用水泥砂浆修补。对因受行车振动影响大,不宜用水泥砂浆补牢的,应考虑采用环氧树脂或其他聚合物混凝土等性能较好的材料进行修补。

(4) 基础局部掏空,护底、护坡等构筑物局部损坏,应及时分析情况抓紧修复。当损坏严重时,应按损坏情况采取加固措施。

(5) 对原有的防撞、导航、警示等附属设施要经常维护,保持其良好的状态。当发现墩立柱被船只碰撞发生损坏时,对被船只、漂流物碰撞的墩台,必须立即进行检测,包括墩台构件的损坏情况等,并立即采取措施确保安全。

(6) 对严寒地区的桥梁墩台基础的养护,应特别重视采取防冻措施,以保证河床状态稳定和加固设施可靠。

(7) 对于大桥及特大桥应在桥梁墩台设置沉降观测点,并每年进行观测记录,拱桥应设置桥台水平位移观测点。

二、锥坡、桥台搭板及翼墙等附属设施的日常养护

(1) 锥坡应保持完好、稳定。检查桥梁,应同时对锥坡进行检查。锥坡受洪水冲空或遭受其他破坏时,应及时采取措施进行维修、加固。

(2) 桥台搭板出现破损或下沉应及时维修。当搭板下基础脱空时,可采取注浆加固措施,以保证搭板的稳定。当搭板下沉,使桥头路面不平时,应对路面进行加铺修理,使之连接平顺,减少桥头跳车。

(3) 翼墙出现下沉、断裂或其他形式的损坏时,应及时维修、加固。

三、桥梁基础防护及维修、加固法

1. 基础部分的缺陷及原因

桥梁基础结构可分为浅基础和深基础,前者主要是指天然地基、改良地基,后者主要指桩基础、沉箱基础、混合基础。由于每类基础所处的条件不尽相同,基础结构形式及修筑基础地形(包括地基地质条件)的差异,因此,所产生的缺陷也不完全相同,可是从总的方面来分析,具有一定的规律性。桥梁基础结构一般容易发生的主要缺陷有以下几种。

1) 桥梁基础的沉降和不均匀沉降

由于地基的压密下沉而引起基础沉降,这对于任何一座桥梁来说,这种一定范围内的沉降都是难以避免的,是正常现象,而超过一定的范围则将对桥梁产生有害的影响。在软土地基上修建的桥梁基础,由于经常受到土基压实下沉和地下水位升降等的影响,往往还会产生不均匀的沉降。

因此,在桥梁施工过程中或通车后相当长的一段时间内,应定期和及时做好基础沉降变位的观测、分析工作,以便了解基础的沉降情况及发展趋势,分析均匀沉降和不均匀沉降对桥梁结构的影响,并对有害的基础沉降采取有效的防治措施。

2) 桥梁基础的滑移和倾斜

(1) 桥梁基础由于经常受到洪水的冲刷而发生滑移。冲刷深度由河流的河床纵坡与河床堆积物成分等因素所决定。一般很难预先估计冲刷有多深,事先必须经过充分的调查,以探求其

冲刷真正的深度。

(2) 由于桥梁所在河床潜挖,减小了桥台台前临河面地基土层的侧向压力,从而使基础产生侧向滑移。

(3) 桥台基础建造于软土地基,当台背填土超过一定高度且基础构造处理不当时,作用于台背的水平力增大,将导致地基失稳,产生塑性流动,使桥台产生前移。当基础上下受力不均时,台身也随之产生不均匀的滑移,导致基础出现倾斜。产生滑移或倾斜的桥台基础,多为建造在软土地基上的重力式桥台、倒T形桥台。沉井基础也有产生前移的,这是由于沉井基础施工时扰动了地基且承受台背土压力的宽度大,不像桩基础那样,有使流动土压力从桩间挤过去的效果,因此作用于沉井基础的流动压力比桩基础的要大。

(4) 基础产生的滑移或倾斜,严重时会破坏桥梁结构,其破坏形式有:支座和墩台支承面破坏,以及梁从支承面上滑落下来;伸缩缝装置被破坏或使接缝宽度减小,伸缩功能受损;当滑移量过大时,梁端与背墙紧贴,严重时导致背墙破坏或梁局部压屈。

3) 桥梁基础结构物的异常应力和开裂

由于桥梁受力不均,往往会产生局部异常应力,并导致桥梁出现横向或竖向裂缝。在外荷载作用下,还会使基础结构物因出现异常应力而局部损坏。桥梁基础的主要类型及其常见的缺陷简单列于表4-54中。

表4-54 桥梁基础的主要类型及其常见的缺陷

基础类型		常见的缺陷
浅基础	天然地基上的浅基础	① 桥梁基础埋置深度浅,易受大水的冲刷而淘空; ② 桥梁基础埋置深度不足,受冻害影响; ③ 桥梁地基不稳定,易产生滑移和倾斜
	岩石基础	① 基础置于风化岩层上,风化部分易经水流冲刷而淘空或悬空; ② 桥梁基础受地震时的剪切作用,易产生裂缝
	人工地基基础	因桥梁基础处于软弱地基上,在竖向荷载作用下地基被压实,出现沉陷现象
桩基础	打入桩 木桩	地下水位下降时,桥梁的桩身经常腐蚀
	打入桩 钢筋混凝土预制桩	① 打桩时,桩身受损坏; ② 桥墩受水冲刷、侵蚀,产生空洞、剥落等; ③ 桥墩受船只或其他漂浮物的撞击而损坏
	钻(挖)孔桩	① 施工时淤积未完全清除,即灌注混凝土,因而使成形后的桩基产生缺陷; ② 施工不当,或受水冲刷、侵蚀而产生空洞、剥落、钢筋外露等; ③ 灌注混凝土过程中发生塌孔而未做处理,桩身部分脱空; ④ 桥墩受外力冲击而产生损坏
	管桩基础	承载能力不足而使基础产生下沉
沉井基础		① 桥梁所处的地基下沉时,基础也常发生一些下沉; ② 地基下沉不均时,或桥台台背高填土受地基侧向流动的影响时导致滑移、倾斜

2. 基础修理与加固

应根据基础病害的程度、范围和具体形式选择不同的维修、加固方法。

1）基础局部被冲空的维修

基础局部被冲空时,可采取下列措施：

(1) 水深在 3 m 以下,可筑围堰将水抽干,以砌石或混凝土填补冲空部分,顶端与基础顶面平齐或稍高于基础顶面。图 4-69 所示为抽水后修理桥墩示意图。

(2) 水深在 3 m 以上,可在四周打板桩或用其他方法做坝围堰,灌注水下混凝土防护。也可用编织袋盛装干硬性混凝土,每袋装置量为袋容积的 2/3,通过潜水作业将袋装混凝土分层填塞冲空部分,并注意比基础每边边缘宽 0.4 m 以上。图 4-70 所示为不抽水修理桥墩水下部分示意图。

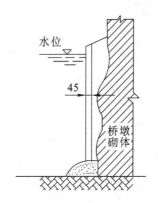
图 4-69 抽水后修理桥墩示意图

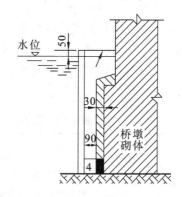
图 4-70 不抽水修理桥墩水下部分示意图

(3) 基础置于风化岩上,基底外缘已被冲空,应及时清除表面严重风化部分,在浅水条件下,填以混凝土,并将周围风化地基用水泥砂浆封闭。在深水条件下,应采取潜水作业,铺以袋装干硬性混凝土。

2）基础大范围冲空的维修

基础周围被冲空范围较大时,除填补基底被冲空部分外,并应在基础四周采取下列防护措施：

(1) 打梅花桩,桩间用块片石砌平、卡紧；

(2) 浆砌块片石或混凝土预制块,如图 4-71 所示；

(3) 用铁丝、毛竹石笼,或以长柳枝、荆条织成捆,内装石片或卵石,如图 4-72 所示。

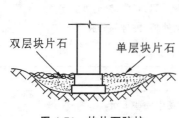
图 4-71 块片石防护

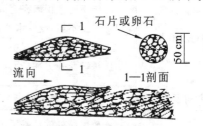
图 4-72 铁丝、毛竹石笼织成捆防护

3) 墩台周围河床严重冲刷的维修

墩台周围河床冲刷严重,危及基础的,除修补被冲空的基础外,必须在洪水期过后,采取有效的防护措施,以防其再次被冲坏。

4) 浅桩冻拔及深桩环状冻裂的维修

严寒地区,冬季冰层厚度变化,容易发生浅桩冻拔,深桩环状冻裂,可采取下列防护方法。

(1) 冰冻开始时,在距墩台 0.2~0.4 m 处凿冰沟(宽 0.5~1.0 m),沟内填充雪或干草、麦秆等材料保温。

(2) 桩基周围冰层很厚,可打入套管或板桩,中间填以保温套管水泥混凝土材料。

(3) 可将周围的土挖至冰冻线,基础和桩的表面涂以沥青,填以重油拌和的粗砂和砾石,上面盖黏土;或用矿渣置换冰冻线以上的土,最后宜做水泥混凝土封层以防渗水后再次冻胀。图 4-73 所示为冻拔防护示意图。

(4) 小桥可采取培草、培土、填平冲刷坑和临时抬高水位等措施。

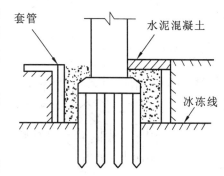

图 4-73 冻拔防护示意图

5) 设置破冰保护体

为防止桥墩被流冰和漂浮物撞击,可视河流具体情况,在桥墩上游适当地点设置菱形破冰体,以保护桥墩。

6) 简支梁桥的墩台基础沉降和位移的维修

简支梁桥的墩台基础沉降和位移,超过下列容许限值,通过观察继续发展时,应采取相应措施予以加固。

(1) 墩台均匀总沉降值(不包括施工中的沉陷)为 $2.0\ L$(cm)。

(2) 相邻墩台均匀总沉降差值(不包括施工中的沉陷)为 $1.0\ L$(cm)。

(3) 墩台顶面水平位移值为 $0.5\ L$(cm)。

注:

① L 为相邻墩台间最小跨径长度,跨径小于 25 m 仍以 25 m 计算;

② 桩、柱式柔性墩台的沉降,以及基桩承台上的墩台顶面水平位移值,可视具体情况确定,以保证正常使用为原则。

7) 地基承载力不足造成基础沉降的加固

当地基承载力不足,引起墩台基础沉降时,可采取下列措施:

(1) 在刚性实体式基础周围加石砌圬工或混凝土,扩大基础承压面。新旧基础应注意牢固结合,如图 4-74 所示。

(2) 桩式基础周围加钻孔灌注桩或打入钢筋混凝土桩,并扩大原承台,将墩台的压力部分传递到新桩基上,如图 4-75 所示。

(3) 在墩台基础之下,向墩台中心斜向钻孔或打入压浆管,通过孔眼及管孔,在一定压力下压注水泥砂浆、加热的沥青、土的固结剂等增强地基承载能力,见图 4-76 所示。加固范围和深度应通过计算确定。

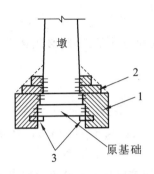 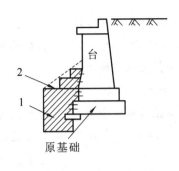

图 4-74 刚性基础加固

1—扩大基础；2—新旧基础结合；3—工石

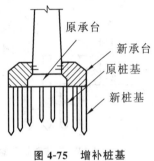 

图 4-75 增补桩基　　　　图 4-76 增强地基承载能力

8) 置于风化岩石上的基础加固

基础置于风化岩石上，基底外缘已被冲空时，应及时清除表面严重风化部分。在浅水条件下，填以混凝土，并将周围风化地基用水泥砂浆封闭。在深水条件下，要采取潜水作业，并铺以袋装干硬性混凝土。

9) 受水冲刷或侵蚀的钢筋混凝土桩的维修

钢筋混凝土灌注桩和打桩基础(见图 4-77)受水冲刷、侵蚀时，应采用如下方法进行修理：

(1) 检查损伤程度，用水泥砂浆修补到原来状态；

(2) 如桩身有空洞，则可灌注水泥混凝土进行修复；

(3) 抛填大块石、石笼护底或钢筋混凝土块防护，以免继续冲刷。

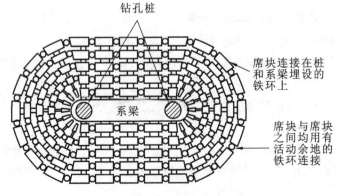

图 4-77 钢筋混凝土灌注桩和打桩基础

10）桥梁墩台基础的旋喷注浆加固

（1）旋喷注浆加固法的特征。旋喷注浆加固法是一项正在发展的地基加固技术，其应用的时间并不长，但由于用途广泛，加固地基的质量可靠而且效果好，故目前已逐渐成为我国常用的地基处理方法之一。旋喷注浆加固法是利用工业钻机将旋喷注浆管置于预计的地基加固深度，借助注浆管的旋转和提升运动，用一定的压力从喷嘴中喷射液流，冲击土体，把土和浆液搅拌成混合体，随着混合体的凝聚固结，形成新的有一定强度的人工地基。采用旋喷注浆加固法加固墩台基础示意图如图 4-78 所示。

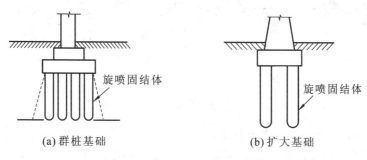

图 4-78 采用旋喷注浆加固法加固墩台基础示意图

旋喷注浆加固法与静压注浆加固法有所不同，而且与其他地基处理方法相比，更有独到之处。旋喷注浆加固法的主要特征简列于表 4-55。

表 4-55 旋喷注浆加固法的主要特征

序号	主要特征	简 要 说 明
1	适用范围较广	能以高压喷射流直接破坏并加固土体，固结体的质量提高，适用范围较大，既可用于工程修建之前，又可用于工程修建之中，还能用于工程落成之后
2	确保固结体强度	采用不同的浆液种类和配方，即可获得所需的固结体强度
3	有较好的耐久性	在一般的软弱地基中加固，和其他工艺相比，因其加固结构和适用范围不同，加固效果虽不能一概而论，但从使用的浆液性质来看，能得到预期的稳定加固效果并有较好的耐久性能
4	使用材料来源广，价格低廉	喷射的浆液以水泥为主，化学材料为辅。除在要使速凝超早强时使用化学材料以外，一般的地基工程中均使用料源较广、价格低廉的强度为 32.5 级或 42.5 级的普通硅酸盐水泥。此外，还可在水泥中加入一定数量的粉煤灰，既利用了废料，又降低了注浆材料的成本
5	施工简便	旋喷施工时，只需在土层钻一个孔径为 50 mm 或 108 mm 的小孔，便可在土中喷射成直径为 0.4~2.0 m 的固结体
6	固结体形状可控制	为满足工程需要，在旋喷过程中，可调整旋转速度和提升速度，增减喷射压力或更换喷嘴孔径改变流量，使固结体成为设计所需要的形状
7	设备简单、管理方便	旋喷的全套设备均为我国定型产品或是专门设计制造的。结构紧凑、体积小、机动性强、占地小，能在狭窄和低矮的现场施工。施工管理简便，在旋喷过程中，通过对喷射的压力、吸浆量和冒浆情况的测量，即可简捷地了解旋喷的效果和存在的问题，以便及时调整旋喷参数或改变工艺，保证固结质量

(2) 旋喷注浆加固法加固墩台基础的施工。旋喷注浆加固法加固墩台的施工程序如图4-79所示。

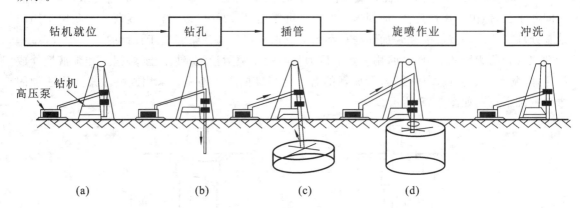

图4-79 旋喷注浆加固法加固墩台的施工程序

旋喷注浆法加固墩台的操作要点如下：

① 旋喷前要检查高压设备和管路系统，其压力和流量必须满足设计要求。注浆管及喷嘴内不得有任何杂物。注浆管接头的密封圈必须良好。

② 垂直施工时，钻孔的倾斜度一般不得大于1.5％。

③ 在插管和旋喷过程中，要注意防止喷嘴被堵，在拆卸或安装旋喷注浆管时动作要快。水、气、浆的压力和流量必须符合设计值，否则要拔管清洗再重新进行插管和旋喷。使用双喷嘴时，若一个喷嘴被堵，则可采取复喷方法继续施工。

④ 旋喷时，要做好压力、流量和喷浆量的测量工作，并按要求逐项记录。钻杆的旋转和提升必须连续不中断。拆卸钻杆继续旋喷时，要注意保持钻杆有0.1 m的搭接长度，不得使旋喷固结体脱节。

⑤ 深层旋喷时，应先喷浆后旋转和提升，以防旋喷注浆管扭断。

⑥ 搅拌水泥时的水灰比要符合设计规定，不得随意更改，在旋喷过程中应防止因水泥浆沉淀而使浓度降低。禁止使用受潮或过期的水泥。

⑦ 施工完毕，应立即拔出旋喷注浆管，彻底清洗旋喷注浆管和注浆泵，管内不得残存任何水泥浆。

任务 6 涵洞养护、维修加固

涵洞的主要作用是使水流在不影响车辆通行的情况下，顺利横穿公路，如果涵洞损坏，水流无法顺畅通过，水流就会冲坏路堤边坡，破坏路提的稳定性，所以应加强对涵洞的养护和修理。

使用中的涵洞不但要保证车辆安全通过，而且要使水流在任何情况下都能顺畅地通过洞孔，保证涵洞洞身、涵底、进出水口、护坡和填土完好、不漏水。

对涵洞应进行经常性检查和定期检查，特别是在雨雪季节到来之前要对所有涵洞全面检查一次。主要检查内容如下：

(1) 涵洞的位置是否恰当,孔径是否足够,洞内有无淤泥,涵洞是否因受到冲刷而损伤。

(2) 涵洞有无开裂、填土有无沉陷,涵底、涵墙有无漏水,八字翼墙是否完整。

(3) 进水口是否堵塞,沉沙井有无淤积,洞口铺砌有无因受到冲刷而脱落现象。

(4) 涵洞内有无积水,洞内有否冻裂。

(5) 现有涵洞是否能满足需要,是否需新建涵洞。

一、涵洞的养护

1. 涵洞日常养护

涵洞日常养护的主要任务与要求如下。

(1) 及时清除洞口和洞内的淤积杂物等,并将其清运到路基边以外的适当地点。图 4-80 所示为涵洞清淤现场图。

图 4-80　涵洞清淤现场图

(2) 洞口和洞底铺砌发生变形、沉陷、破损和漏水时,均需及时修理,并整理上下游沟槽,使水流的坡度保持顺适。

(3) 涵洞出水口的跌水、急流槽与洞口结合处发生裂缝,应采用干燥麻絮浸透沥青来将其填实,构件也应根据损坏程度及时修理或更换。

(4) 木涵上的螺栓、铁件如有松动、锈蚀、失落、损坏时,应当及时拧紧、更换或补充齐全。木构件也应根据损坏的程度及时修理或更换。

(5) 倒虹吸管易破裂、漏水,要认真检查,若虹吸管顶面出现湿斑,应及时停止使用,挖开修理,更换软化的路基填土和破裂的管节。接头处必须填塞紧密。

(6) 管涵的接头处和四铰涵管铰点的接缝处发生填缝料脱落时,应采用干燥麻絮浸透沥青来将其填实,不得采用灰浆抹缝的办法修理。

(7) 砖、石涵洞的表面发生局部风化、轻微裂缝时,一般可用水泥浆或环氧树脂修理。灰缝脱落,应及时修补。

(8) 涵洞上下游的路基、护坡、引水沟、泄水槽、窨井和沉淀井发生变形或沉陷,一般是设计和施工不良造成的,必须认真修复。

(9) 砖石拱涵的洞顶漏水,应挖开填土,用高标号水泥砂浆修理损失部分,再衬铺胶泥防水层或油毡防水层。

(10) 开挖修理,必须开设便道或采取半幅施工,设立标志、护栏,保障施工和行车安全。

2. 涵洞雨季养护

1) 涵洞雨季养护的原则

涵洞雨季养护必须遵循"预防为主"的原则。因此,每年的汛前检查十分重要,必须认真做好涵洞的水毁预防。在检查中发现水毁隐患时,应采取适当的工程技术措施,及时防治,并应注意提高其抗御能力,以减少水害。尤其是一些偏小的涵洞孔,做出评定后提出处治办法。陡坡涵洞的上下游必须增设防护设施时,应采取适当的山坡排水工程技术措施。涵洞的孔径大多按无压力式计算,对无压力式涵洞,可根据洞内顶点至最高流水面净高,做出抗洪能力的评定。

2) 涵洞水毁的主要原因

防治涵洞水毁要做到有的放矢。涵洞水毁的主要原因大致归纳如下:

(1) 抗御洪水能力极差。

(2) 进水口或洞孔淤积严重,甚至堵塞。

(3) 洞口、洞底铺砌层破损,易被洪水冲刷破坏,造成基础冲空。

(4) 进水口或洞孔被漂浮物堵塞。

(5) 遭受大型漂浮物、流冰或波浪冲击。

(6) 涵洞位置不当(主要原因有两个:一是设计、施工缺陷;二是沟床的不利演变,致使水流不顺畅,洪水冲击翼墙和周围路堤,进而造成水毁破坏)。

(7) 洞孔偏小,或发生超过设计频率的洪水,造成过高的涵前壅水,从而产生过大的动水压力和浮力,甚至水过涵顶,致使涵洞推倒或冲移破坏。

(8) 河道的不利演变致使傍河路线上的涵洞水毁破坏。

3) 涵洞雨季养护注意要点

(1) 山区公路,因沟床坡度陡,水流流速高,洞口、洞底铺砌层和跌水槽、急流槽易受洪水或漂流的大块石冲击而遭受破坏。

(2) 平原区公路,洞口、洞孔和上下游沟槽泥沙、杂物淤积,造成水毁。

(3) 傍河路段的下游洞口易遭受大河洪水冲击破坏。

4) 预防涵洞水毁的主要工作

在洪水来临之前,必须认真做好水毁预防,以保证涵洞具有良好的技术状况和抗洪能力。

(1) 清除洞口和洞孔淤积杂物。

(2) 整修沟床,使水道平整、顺畅,并注意清除涵洞上游有可能漂流的大块石,以免冲击涵洞或堵塞洞孔。

(3) 认真完成遗留病害的处治,拟建水毁预防工程。

(4) 涵洞位置不当的,一般可改建上游沟槽,并用水泥砂浆砌片或混凝土预制加固沟底和沟壁,使水流顺适,保证涵洞不漏水。

(5) 山区涵洞必须增设上游或下游陡坡排水设施时,应力争在洪水来临前修建。

(6) 孔径偏小的涵洞,应按汛前检查时验算的结果,根据地形、地质情况进行设计,采取一侧或两侧加孔,或扩大孔径(尽可能利用一侧涵台)的措施。施工时要开设便道,或采取半幅施工方式,并设临时标志、护栏,保证交通安全和施工安全。

5)涵洞汛期养护

大雨或洪水期间,除组织昼夜巡视外,还必须加强养护重点地段。

(1)洪水期间,有些沟谷往往有大量草木等漂浮物或漂流的大块石,在有些高寒地区会有流冰冲击或堵塞涵洞。傍河路线,因为河道的不利演变,洪水波浪和漂浮物也会冲击涵洞。因此,在大雨或洪水期间应主要做好下列工作。

① 在涵洞上游及时清除漂浮物。

② 洞口发生堵塞现象时,必须立即排除。

③ 洞口及其周围路堤被洪水破坏时,应立即用草袋、麻袋、编织袋装土石防护,以免水毁扩大。

④ 当涵洞发生局部和全部水毁,危及行车安全或阻车时,必须立即在其两端竖立危险警告标志或停止通车标志,以保证行车安全。

(2)每次雨后或洪水以后,都要立即进行检查、维修,以减免水害。检查、维修内容有以下几项。

① 清除沟槽、洞口和洞沟淤积杂物,尤其是要清除涵洞上游沟床可能漂流的大块石。

② 进出水口或洞身、洞底的水毁破损处,均需及时修补,以防破损扩大。

③ 洞口、洞底已冲刷出深坑或基础冲空时,应及时加固。一般可用拌成半干湿的混凝土装入麻袋或草袋,将冲空部位堆置密实,然后灌注混凝土。若冲空部位无水流或积水,则可用片石混凝土(或混凝土)填实。

④ 傍河路线因河道的不利演变,危及涵洞安全或造成水毁时,应立即用装土、石草袋(麻袋或各种编织袋)或石笼防护,待雨季后再按设计增设防护工程,修复水毁涵洞。

6)涵洞水毁抢修

涵洞的局部或全部遭受水毁破坏,危及行车安全或阻车时,必须立即组织抢修,并尽量缩短阻车时间。根据"先抢通,后恢复"的原则,一般应采取以下抢修措施。

(1)开设便道或搭设便涵,以维持雨季交通。

(2)当无法在雨季抢修恢复水毁破坏的部位时,必须根据具体情况立即采取临时性的防护措施,以免水毁继续扩大,如抛石,用装土、石草袋(麻袋或各种编织袋)或石笼防护等。

(3)在降雨量较少的地区,且地质情况较好的小涵洞,也可在雨季抢修恢复,并应采取雨季施工的必要措施,免遭水毁。

7)涵洞水毁恢复

涵洞遭受局部或全部水毁破坏后,进行恢复时应有充分的科学依据。因此,必须认真调查、分析发生水毁的原因,精心设计、精心施工,修一处、保一处,并提高其抗洪能力,逐步减少涵洞水毁。

二、涵洞的维修加固

圬工拱涵的加固,一般可采用拱圈下加拱的方法。如属高填土而拱涵净空较大时可采用拱下加拱的方法加固。

钢筋混凝土盖板涵的加固,除加固涵台外,可将原盖板面凿毛,洗刷干净,再浇筑混凝土或钢筋混凝土。

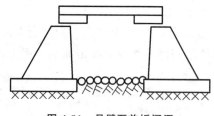

图 4-81　悬臂石盖板涵洞

石盖板涵或直径 1 m 以下的混凝土管涵,在 3 m 以上高填土地点,一般不用加固也可承受较大的载重。如填土在 3 m 以内,针对石箱涵可考虑在行车道部分更换较厚的盖板。针对混凝土管涵可在管外加筑一层混凝土套壳,予以加固。如石箱涵更换较厚的盖板有困难时,可在涵台上面加一层石料做成悬臂式,以减小跨径。图 4-81 所示为悬臂石盖板涵洞。

加宽路基,利用原有涵洞接长部分的基础,一般宜与原涵台基础同深,并注意断缝,以免新旧砌体发生不均匀沉陷。

当路基加高不多时,可以用加高涵洞上下游端墙的方法来提高路基,但必须同时增加端墙的长度,以保护路基不致埋没洞口。如洞口为八字翼墙,也应把翼墙加高和接长。新旧砌体的接合处,必须交错砌筑。

对具有帽石的石砌涵洞,如需加高路堤,也可采用添加一层帽石或加砌护坡的方法来提高路基。

如涵洞出水口处冲刷严重,则可采取以下两种方法予以防治:一是浆砌块石铺底,并加水泥砂浆勾缝,铺砌长度视土质和流速而定,铺砌的末端应设置混凝土或浆砌块石抑水墙;二是当涵洞水流速特别高时,应在出水口加设缓流设施,如消力槛、消力池等。消力槛的末端应设置混凝土或浆砌块石抑水墙,也可做三级跳坎(栏)处理。

一、填空题

1. 桥梁的检查包括＿＿＿＿＿＿＿＿＿＿＿＿＿＿＿＿＿＿＿＿＿＿＿＿＿＿＿＿＿＿＿＿＿＿＿＿＿。
2. 桥梁墩台检查的内容主要有＿＿＿＿＿＿＿＿＿＿＿＿＿＿＿＿＿＿＿＿＿＿＿＿＿＿＿＿＿。
3. 定期检查的检查方式有＿＿＿＿＿＿＿＿＿＿＿＿＿＿＿＿＿＿＿＿＿＿＿＿＿＿＿＿＿＿＿。
4. 一般根据＿＿＿＿＿＿＿＿＿＿＿＿＿＿＿＿等三个方面对桥梁技术状况进行评定。
5. 桥梁上部结构包括＿＿＿＿＿＿＿＿＿＿＿＿＿＿＿＿＿＿＿＿＿＿＿＿＿＿＿＿＿＿＿＿。
6. 梁式桥的养护、维修及加固主要包括＿＿＿＿＿＿＿＿＿＿＿＿＿＿＿＿＿＿＿＿＿＿＿＿。
7. 支座各部应保持完整、清洁,至少＿＿＿＿＿＿检查一次,至少＿＿＿＿＿＿清扫一次。

二、单项选择题

1. 支座缺损状况属于"差"等级的支座应(　　)。
   A. 进行日常养护　　B. 局部修补　　C. 更换部分支座　　D. 更换全部支座
2. 一般情况下,日常检查至少(　　)进行一次。
   A. 每周　　B. 每旬　　C. 每月　　D. 每个季度
3. 桥梁下部结构包括(　　)。
   A. 桥墩　　B. 桥台　　C. 基础　　D. 支座

4. 桥墩和桥台的共同作用是（　　）。
A. 承受船只和漂浮力的撞击力
B. 起到路桥的衔接作用
C. 承受路堤的土侧压力
D. 支撑上部结构，并将结构重力和车辆荷载传递给地基

5. 当（　　）时，可采用钢筋混凝土围带，粘贴钢板箍或加大墩台截面的方法进行加固。
A. 墩台身发生纵向贯通裂缝
B. 因基础不均匀下沉引起墩台自下而上的裂缝
C. 墩台出现大面积开裂、破损
D. 墩台出现大面积风化、剥落

6. 板式橡胶支座出现脱空或过大压缩变形时应进行（　　）。
A. 调整　　　　　B. 更换　　　　　C. 整修　　　　　D. 修补

7. 增焊主筋时，采用断续双面施焊的原因是（　　）。
A. 增大温度应力　　　　　　　B. 减小温度应力
C. 增大结构应力　　　　　　　D. 减小结构应力

8. 采用加厚桥面板的方式增加混凝土截面补强加固的优点是（　　）。
A. 减小了结构物的自重　　　　B. 减小结构应力
C. 施工简便　　　　　　　　　D. 适用于各种桥梁

三、多项选择题

1. 下列各分部工程中（　　）是主要工程。
A. 防护工程　　B. 引道工程　　C. 基础及下部构造　　D. 上部构造

2. 实测项目检查评分常采用（　　）。
A. 数理统计法　B. 合格率法　　C. 专家评分法　　　　D. 监理人员评分法

3. 橡胶伸缩体外观质量检查不允许（　　）。
A. 少量疤痕　　B. 骨架钢板外露　C. 少量裂纹　　　　　D. 喷霜

4. 现浇混凝土墩台的施工应控制好（　　）等环节。
A. 模板配置　　B. 支架搭拆　　C. 钢筋绑扎
D. 混凝土浇筑　E. 模板整修

5. 现浇混凝土墩台混凝土浇筑的质量应从（　　）等方面加以控制。
A. 准备工作　　B. 拌和材料　　C. 操作技术
D. 灌后养护　　E. 混凝土配合比

四、判断题

1. 所属分部工程加权平均得分大于85分，则该单位工程为优良。　　　　　（　　）
2. 当怀疑混凝土内外质量有明显差异时，可用回弹法检查。　　　　　　　（　　）
3. 只有在所有工程完工后，方可对其进行质量检评。　　　　　　　　　　（　　）
4. 静载试验效率是评定结构工作状况的主要依据。　　　　　　　　　　　（　　）
5. 桥梁荷载试验一般选择在晚上加载，因为晚上车辆少。　　　　　　　　（　　）
6. 桥面伸缩缝的修补或更换工作必须断绝交通。　　　　　　　　　　　　（　　）

五、简答题

1. 公路桥涵试验检查的目的是什么?
2. 桥梁运营状态检查的主要内容有哪些?
3. 桥梁的经常检查包括哪些内容?
4. 简述桥跨结构的养护、维修与加固的一般原则。
5. 水泥混凝土铺装层有磨光、脱皮、露骨或破裂等缺陷时,可对原结构进行凿补处理,试简述其处理步骤。
6. 桥梁支座养护的主要内容有哪些?
7. 涵洞检查时主要检查哪些内容?
8. 如涵洞出水口处冲刷严重,则可采取哪些方法予以防治?

学习情境 5

隧道养护与维修

学习目标

(1) 了解隧道的检查与判定内容；
(2) 掌握隧道的养护内容；
(3) 了解隧道的防护与排水；
(4) 了解隧道病害并掌握其维修技术。

任务 1 隧道养护概述

隧道是公路的重要组成部分。公路隧道是公路穿山越岭以及江、海水下的重要工程构造物。隧道工程一般位于地势险要、通行困难又没有绕行道的地段。如果隧道内出现严重渗漏水、衬砌开裂或设施出现故障等情况，就会妨碍正常通行，病害严重时会造成交通完全中断，给公路交通和社会经济造成重大影响。为保证公路畅通无阻，必须加强对公路隧道的养护与维修，延长其使用年限，保证绝对安全。

一、公路隧道分类

根据《公路工程技术标准》的规定，公路隧道按其长度分为四类，如表 5-1 所示。

表 5-1 公路隧道分类

隧道分类	短隧道	中隧道	长隧道	特长隧道
隧道长度 L/m	$L \leqslant 500$	$500 < L < 1\ 000$	$500 \leqslant L \leqslant 1\ 000$	$L > 3\ 000$

公路隧道也可按以下标准分类。
（1）公路隧道按地质构造分为石质隧道、土质隧道。
（2）公路隧道按结构形状分为深埋隧道、浅埋隧道、明洞。
（3）公路隧道按穿越方式分为陆地隧道、水下隧道。
（4）公路隧道按衬砌方式分为有衬砌隧道、无衬砌隧道。
（5）公路隧道按平面布置分为直曲线隧道、单双曲线隧道。

二、隧道的结构

1. 隧道的建筑限界

公路隧道建筑限界净空尺寸主要是指净宽和净高。公路隧道建筑限界应符合《公路工程技术标准》的规定。图 5-1 所示为专用公路建筑限界。

建筑限界指建筑物（如衬砌和其他任何部件）不得侵入的一种限界。公路隧道的建筑限界包括车道、路肩、路缘带、人行道等的宽度，以及车道、人行道的净高。公路隧道建筑限界基本规定见《公路隧道设计规范》。

2. 隧道结构

1）衬砌
（1）对衬砌材料的要求如下：①具有足够的强度、耐久性、抗渗性、耐腐蚀性和抗冻性等；②

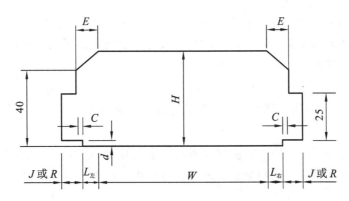

图 5-1 专用公路建筑限界

注:W——行车道宽度。

$L_左$、$L_右$——隧道内侧向宽度。

C——当设计速度高于 100 km/h 时,为 0.5 m;当设计速度不高于 100 km/h 时,为 0.25 m。

J——隧道内检修道宽度。

R——隧道内人行道宽度。

d——隧道内检修道或人行道宽度。

E——建筑限界顶角宽度。当 $L \leq 1$ m 时,$E=L$;当 $L>1$ m 时,$E=1$ m。

H——净空高度。

价格便宜,就地取材。

(2) 衬砌材料的种类有:①混凝土;②片石混凝土;③钢筋混凝土及构件混凝土;④喷射混凝土;⑤砌体。

2) 洞门

(1) 洞门的作用主要是防止洞口塌方、落石,保持仰坡和边坡的稳定。

(2) 洞门的形式有以下几种:

① 端墙式——适用于地形开阔、地层基本稳定的洞口;其作用在于支护洞口仰坡,将仰坡水流汇集起来并排出。

② 翼墙式——在端墙的侧面加设翼墙而成,用以支撑端墙和保持路堑边坡的稳定,适用于地质条件较差的洞口。翼墙顶面和仰坡的延长面一致,其上设置水沟,将仰坡和洞顶汇集的地表水排入路堑边沟内。

③ 环框式——将衬砌略伸出洞外,增大其厚度,形成洞口环框,适用于洞口石质坚硬、地形陡峻而无排水要求的场合。

④ 柱式——当地形较陡,地质条件较差,且设置翼墙式洞门又受地形条件限制时,可在端墙中设置柱墩,以增加端墙的稳定性,这种洞门称为柱式洞门。它比较美观,适用于城郊、风景区或长大隧道的洞口。

⑤ 台阶式——在傍山地区,为了降低仰坡的开挖高度,减小土石方开挖量,可将端墙顶部做成与地表坡度相适应的台阶状。

3) 明洞

当隧道埋深较浅,上覆岩(土)体较薄,难采用暗挖法时,应采用明挖法来开挖隧道。用这种明挖法修筑的隧道结构,通常称明洞。明洞有拱式和棚式两种。

隧道进出口两端的接长明洞或在路堑边坡不稳定地段修建的独立明洞等,多采用拱形明洞的形式,称为拱式明洞。拱式明洞整体性好,能承受较大的垂直压力和侧压力。

当山坡塌方,落石数量较少,山体侧压力不大,或因受地质、地形条件的限制,难以修建拱形明洞时,可采用棚式明洞。

4) 路面

路面的种类有水泥混凝土路面(推荐)和沥青混凝土路面两种。

5) 防排水设施

隧道内一般应设置纵向排水沟、横向排水坡或横向排水暗(盲)沟等,类型主要有中心排水沟和路侧排水沟,在严寒地区应设置防冻水沟。排水沟断面为矩形或圆形,通常为矩形,以便于清理和检查。

3. 围岩的分类

公路隧道是公路穿越山岭修建的工程结构物,它与周围的岩(土)体(一般简称为围岩)相互影响、相互作用。围岩分类如表 5-2 和表 5-3 所示。

表 5-2 隧道围岩分类(一)

类别	围岩主要工程地质条件		围岩开挖后的稳定状态
	主要工程地质条件	结构特征和完整状态	
Ⅵ	硬质岩石(饱和抗压极限强度 R_b>60 MPa),受地质构造影响较小,节理不发育,无软弱面(或夹层);层状岩层为厚层,层间结合良好	呈巨块状整体结构	围岩稳定、无坍塌,可能产生岩爆
Ⅴ	硬质岩石(R_b>30 MPa),受地质构造影响较大,节理较发育,有少量软弱面(或夹层)和贯通微张节理,但其性状及组合关系尚不致产生滑动;层状岩层为中层或厚层,层间结合一般,很少有分离现象,或为硬质岩石偶夹软质岩石	呈大块状砌体结构	暴露时间长,可能会出现局部小坍塌、侧壁稳定、层间结合差的平缓岩层,顶板易塌落
	软质岩石(R_b>30 MPa),受地质构造影响较小,节理不发育;层状岩层为厚层,层间结合良好	呈巨块状整体结构	
Ⅳ	硬质岩石(R_b>30 MPa),受地质构造影响非常大,节理发育,有层状软弱面(或夹层),但其性状及组合关系尚不致导致滑动;层状岩层为薄层、中层,层间结合差,多有分离现象;或为硬、软质岩石互层	呈块(石)碎(石)状镶嵌结构	拱部无支护时可产生小坍塌,侧壁基本稳定,爆破震动过大时易坍塌
	软质岩石(R_b>30 MPa),受地质构造影响非常大,节理较发育;层状岩层为薄层、中层或厚层,层间结合一般	呈大块状砌体结构	

续表

类别	围岩主要工程地质条件		围岩开挖后的稳定状态
	主要工程地质条件	结构特征和完整状态	
Ⅲ	硬质岩石($R_b>30$ MPa),受地质构造影响非常大,节理很发育;层状软弱面(或夹层)已基本被破坏	呈碎石状压碎结构	拱部无支护时,可产生较大坍塌,侧壁有时失去稳定
	软质岩石($R_b=5\sim30$ MPa),受地质构造影响非常大,节理发育	块(石)碎(石)状镶嵌结构	
	① 略具压密或成岩作用的黏性土及砂性土; ② 一般钙、铁质胶结的碎石土、卵石土、大块石土; ③ 黄土(Q_1、Q_2)	① 呈大块状压密结构; ② 呈巨块状整体结构; ③ 呈巨块状整体结构	
Ⅱ	石质围岩位于挤压强烈的断裂带内,裂隙杂乱,呈石夹土或土夹石状	呈角(砾)碎(石)状松散结构	围岩极易坍塌,处理不当会再现大坍塌,侧壁经常小坍塌;浅埋时易出现地表下沉(陷)或坍至地表
	一般的半干硬的黏性土及稍湿至潮湿的一般碎石土、卵石土、圆砾、角砾土及黄土(Q_3、Q_4)	非黏性土呈松散结构,黏性土及黄土呈松软结构	
Ⅰ	石质围岩石位于挤压极强烈的断裂带内,呈角砾、砂、泥松软体	呈松软结构	围岩极易坍塌、变形,有水时土、砂常与水一起涌出;浅埋时坍至地表
	软塑状黏性土及潮湿的粉细砂等	黏性土呈易蠕动的松软结构,砂性土呈潮湿松软结构	

注:表中"类别"和"围岩主要工程地质条件"栏,不包括特殊地质条件的如膨胀性盐岩、多年冻土等。

表 5-3 隧道围岩分类(二)

测试参数指标 \ 围岩类别	Ⅵ	Ⅴ	Ⅳ	Ⅲ	Ⅱ	Ⅰ
$R_{QD}/(\%)$	>95	85~95	75~85	50~75	25~50	<25
$V_p/(km/s)$	>4.5	3.5~4.5	2.5~4.0	1.5~3.0	1.0~2.0	<1.0 <1.5(饱和状态的土)
I	0.8~1.0	0.6~0.8	0.4~0.6	0.2~0.4	<0.2	

注:① 锤击法采用低值(I)划分;
② R_{QD}为岩石质量指标;
③ V_p为围岩弹性波速度;
④ I为岩体完整性系数。

三、隧道检查及养护工作内容

公路隧道交付使用后,养护管理部门首先要熟悉其设计、施工资料,掌握隧道的全面技术状况,制订小修保养、中修、大修、改善工程计划。在使用过程中要进行经常检查、定期检查和特殊检查,及时发现和处理问题,确保安全、畅通。隧道现场检查图如图5-2所示。

图5-2 隧道现场检查图

1. 隧道检查

1)经常检查

以目测为主,每月一次,由隧道养护工区(站)负责。当发现隧道出现问题或病害时,应及时予以准确记录,以便制订年、季、月度养护计划。参加人员有工程技术干部、养护股长、所在道班班长。常规检查工作内容如表5-4所示。

表5-4 常规检查工作

部 位	检查作业内容	部 位	检查作业内容
洞外山体及附近	① 洞所在山体是否出现滑坡预兆; ② 洞附近的洞穴是否积水; ③ 地面排水是否顺利、畅通; ④ 工业、农业生产是否对隧道有不良影响; ⑤ 灌溉渠是否发生渗漏水; ⑥ 施工竖井有无变化; ⑦ 明洞填土是否被冲,排水是否顺畅	配套设施	① 洞内有害气体是否超限; ② 通风设施运转是否正常; ③ 照明灯具是否蒙尘、损坏,照度是否正常; ④ 电源是否正常,自备机运转是否良好; ⑤ 防冻设备是否起作用; ⑥ 消声设施是否损坏; ⑦ 通信设备是否运用灵活; ⑧ 监控系统的工作状态是否正常; ⑨ 洞外路堑边坡稳定否,护坡是否损坏; ⑩ 洞外排水沟是否堵塞; ⑪ 洞口照明段是否正常; ⑫ 洞附近各类标志是否齐全、明显; ⑬ 自动抽水设备是否运转正常
主体结构	① 构造物结构尺寸检查; ② 衬砌是否开裂; ③ 围岩是否有开裂,开裂是否继续发展; ④ 洞内是否有渗漏、挂冰、堆冰; ⑤ 排水构造物是否完好,有否堵水; ⑥ 洞的建筑是否稳定,有无开裂; ⑦ 洞墙是否稳定,有无下沉、凸肚; ⑧ 衬砌是否被侵蚀,有无剥落现象; ⑨ 瓷砖是否污染、掉块; ⑩ 洞内路面是否损坏		

2）定期检查

用仪器和量具进行测量，每年一次。短、中隧道由县级公路管理机构主任工程师组织检查；长、特长隧道由地（市）级公路管理机构主任工程师组织检查。定期检查是对在经常检查中所设立的隧道病害观测点进行检查，及时掌握病害的发展、变化情况，提出修理意见和制订修理计划。定期检查时间一般在汛期到来之前（后）和春融期进行。定期检查内容如表5-5所示。

表5-5 定期检查内容

时间	观测部位	观测内容	时间	观测部位	观测内容
汛期后	主体结构	① 坞工及围岩开裂点，数据记录； ② 侧墙外鼓范围、凸出量记录； ③ 危石发展情况记录； ④ 水毁数量； ⑤ 其他观测数据记录	地震后	山体	① 位移控制点测量； ② 高度控制点测量
			春融后	隧洞内	① 挂冰范围、下垂长度； ② 路上堆冰范围、长度； ③ 渗漏水范围、渗漏量

3）特殊检查

当发生交通事故、起火爆炸、自然灾害及结构严重损坏时，应及时进行特殊检查。特殊检查的分工原则与定期检查的分工原则相同。特殊检查内容如表5-6所示。

表5-6 特殊检查内容

名称	部位	内容
火灾事故后	附属设施	① 主体结构被烧程度； ② 通风管道及通风机被毁程度； ③ 照明线路、灯泡被毁程度； ④ 应急设备、监控系统被毁程度
	山体	山体开裂及其程度
	主体结构	① 结构损坏及其程度； ② 消声板材损坏及其程度
	洞外路线附属设施	① 供电线路损坏及其程度； ② 洞内管道； ③ 消声层防冻设施损坏程度

2. 隧道养护

（1）检查衬砌的变形和裂缝状况，洞内渗漏水状况，及时进行有针对性的处治。

（2）检查路面、人行道并修理损坏部分。

（3）检查各种标志、标线及用白色反光材料涂刷部位，如有污染，则及时清扫，若缺损则应及时修理、添补、刷新。

（4）定期检测洞内有害气体含量、路面亮度、烟雾浓度及噪声值。

任务 2 隧道养护技术

隧道常见的病害如下：衬砌和围岩上产生裂缝、渗漏水及结冰、挂冰、堆冰；端墙、侧墙、八字墙、翼墙、门洞等结构物倾斜、位移、鼓凸；衬砌表面风化、腐蚀、剥落；拱圈、侧墙变形及拱面松动、脱落；无衬砌隧道出现危石或大量碎落石；土隧道干裂、土块脱落，隧道山体失稳、滑动，排水系统淤塞积水以及应有照明、通风设备未设或效果较差等。

一、隧道维护措施

1. 有衬砌隧道的维护

有衬砌隧道的常见病害（见图 5-3）及其维护内容如下。

（1）衬砌变形、开裂、渗漏水（挂冰），应进行综合分析，找到主要原因，采取有针对性的治理措施。由于衬砌背面存在空隙造成的，可在衬砌背面压注水泥砂浆，使衬砌受力均匀，有效地利用衬砌强度。当衬砌厚度不足、年久、变质、腐蚀剥落严重或裂缝区域较大而影响到衬砌强度时，可在衬砌外露面喷射水泥混凝土，必要时可加配锚杆及钢筋网。对已稳定的裂缝可采用压注环氧水泥砂浆或水泥砂浆的方法加固。

（2）衬砌表面腐蚀、剥落及灰缝脱落，可先清除表面已松动部分，分段或全面加喷一层水泥砂浆或水泥混凝土保护层。

（3）端墙、侧墙、翼墙位移或开裂，应进行综合分析，找到主要原因，采取有针对性的治理措施。

（4）路面拱起、沉陷、错台、开裂，应进行综合分析，找到主要原因，采取有针对性的治理措施。

图 5-3 有衬砌隧道的常见病害

2. 无衬砌隧道的维护

（1）无衬砌隧道的围岩在长期使用过程中，由于岩石松动，或受风化、行车振动等影响，发生破碎或产生危石、渗漏水等病害，应及时处治，以保证行车和人身安全。

（2）处治围岩破碎和危石应本着"少清除，多稳固"的原则，可采取下列措施。

① 发现危石如能清除者应及时清除。当清除危石会牵动周围大片岩石时，可喷浆或压浆稳固。

② 对不宜清除的小面积碎裂，可抹水泥砂浆稳固。

③ 碎裂范围较大时，根据病害程度及范围，可采用喷射混凝土、锚喷混凝土或挂网锚喷混凝土的方法稳固。

④ 对不能清除又无法压浆稳固的个别危石，应及时用混凝土或浆砌块石垛墙作为临时支撑，以确保安全，然后根据垛墙侵占隧道净空的具体情况及隧道所在的公路性质和交通量大小，研究永久性治理措施。

（3）隧道内的孔洞、溶洞或裂缝均应封闭，封闭前将松动的岩石清除。对内小外大的孔洞，可在孔洞外石壁上埋设牵钉、挂钢筋网、喷射或浇筑水泥混凝土封闭；对内大外小的孔洞，用素混凝土封闭；有水的孔洞应预埋泄水孔接引水管，将水从边沟排出。

3. 水下隧道的维护

（1）水下隧道的日常检查工作内容除应符合相应规定外，根据水下隧道的特点，应进行下列重点检查。

① 伸缩缝、施工缝和裂缝的渗水、漏水状况。

② 洞内铁件有无锈蚀，木件有无腐朽。

③ 机电设备和照明电路的运行状况。

④ 各种排水设备的运行状况。

（2）水下隧道必须定期进行渗漏水检查。一般应每季度检查一次，并做好检查记录。当隧道内的渗漏水明显时，应定期测量渗漏水的量。一般每月测量一次，并做好记录。

二、隧道的防护与排水

1. 隧道的防护

公路隧道病害的类型主要有水害、冻害、衬砌裂损、衬砌侵蚀等，其中最常见的病害形式是水害，素来有"十隧九漏"之说。隧道水害不仅增加隧道内湿度，造成电路短路等事故，危及运输安全，而且还引发其他病害。隧道由于渗漏水、积水，将会造成衬砌开裂或使原有裂缝发展扩大，加重衬砌裂损。当地下水有侵蚀性时，衬砌混凝土会受到侵蚀，并随着水渗漏的不断发展，混凝土受侵蚀危害日益严重。在寒冷地区，水是影响隧道围岩冻胀和导致衬砌开裂的重要因素。

隧道水害的成因是修建隧道破坏了山体原始的水系统平衡，隧道成为所穿越山体附近地下水集聚的通道。在工程勘测设计中对其工程地质及水文地质情况了解得不够仔细,对衬砌周围地下水源、水量、流向及水质勘察不全,是形成水害的主要原因。另外,缺乏反映防水材料性能的室内实验数据和对结构抗渗、抗腐蚀的具体要求以及施工和监理中存在的问题也是形成水害的原因,目前许多厂家生产的防水材料质量不过关也是一个很重要的原因。

隧道治水的具体措施就是防、排、堵、截相结合,刚柔相济,因地制宜,综合治理,使之既能自成体系又能互相配合,形成一个完整的隧道防治水体系。水害的处治方法主要有以下几种:

(1) 完善或者补充地表和地下截水。
(2) 在垭口和地质不利的地方采取截留和引排使水远离隧道。
(3) 贯通隧道内的原有排水系统。
(4) 衬砌背面注浆。
(5) 在渗漏水的衬砌设置排水设施,包括引水管、泄水管和引水渡槽。
(6) 在衬砌内贴防水层。
(7) 在施工缝和变形缝处用止水带、遇水膨胀橡胶等密封防水材料进行封堵。
(8) 对严重漏水的隧道应采取套拱加固。

2. 隧道排水

1) 洞外排水

有坡度的隧道,应经常清除其上洞口路基边沟及两侧沉砂井中的泥沙和杂物。路面纵坡方向相反,即向洞外方向倾斜,并在适当地点横向排出路基,使上洞口路基排水不流向隧道,以避免引起隧道内边沟淤塞。隧道上洞口的路堑如出现路面地表水来不及流入侧沟而流入洞内,可在洞门外 1 m 左右处设横向截水设施,并将沟水妥善引出。图 5-4 所示为隧道洞外排水示意图。

沿河隧道在洪水季节可能进水时,可临时封闭两洞口,以保隧道安全。洪水过后,立即拆除封闭物。隧道顶山坡上的表水应使其迅速排走,尽可能保证水不渗入洞身。

图 5-4 隧道洞外排水示意图

2) 洞内排水

治理洞内的水,应采取"以防为主,防、排、截、堵相结合"的综合治理原则。对防水层、纵向盲沟、横向盲沟、竖向盲沟、明暗边沟、截水沟、排水横坡、泄水孔等应及时修理,保持完好、畅通。

隧道内渗漏水,可采取下列措施处治:①增设衬砌背面排水系统;②对裂缝集中处的漏水,可采用封闭裂缝埋管排漏的方法;③衬砌工作缝处漏水,可加设工作缝环形暗槽,将漏水通过暗槽内的半圆管排入纵向边沟;④对少量渗水,可抹防水砂浆封闭,也可在衬砌表面铺一层防水层;⑤在围岩与衬砌间压注防水水泥砂浆或水水泥泥浆,形成密闭层以防渗漏;⑥设表层导流管。

地下涌水,可采取下列方法处治:①设横向盲沟并加深纵向排水沟,当涌水量大时,还可加修路中心排水沟;②修建水泥混凝土路面,并在路面下设隔水层,以阻断地下涌水;③在路面与围岩之间压注防水水泥砂浆或水泥浆。

任务 3 隧道常见病害与处治

一、一般原则

各种病害在检查观测的基础上,做出正确判断后,就应采取有效措施加以修理、加固。按照《公路养护技术规范》的规定:对轻微病害进行修补(理),对中修应做出设计,按图施工;对重大损坏影响通车时,用临时支护的方式,确保行车安全,同时进行大修工程设计,抓紧抢修,恢复其功能,各种病害处治与修理方法如表5-7所示。

表 5-7 各种病害处治与修理方法

病害种类	处治与修理方法	病害种类	处治与修理方法
衬砌开裂	① 压注水泥砂浆; ② 表面喷射水泥砂浆; ③ 更新衬砌; ④ 加套拱; ⑤ 喷射混凝土	围岩危石	① 抹水泥砂浆; ② 喷射水泥砂浆; ③ 锚杆加固; ④ 喷锚结合防护; ⑤ 喷射混凝土(补砌)
更新衬砌	① 更新施工体; ② 喷射混凝土	土隧道围岩松动	① 新加坞工补砌; ② 喷射混凝土; ③ 开裂时抹填麻刀石灰浆
衬砌剥落	喷射水泥砂浆		
衬砌脱落	锚杆加固; 砂浆稳固	隧道漏水	① 表面做防水层; ② 接水槽或接水棚; ③ 埋管导流; ④ 埋管集水导流; ⑤ 新做防水层(内防水层)
墙体变形	① 锚杆稳固; ② 拆除重做; ③ 加固基础; ④ 加平衡下支撑梁		

续表

病 害 种 类	处治与修理方法	病 害 种 类	处治与修理方法
拱圈变形	① 临时支护； ② 拆除重做； ③ 喷射混凝土支护； ④ 喷锚结合支护； ⑤ 喷锚网结合支护	明洞超载	① 挖方减重； ② 填方平衡； ③ 加筑挡土墙平衡； ④ 加锚固桩群； ⑤ 稳固山坡； ⑥ 排除地表水
		多种病害	1. 清除塌方,减轻静载； 2. 平整山坡,排除积水； 3. 稳固边坡,减少滑塌； 4. 支护拱圈

二、裂缝

1. 压注水泥砂浆

（1）当衬砌圬工体的开裂已相对稳定时,要对其进行压注砂浆处理,所用砂浆一般以环氧树脂水泥砂浆为宜,以增强其黏结力。

（2）当衬砌与围岩间产生脱离,有空隙时,也可用环氧树脂处治。

（3）当衬砌圬工鼓肚时,可先处理鼓肚,配以锚杆锚固,局部压注水泥砂浆。

2. 砂浆制作

先将环氧树脂同磷苯二甲酸二丁酯混合并配乙二胺拌匀,再加水泥拌和可制成环氧树脂砂浆。

用环氧树脂注入法修补裂缝时,修补 0.3～0.5 mm 的裂缝有较好的效果,如果裂缝小于 0.3 mm 时,环氧树脂无法注入缝内。这时可采用一种叫"甲凝"的高分子化学灌浆材料来处理混凝土裂缝。甲凝是一种固结性能良好的高分子化学灌浆材料,抗压、抗拉强度较高,黏度小,收缩性、吸水性均小,而且耐化学性好,聚合凝固时间可控制在几分钟至几小时,可灌注入微细裂缝中,并与混凝土有较好的黏结力。

甲凝灌浆材料虽能取得较好的效果,但成本较高,使用方法比较复杂。

3. 施工步骤

用环氧树脂灌浆处理钢筋混凝土、混凝土构件裂缝的过程,可分为三个阶段。

1）准备阶段

此阶段的主要任务是将裂缝构成密闭的空腔,有计划地留若干进出口,为压浆阶段做好充分的准备(这一阶段的关键在于封闭的质量),具体步骤如下。

① 裂缝观测,把裂缝的位置确定好。

② 处理混凝土表面，在裂缝范围内，用小锤、手铲、铜丝刷将混凝土表面找平，清洗干净。

③ 嘴子是环氧树脂的进口。

④ 封闭裂缝，包括粘贴玻璃丝布和封闭压浆嘴子周围两项工作。

⑤ 试风，在封闭裂缝一天后可试风，目的是通过压缩空气，吹净缝内积尘，检查裂缝贯通情况，检查封闭是否严密。

2）压浆阶段

① 管路连接：按图5-5所示的顺序把管路连接好。

图5-5 压浆管路连接顺序

② 压浆操作：压浆时，先将进风开关关死，将放风开关打开，通过漏斗的进浆口倒入配制好的环氧浆液，然后关上进浆口。

③ 关死放风开关：缓慢打开进风开关，逐步增加风压，依赖风力把浆液注入透明塑料管内，并压进板梁裂缝中去。

3）处理完善阶段

① 裂缝的处理完善。待环氧浆液固化后（约一日），便可把压浆嘴子剔掉，用环氧树脂抹平，然后贴上一层玻璃丝布，刷上一层稀环氧砂浆，工作全部结束。

② 工具的处理。日常使用丙酮洗刷工具上黏附的环氧树脂材料，如不能除净，可用火烧的方式将其去除。

其他需要注意的问题如下：

以在圬工体或围岩表面上喷射砂浆混凝土法代替压注水泥砂浆的处理法，除施工容易外，可使水泥砂浆渗入裂缝内，黏结开裂，使新旧圬工成为一个完整的受力体，从而达到加固的目的。

当衬砌层严重风化剥落，造成补砌层厚度减小时，以喷射砂浆混凝土法加固可取得满意结果。无衬砌隧道需加衬砌时可用喷射混凝土的方法处理。

喷射砂浆（混凝土）厚度：当作为修补处理时，选喷射砂浆，其厚度为3～4 cm；当作为加强层处理时，可用喷射混凝土方法，其厚度为5～10 cm；当作为衬砌层处理时，需按隧道受力情况，计算喷射层厚度。

三、拱圈变形

拱圈变形可以加套拱或更新拱圈，对拱圈严重损坏——拱圈变形的处理工程除大修外，应做好设计。

（1）当隧道的损坏在其一断面附近，而净空又满足设计标准时，对此可以采用加套拱的方法处理。套拱施工，宜用钢筋混凝土，此时将钢筋网固定后以喷射混凝土处理则更为方便。

（2）当裂损严重而用以上各法均不能安全解决问题时，可成段更换全拱。

（3）当发现拱圈衬砌已严重变形时，应暂时封闭交通，进行支护或锚喷混凝土。

（4）大修前应根据观察和检查结果进行综合分析，做出设计。

(5)第二次补强衬砌多采用喷射混凝土与喷锚结合,喷锚及加钢筋网等方法,宜做经济技术对比后选择合理方案。

四、侧墙倾斜、鼓肚

侧墙及门洞的墙体圬工,当基层下或围岩内有膨胀性岩石遇水而膨胀,以及围岩侧面推力过大时,造成倾斜、内移、下沉,并使衬砌圬工开裂,需采取工程措施。

(1)当发生鼓肚时,可局部拆除圬工,挖出松软部分,予以嵌补,用锚杆予以稳固。

(2)扩大基础,提高其承载能力:当下沉不严重而其内部变形不大时,可在侧墙基础边开挖,补填混凝土,并用钢筋使其连成为一个整体。

(3)加筑三角撑托:在隧道净宽不受影响的情况下,可加筑墙角撑托,使基础、侧墙、撑托三部分的钢筋相连为整体,除起加固作用外,尚可起防止汽车直接冲撞的保护作用。

(4)设置仰拱或水平支撑:对局部下沉、倾斜现象,可设置仰拱或水平支撑梁来消除侧向推力,防止病害继续扩展。

(5)加铺水泥混凝土路面:当隧道内路面为碎石沥青路面时,为处治局部下沉、冒水、侧墙倾斜等病害,可用修建水泥路面的方法进行综合处理,以达到隔绝地下水、处治松软基础的综合目的。

五、危石碎落

无衬砌隧道和半口洞,因风化作用而发生危石脱落和碎落石的,其处治方法如下。

(1)小面积的碎落石区,采用抹水泥砂浆稳固的方法。

(2)碎落石区较大时,可喷射水泥砂浆稳固。

(3)当清除危石引发其他碎石下落时,可用支撑支护、锚固,在危石周围埋锚杆,挂以钢筋网后喷射水泥砂浆或混凝土稳固。

(4)以喷射水泥混凝土为衬砌层的方法,来处理较大范围的碎落危石,形成稳固的新的衬砌层根治碎落问题。

(5)土隧道黄土开裂,对无衬砌的土隧道,待多年的干裂缝稳定后,在缝内填以水泥砂浆,片块脱落用喷射砂浆稳固。

六、渗漏水

隧道内渗漏水,可采用防、堵、排的方法治理。

1. 防水

防止外部的雨、雪、水浸入隧道内是防水的根本,故山体外部排水要顺畅;要消除山体外的积水,洞穴、凹地积水;山体附近的水库、水渠不使其漏水,地表水不在隧道内积存,尽量防止水对隧道产生病害。

2. 堵水

堵住渗水的来源，只能解决小量的渗水，即将水封闭在围岩或衬砌层内，不使其外渗。可采用抹水泥砂浆，或做表面防水层的方法来堵水。

3. 排水

排水是将已从渗缝进入隧道的水以一定的方式集中起来，然后将其引入隧道的边沟内，使其顺利排出洞外。一般采用设置竖向管沟的方法排水：无衬砌隧道，如加修衬砌则应先做防水层，设置竖向盲沟，经泄水孔与边沟相通，然后再进行衬砌圬工施工；有衬砌隧道，在渗漏水处将圬工拆除，开凿环形的渗漏缝为槽，使渗漏水集中顺槽而下。

隧道内渗漏水，通常采用防、堵、排综合治理措施。

① 涂刷防水材料：防水材料包括水泥树脂砂浆、防水膏、沥青油等，利用浅水管将水排入边沟，再在此处做防水层处理，最后补砌衬砌圬工体。

② 表面接水棚、槽：此法简单易行，用锌铁皮（防锈）做接水用的铁皮棚（槽），将其固定在衬砌或围岩上接渗水，水通过引水管将其排入边沟。

③ 埋管导流：对单裂缝的渗漏水，可采用埋管的方法，即沿单裂缝开凿成喇叭口状槽，嵌入半圆的塑料管或其他管，通至边沟，同时用水泥砂浆将管封闭，使渗漏水顺势而下。

④ 埋集水管：适用于集中漏水层的漏水并将其排除，即开凿裂缝，使渗漏水集中到一个排出口，再接上导流管通边沟，导流管固定在边墙的围岩和衬砌上。

七、明洞超载

明洞顶所盖板或拱，因两边崩塌而增大洞顶回填土石而超过板或拱圈的载重面发生断板或拱圈开裂。

1. 保护

① 平整填土及夯实，使地面水排除顺利。
② 清除多余塌方，减轻洞顶静载。
③ 稳固明挖部分的边坡，不使边坡坍塌。

2. 修理

断板及拱圈开裂要大修，应进行支护，保证正常通行。处理断板及拱圈开裂可按处理拱圈变形的方法进行。

八、洞外山体保护

隧道养护中，不但要及时处理主体结构所发现的病害，还应注意保护隧道所在的山体及隧道附近区域，防止因山体及附近区域出现问题而引起隧道较大破坏。

隧道附近区域可能出现的问题为坡面排水不良、山体裂缝、溶洞发展等造成山体失稳滑动。其原因主要有：隧道处在滑坡区或其边缘；隧道处在岩体的断层上或其附近，岩石节理发育，岩体破碎等，山坡也被破坏，水土流失，坡面积水，溶洞发展等。

对于山体的保护，可根据具体问题采取相应措施：

(1) 保护性填方，即通过填土来平衡山体的滑动。

(2) 保护性挖方，即开挖山体上易滑动的土石方，减小山体下滑的可能性。

(3) 修筑挡墙，即以重力式挡墙平衡滑动。

(4) 加设锚固桩，即在滑动区布置钢筋混凝土护桩，防止其下滑。

(5) 整理地表排水，使地表排水顺畅，需要时可挖沟排水；对山体上已有的灌溉渠、山塘、水池要采取有效的措施，发现问题及时处理。

(6) 稳固山坡，如对于山坡上的开裂、溶洞，根据情况用混凝土填补，溶洞也可填土夯实，在其表面抹水泥砂浆等。

一、单项选择题

1. 某建设工程所属单位工程全部合格且优良率在（　　）以上时，则该建设项目评为优良。
   A. 80%　　　　B. 90%　　　　C. 95%　　　　D. 85%

2. 隧道洞口周围（　　）范围内，未经隧道养护机构许可，不得挖砂、采石、取土、倾倒废弃物，不得进行爆破作业及其他危及公路隧道安全的活动。
   A. 50 m　　　　B. 80 m　　　　C. 100 m　　　　D. 150 m

3. 混凝土已出现一定程度的碳化，采用回弹仪检测混凝土强度，其回弹值（　　）。
   A. 相对增大　　B. 相对减小　　C. 不影响　　D. 可能变大，可能变小

4. 属于支护材料检查的是（　　）。
   A. 排水管材检查　　　　　　　　B. 钢构件材质检查
   C. 支护受力检查　　　　　　　　D. 衬砌质量检查

5. 穿越煤系地层的隧道，其施工环境检查的主要任务是检查（　　）。
   A. CO　　　　B. CO_2　　　　C. SO_2　　　　D. CH_4

二、多项选择题

1. 隧道施工检控测量的任务包括（　　）。
   A. 确保安全　　　B. 指导施工　　　C. 修正设计
   D. 积累资料　　　E. 提高效益

2. 隧道洞身的排水系统包括（　　）。
   A. 环向排水管　　B. 纵向排水管　　C. 横向盲管　　D. 中央或边沟排水管

3. 隧道建筑限界包括（　　）。
   A. 车道、路肩、路缘带及人行道的宽度　　B. 车道、人行道的净高
   C. 通风管道、照明设备所需的足够空间　　D. 富余量和施工允许误差

4. 公路隧道围岩分级主要考虑的指标有( )。
A. 坑道围岩的结构特征和完整状态　　B. 岩石的物理、力学性质
C. 地下水的影响　　　　　　　　　　D. 初始应力状态

5. 公路隧道检查技术通常可分为( )。
A. 材料检查　　　　B. 施工检查　　　　C. 环境检查
D. 开挖质量检查　　E. 噪声检查

6. 喷射混凝土的质量检验指标主要有( )。
A. 喷射混凝土的强度　　B. 表面平整度　　　C. 喷射混凝土的厚度
D. 回弹率　　　　　　　E. 表面密实度

7. 排水系统施工检查的主要对象有( )。
A. 环向排水管　　　　　B. 防水板　　　　　C. 横向盲管
D. 中央排水管　　　　　E. 侧向排水管

8. 隧道施工检控测量的必测项目有( )。
A. 地质和支护状况观察　　　　　　　　　B. 地表下沉
C. 周边位移　　　　　　　　　　　　　　D. 拱顶下沉
E. 锚杆或锚索内力及抗拔力

9. 隧道的防水排水要求( )不渗水。
A. 拱部　　　　　　　B. 边墙　　　　　　C. 路面
D. 设备箱洞　　　　　E. 人行横洞

10. 修补防水层破损处时,所用的补丁一般剪成( )。
A. 圆形　　　　B. 正方形　　　　C. 长方形　　　　D. 三角形

三、判断题

1. 一般来说,公路隧道的断面较大。　　　　　　　　　　　　　　　　( )
2. 隧道开挖质量是以某一个开挖断面为标准进行评价的。　　　　　　　( )
3. 失能眩光和不舒服眩光均是心理过程。　　　　　　　　　　　　　　( )
4. 公路隧道对防水的要求不高。　　　　　　　　　　　　　　　　　　( )
5. 锚喷是适用各种围岩条件的支护方式。　　　　　　　　　　　　　　( )
6. 隧道开挖质量是用某一长度内所有的实测数据的综合计算分析来评价的。( )
7. 喷射混凝土用水必须是无杂质的洁净水。　　　　　　　　　　　　　( )

四、问答题

1. 隧道施工检控测量的必测项目有哪些?
2. 衬砌混凝土施工检查的内容有哪些?
3. 公路隧道有哪些特点?
4. 简述喷射混凝土厚度的检测方法。
5. 公路隧道的照明区段是怎样划分的?
6. 喷射混凝土施工质量的评判项目有哪些?
7. 地表下沉测量的目的是什么?

8. 简述有衬砌隧道常见的病害。
9. 压浆治裂缝时压注水泥砂浆的条件是什么？
10. 侧墙倾斜、鼓肚时应采取哪些处治措施？
11. 简述危石碎落的处治方法。
12. 简述隧道渗漏水的处治方法。
13. 简述洞外山体保护的方法。
14. 当洞口可能出现滑坡时，应采取哪些预防措施？
15. 隧道施工时塌方的处理措施有哪些？

学习情境 6

公路沿线设施养护与维修

学习目标

(1) 掌握公路沿线设施及道路交通标志养护内容;
(2) 掌握公路沿线设施养护与维修、公路绿化与环境保护技术和安全作业的基本要求。

任务 1 概　　述

公路沿线设施是公路的重要组成部分,对保障行车安全和交通通畅具有重要意义,它关系着行车、行人的安全和交通的畅通与否。因此,公路沿线设施应经常保持完整且处于良好状况。

从养护管理方面来讲,沿线设施如有损坏则要及时修理或更换,若设施不全或没有设施,则要根据公路的性质、技术等级和使用要求有计划、有步骤地增设。公路沿线设施,应定期保养,并及时修理和更换损坏部分。

公路沿线设施是公路交通安全、管理、服务、环保设施等的总称,具体包括交通安全设施、公路机电系统(监控系统、收费系统、通信系统、供配电系统)、服务设施及养护房屋等。公路养护应贯彻"预防为主,防治结合"的方针,加强预防性养护,保持公路及沿线设施良好的技术状况;应切实贯彻"科技兴交、科学养路"的方针,大力推广和应用先进的养护技术、机械装备和科学的管理方法;应重视资源节约和环境保护。

公路绿化应贯彻"因地制宜,因路制宜,适地栽树"的方针,科学规划,合理选择绿化植物品种。公路绿化规划,应根据公路等级、沿线地形、土质、气候环境和绿化植物的生物学特性,以及对绿化的功能要求,结合地方绿化规划进行编制。新建或改建的公路绿化工程应与公路主体工程设计、施工、验收同步进行,由公路养护部门一并接养。

任务 2 公路安全设施的维护与保养

一、基本要求

(1) 交通安全设施的养护内容包括检查、保养维护和更新改造。

① 检查包括经常性检查、定期检查、特殊检查和专项检查。平时应加强日常巡查。

② 经常性检查至少每月一次,定期检查至少每年一次。

③ 遭遇自然灾害、发生交通事故或出现异常情况时,应及时进行附加的特殊检查。

④ 设施更新改造之后,应进行全面的专项检查。

(2) 因交通事故、自然灾害或其他原因造成的设施损伤应及时进行修复。

(3) 满足设施完整和外观质量、安装质量、技术性能等各项要求。

(4) 应结合设施的特点,加强对交通安全设施的养护和更新改造。

(5) 采用绿色植物进行隔离和防眩时,参照现行《公路养护技术规范》中公路绿化的相关规定对其进行养护。

（6）对事故多发地段和一些特殊路段，应结合公路安全保障工程的技术内容，及时改造、完善各种交通安全设施。

（7）交通安全设施的养护质量参照现行《公路技术状况评定标准》的规定进行评定。

二、公路交通标志的养护

公路交通标志主要由标志板、支柱、连接件、基础件等部件组成，是引导行车、保证交通安全的重要设施，也是用图形符号和文字传递特定信息，用以管理交通，保证公路交通安全，协助国道顺利通行的设施，主要内容有公路标志的尺寸、形状、图案、文字、颜色和设置地等。

1. 公路交通标志的分类

① 主标志，包括警告标志、禁令标志、指示标志、指路标志等。

② 辅助标志，包括表示时间、车辆种类、区域或距离、警告、禁令理由等起辅助说明作用的标志，附设在主标志下。夜间交通量大的公路，应尽量采用反光标志。

2. 公路交通标志的检查

公路交通标志的检查，除在日常巡查时检查其是否受到沿线树木等遮挡，以及标志牌、支柱有无损伤外，一般还要定期检查。遇有暴风雨、洪水、地震、交通事故等，还应进行临时检查。检查内容包括以下几个方面。

（1）公路标志牌及支柱变形、损坏、污秽及腐蚀、丢失情况。

（2）油漆及反光材料的褪色、剥落情况。

（3）标志牌设置的角度及安装情况。

（4）照明设置情况。

（5）基础或底座稳固及回填土流失情况。

（6）是否被路边树木、杂草遮蔽。

（7）反光标志的反射情况。

此外，还需要根据公路条件或交通条件变化，检查交通标志的设置地点、指示内容、各标志间的相互位置、标志的高度和尺寸等是否适当。

3. 公路交通标志养护要求

（1）应保持交通标志设置合理、结构安全、板面整洁、内容清晰。

（2）标志板、支柱、连接件、基础等标志部件应完整、无缺损而且功能正常。

（3）标志应无明显歪斜、变形，钢构件无明显锈蚀。

（4）标志面应平整，无明显褪色、污损、起泡、起皱、裂纹、剥落等病害。

（5）标志的图案、字体、颜色等应符合相关标准要求。

（6）反光交通标志应保持良好的夜间视认性。

4. 公路交通标志的养护内容

（1）检查测试交通标志的有关质量要求。

（2）清除标志板面及其周围的污秽、杂草、杂物或树木等遮挡物，或在规定范围内挪移标志。

（3）修复变形、弯曲、倾斜的标志板和支柱，补涂剥落的防腐涂层，增补缺损的标志件，紧固松动的连接件。

（4）标志设置或板面内容存在误差时，应进行更正。

（5）对破损的基础进行修补。

（6）对事故多发路段及特殊路段的交通标志，应进行必要的增补、更换。

（7）部分路段由于路面多次维修、罩面，路面高度有所抬高，致使某些标志牌的净空已不能满足路上行驶车辆的要求时，应及时调整标志牌高度。

三、路面标线的养护

路面标线包括车道中心线、车道分界线、车行道边缘线、减速让行线、停止线、导向箭头、接近路面障碍物标线等。公路交通标线养护的目的主要是保持交通标线和标记的颜色鲜明醒目，保持其正常的使用功能。路面标线按标线材料种类分为溶剂型涂料标线、热熔型涂料标线、双组分涂料标线等，按标线功能分为普通型标线、反光型标线、突起结构型振动反光标线等，按标线设置方式分为纵向标线、横向标线。

路面标线可用路标漆、塑胶标带和其他材料（如突起路标用黄铜、不锈钢、合金铝、合成树脂以及陶瓷、白石头、彩色水泥等）制作。选用标线材料，应尽可能满足下列要求：标线材料应耐久、耐磨耗、耐腐蚀，与路面黏结力强。在恶劣气候条件下，标线材料应具有较好的辨认性。标线材料应尽可能采用防滑材料，保持一定的粗糙度。标线材料应便于施工，对人畜无害。

1. 路面标线的养护要求

（1）具有良好的可视性，边缘整齐，线形流畅，无大面积脱落现象。

（2）颜色、线形等应符合相关标准要求。

（3）反光标线应保持良好的夜间视认性。

（4）重新画设的标线应与旧标线基本重合。

2. 路面标线的养护内容

路面标线的养护内容主要包括清洁标线表面和标线的局部补画，具体内容有：

（1）检查测试路面标线的有关质量要求。

（2）清洁标线表面。

（3）标线的局部补画。

（4）事故多发路段及特殊路段标线的变更、增补。

四、突起路标的养护

突起路标是安装于路面的一种块状突起结构,一般与路面交通标线配合使用,设置在车行道的边缘线外侧或车行道分界线的虚线处。突起路标的平均寿命一般为两年左右,用于路侧边缘线,车辆较少碾压到的突起路标寿命会稍长。反光型突起路标的反光片尤其易破损,因此,突起路标的养护主要是对破损者进行更换,并及时清理突起路标可能对人、车等造成伤害的残渣。突起路标的养护要求和养护内容主要有以下几点。

(1) 突起路标的主要养护内容是保持其反射性能。应经常清扫突起部位周围的杂物,清除反光玻璃球表面污秽,检查测试突起路标的有关质量要求,修复或更换太阳能突起路标。

(2) 突起路标的主要修理内容是保持完好的反射角度。发现松动的应予以固定;发现损坏或丢失的,应及时修复或更换。

(3) 突起路标应无严重的缺损。突起路标应无明显的褪色,其光度性能应保持其在夜间具有良好的辨认性,破损的突起路标应不对车辆和人员造成伤害。另外,太阳能突起路标是一种特殊形式的突起路标,可以集主动发光和逆反射性于一体,其养护内容主要是保持其LED发光器件的正常发光。

五、轮廓标的养护

轮廓标是指设置于道路外缘,用于诱导视线的一种设施。轮廓标上具有逆反射材料,夜间在车灯的照射下,显示出道路边缘的轮廓,对行车进行安全引导。轮廓标分为附着式和柱式两种。当路边有护栏等设施时,采用附着式轮廓标,轮廓标附设于设施之上;当路边无相关设施时,使用柱式轮廓标,轮廓标单独立于路侧。轮廓标的养护要求和内容如下。

(1) 检查测试轮廓标有关质量要求。
(2) 清洁轮廓标表面。
(3) 紧固轮廓标松动的连接件。
(4) 更换破损的轮廓标。
(5) 事故多发路段及特殊路段轮廓标的增设或更换。
(6) 轮廓标的光度性能应保持其在夜间具有良好的辨认性。

六、护栏的养护

护栏是一种重要的交通安全设施,通常设置于公路两侧和中央分隔带,用于防止失控车辆越出路外或穿越分隔带驶向对向车道,同时吸收碰撞能量,保护车辆和驾乘人员生命安全。护栏根据其材料和结构特性分为半刚性护栏、刚性护栏和柔性护栏。半刚性护栏是一种连续的梁柱式护栏结构,具有一定的刚度和柔性;刚性护栏是一种基本不变形的护栏结构;柔性护栏是一种具有较大缓冲能力的韧性护栏结构。

1. 护栏的检查

护栏检查包括日常检查和每季度定期检查,检查内容如下。

(1) 各类护栏结构部分有无损坏或变形,立柱与水平构件的紧固状况。

(2) 污秽程度及油漆状况。

(3) 拉索的松弛程度。

(4) 护栏及反光膜的缺损情况。

2. 养护与维修

经常清除护栏周围的杂草及其他堆积杂物;护栏表面有油漆脱落现象时,应及时涂刷;由于交通事故或自然灾害造成护栏缺损或变形的,要及时补充或更换;由于路面补强或调整路基纵断面而使护栏标高发生显著变化的,应对护栏的高度予以相应的调整;锈蚀严重的护栏,应予以更换。

3. 几种常见护栏的养护要求

1) 波形梁钢护栏

(1) 保持结构合理、安全可靠。

(2) 护栏板、立柱、柱帽、防阻块(托架)、紧固件等部件应完整、无缺损。

(3) 护栏质量符合相关标准要求。

(4) 护栏的防腐层应无明显脱落,护栏无锈蚀。

(5) 护栏板搭接方向正确,螺栓紧固。

(6) 护栏安装线形流畅,无明显变形、扭转、倾斜。

2) 混凝土护栏

(1) 保持线形流畅、结构合理。

(2) 无明显裂纹、掉角、破损等缺陷。

(3) 使用的水泥、砂、石、水、外加剂、钢筋等材料质量应符合相关标准、规范及设计要求。

(4) 几何尺寸、地基强度、埋置深度,以及各块件之间、护栏与基础之间的连接应符合设计要求。

3) 缆索护栏

(1) 各组成部件应无缺损。

(2) 各组成部件应无明显变形、倾斜、松动、锈蚀等现象。

(3) 使用的缆索、立柱、锚具等材料质量应符合相关标准、规范及设计要求。

七、隔离栅的养护

隔离栅是指设置于高速公路和一级公路的路侧,用于防止无关人员和牲畜进入、穿越公路,同时防止非法侵占公路用地的一种隔离设施。隔离栅主要由金属网片、立柱、连接件、基础等部件组成。根据不同的金属网结构,隔离栅一般分为钢板网型、焊接网型、编织网型和刺钢丝型隔离栅。隔离栅的养护应侧重于保证隔离栅的完整无缺。

1. 隔离栅的检查

(1) 结构部分有无损坏或变形。
(2) 有无污秽或未经交通管理部门批准的广告、启事等。
(3) 是否存在油漆老化、剥落及金属构件锈蚀情况。

2. 隔离栅的养护内容

(1) 污秽严重或张贴有广告、启事而妨碍交通环境的隔离栅应定期清洗或清理。
(2) 定期重刷油漆,一般 2~4 年刷一次油漆。
(3) 损坏部分按原样修复。
(4) 修补立柱或基础。
(5) 对严重锈蚀的隔离栅部件进行除锈、防腐处理或更换。

八、防眩设施的养护

防眩设施是指为防止对向车辆的灯光对驾驶员的眼睛造成眩光,保障安全行驶而在公路的中央分隔带安装的一种设施。防眩设施目前一般使用防眩板,由金属、塑料、玻璃钢等耐候性好的材料制作而成,也有利用中央绿化带作为防眩设施的。防眩板的防眩功能主要取决于防眩板的宽度、安装高度和安装间距。

1. 防眩设施养护要求

(1) 防眩板、防眩网等设施应保持完整、清洁,具有良好的防眩效果。
(2) 防眩设施应安装牢固,无缺损。
(3) 防眩设施应无明显变形、褪色或锈蚀。
(4) 防眩设施的质量应符合相关标准要求。

2. 防眩设施养护内容

(1) 检查测试防眩设施的有关质量要求。
(2) 清洁防眩设施表面的油污和脏污。
(3) 补装、修复或更换缺损的防眩设施。

九、标柱

标柱通常设置在积雪严重地段、漫水桥或过水路面两侧,用以标明公路边缘及线形。标柱一般采用金属或钢筋混凝土制作,也可因地制宜采用木料制成。标柱每隔 8~10 m 安设一根,涂以黑白(或红白)相间的油漆。标柱的养护内容主要是经常检查其有无缺损,或是否歪斜,并保持位置正确、油漆鲜明。

十、中央分隔带

在高速公路和一级公路上,按规定应设置中央分隔带,城郊混合交通量大的路段可设置快慢车隔离带。

1. 中央分隔带的检查内容

(1) 分隔带和隔离带的排水通道是否阻塞。
(2) 路缘石缺损情况。

2. 养护与维修

(1) 及时疏通排水通道。
(2) 清除分隔带或隔离带内的杂物和过高且有碍环境的杂草。
(3) 修复或更换缺损的路缘石。

十一、通信设施

高速公路或汽车专用线应设置紧急电话,以便驾驶人员及时向交通管理机构传递交通事故、车辆故障和紧急救援等信息。特殊长、大桥梁及隧道也可根据需要设置有线电话,有条件的可安装监控、通信及统计分析多媒体管理系统。

通信设施的养护主要是保证通信线路畅通,设备完好;安装有多媒体管理系统的地方还应配备有发电机,以确保系统正常运行。

1. 什么是公路沿线设施?公路沿线设施的具体内容包括哪些?
2. 公路交通安全设施包含哪些内容?公路交通标志的组成是什么?
3. 试述公路交通标志的养护内容。
4. 简述公路路面标线养护基本要求和养护要点。

参 考 文 献

[1]《高速公路养护管理手册》编委会.高速公路养护管理手册[M].北京:人民交通出版社,2002.
[2] 河南省交通厅公路局.公路养护技术[M].北京:人民交通出版社,2007.
[3] 彭富强.公路养护技术与管理[M].北京:人民交通出版社,2002.
[4] 李中秋.公路养护与管理[M].北京:中国水利水电出版社,2012.
[5] 伍石生,郭平,张倩.公路养护与抢修实用技术[M].北京:人民交通出版社,2008.
[6] 王丽.桥梁隧道养护[M].北京:人民交通出版社,2012.
[7] 黄平明,陈万春.桥梁养护与加固[M].北京:人民交通出版社,2009.
[8] 赵振东,陈惠民.公路养护工程常见病害及防治[M].北京:人民交通出版社,2006.